그 마법의 원리를 말하다

Metaverse

메타버스의 세계

임상국 · 허준호 지음

KYOWOO

머리말

메타버스(Metaverse)는 마법의 열쇠인가?

2021년과 2022년은 대한민국 메타버스(Metaverse)의 호황기이자 메타버스 분야의 침체기가 시작되는 시점으로 보는이도 있다.

많은 컴퓨터공학자들과 멀티미디어 학자들이 앞다투어 메타버스(Metaverse)에 관한 이야기를 나누었고, 메타버스(Metaverse)가 무슨 마법의 열쇠인 듯 언론에서 앞다투어 보도하였다. 그런데, 언젠가 메타버스(Metaverse)도 블록체인(Blockchain)처럼 호황기를 마치고 불황기에 들어서고 '메타버스는 허황한 꿈이다' 등의 기사들이 또 쏟아져 나올수도 있다.

결국, 메타버스(Metaverse)는 유행에 좌지우지 되고, 이러한 현상은 비단 국내에서 뿐만이 아니고 해외에서도 똑같이 반복되고 있다. 어떠한 기술이던 요술램프처럼 갑자기 나타난 것은 없고, 메타버스(Metaverse)도 이와 같다.

과거 인터넷(Internet)이 처음 이 세상에 나왔을 때, 사람들은 이것이 과연 실물경제와 연동할 수 있을까 하는 고민을 하였고 우리 또한 그렇게 생각을 하였다. 하지만 세계의 장벽이 없는 인터넷(Internet)은 온라인 기반 쇼핑몰(Online-based Shopping Mall), 핀테크(FinTech), 메신저(Messenger) 등의 실제 생활에 접목이 된 뒤부터는 우리 생활에 밀접하게 적용되면서 폭발적으로 쓰이게 되었다 [1].

메타버스(Metaverse)란 개념이 나온지 얼마 되지 않았지만, 과연 실세계에 사용 가능한 기술인지, 그리고 거기에 상응하는 경제개념을 인식하고 있는지가

머리말

매우 중요하다. 기술이 아무리 좋아도 사용처가 없으면 무용지물이고 사용처가 아무리 많아도 기술이 없으면 필요 없는 Trade-Off 관계인 것이다.

필자들은 실제 생활에 메타버스(Metaverse)가 꼭 필요한 분야에 적용이 되었을 때 의미를 부여할 수 있다고 생각한다. 그리고 빅데이터는 결국 어느 산업 분야 또는 적용이 가능한 곳에 사용되었느냐에 따라 마법의 열쇠가 될 수도 있고, 불편한 시스템으로 전락할 수도 있어서, 메타버스(Metaverse)가 ICT(Information & Communication Technology)가 발전 할수록 필요한 응용의 영역이라는 것은 틀림이 없나.

필자들은 교육 분야에 종사하고 있어서 학생들과 직장인들을 대상으로 많은 교육을 하였으며, 향후의 메타버스(Metaverse)는 IT(Information Technology) 분야와 다른 모든 분야의 응용 영역이기 빅데이터 플랫폼(Big Data Platform)처럼 사용하지 않아도 사용되는 것처럼 모르게 작동하는 매커니즘이 나와야 한다고 생각한다.

한편, 본 저서에서는 메타버스(Metaverse)를 이해하고 VR, AR, 헬스케어, 조선, 해운, 해양, 금융, 스마트그리드, 에너지 등 다양한 사업 분야에 적용하기 위한 기법 학술적으로 논문을 쓰는데 있어 기초를 배양 할수 있도록 교육과정을 구성 하였다.

그리고 교수자 입장에서도 도움될 만한 자료를 제시하고자 하였다.

저자 **임상국·허준호**

차례

차례

1 메타버스

1. 메타버스의 정의

최근 대한민국을 비롯하여 전세계에서는 메타버스(Metaverse)가 이슈이다. 메타버스(Metaverse)라는 단어는 이미 오래전부터 존재 해왔다. 처음 등장한 것은 1992년 미국에서 출판된 닐 스티븐슨(Neal Stephenson)의 소설 《스노우 크래쉬: Snow Crash》에서 활용한 개념이라 볼 수 있다. 메타버스(Metaverse)의 뜻은 초월을 의미하는 Meta와 우주를 의미하는 Universe의 합성어 정도의 의미로 사용되고 있다. 해당 전공 분야의 많은 학자들과 연구기관들은 나름 의미있는 정의들을 내리고 있지만 폭넓은 의미로 통용되고 있는 상황이다. 또한, 그 개념적 정의에 관해 대부분의 전문가들이 아직까지는 명확하지 않다고 말한다. 한편, [그림. 1]은 메타버스 서비스(Metaverse Service)의 예시 보여주는 그림이다.

[그림. 1] 메타버스 서비스의 예시

그리고 [그림. 2]의 소설 《스노우 크래쉬(Snow Crash)》는 미국 작가 닐 스티븐슨(Neil Stephenson)의 SF 소설이다. 주인공은 '히로(Hiro)'라는 인물로 현실세계와 가상의 메타버스 세상을 오가며 이야기를 이어간다. 그 이야기를 살펴보면 '히로(Hiro)'는 가상세계에서는 마피아(Mafia)의 해커(Hacker)이지만 현실로 돌아와서는 평범한 피자 배달 기사로 등장한다. 메타버스 가상세계에서는 적들과 전쟁을 치르는 용감한 왕자이며 '스노 크래시(Snow Crash)'라는 새로운 컴퓨터 바이러스(Computer Virus)와 싸우기도 한다.

[그림. 2] 미국 작가 닐 스티븐슨(Neal Stephenson)의 소설 《스노우 크래쉬》
출처: https://www.aladin.co.kr/shop/wproduct.aspx?ItemId=273079433

한편, 가상공간(Cyberspace)은 오래전부터 존재해 왔다. 게임(Game)이라는 형식으로 시작된 인터넷 활동은 나를 대신하는 캐릭터(Character)를 형성하고 다양한 커뮤니티 활동으로 이어졌다. 하지만 최근 메타버스(Metaverse)라는 개념으로 주목받는 이유는 창작자의 상상력을 통해 시작된 가상(Cyber)과 현실의 연결고리에 경제적인 활동이 가능해졌다는 이유일 것이다. 즉 현실처럼 직업을 형성하고 생계를 유지할 수 있는 공간(Space)이 형성된 것이다. 이러한 이유가 미국의 '메타(Meta)사: 구 Facebook'사나 '구글(Google)'사, '애플(Apple)'사, '마이크로소프트(Microsoft)'사, '아마존(Amazon)'사, 대한민국 '삼성(Samsung)'사와 같은 빅테크 기업들이 메타버스(Metaverse)에 주목하는 이유일 것이다.

한편, 2022년 대한민국 중소벤처기업부 메타버스(Metaverse) 창업의 세계에서 대한민국 네이버(Naver)의 자회사 네이버Z의 스노우에서 출시한 3D AR 아바타 제작 애플리케이션 제페토(Zepeto) 크리에이터(Creator) 렌지는 아바타(Avatar) 의상을 제작해서 월 평균 1500만원의 수익을 낸 것을 인터뷰 하기도 하였다. 그녀는 [그림. 3]과 [그림. 4] 메타버스(Metaverse)에서 샵(의상 쇼핑몰)을 창업한지 1년 정도 되었는데 원하는 옷을 입히고 싶어서 제페토 그리에이터샵(Creative Shop)을 오픈하게 되었다고 인터뷰 하였다.

[그림. 3] 대한민국 중소벤처기업부 메타버스 창업의 세계 1

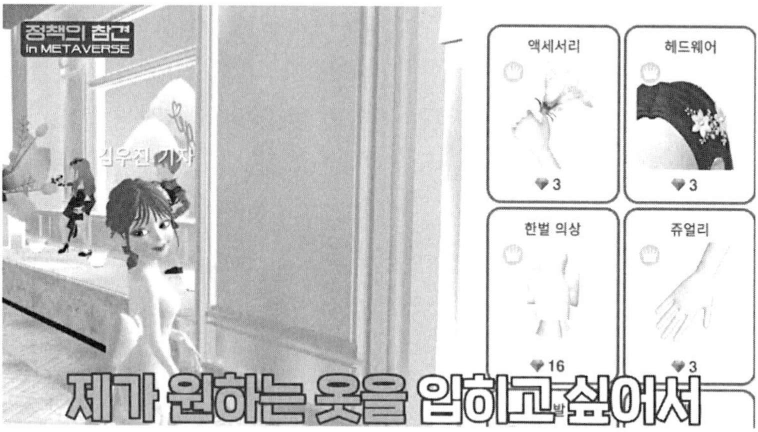

[그림. 4] 대한민국 중소벤처기업부 메타버스 창업의 세계 2

이처럼 메타버스(Metaverse)에 관한 정의는 실질적인 경제 논리를 토대로 형성되고 있다. 따라서 메타버스(Metaverse)의 개념적 정의를 살펴보면 첫 번째 '직업의 세계, 금융활동, 학습을 통한 정보공유' 등의 사회적 커뮤니티를 법적으로 보호받을 수 있는 가상의 환경을 말한다. 즉 현실과 동일한 사회적 조건과 안전장치가 보장된 가상 세계를 뜻하는 것이다.

두 번째 의미로는 가상현실(Virtual Reality: VR)과 증강현실(Augmented Reality: AR)의 확장된 개념으로써 '현실 세계를 3차원 디지털 기술을 기반으로 가상 세계로 연장하여 현실처럼 활동할 수 있게 만드는 가상의 시스템'이라고 할 수 있다. 세 번째로는 '정치, 경제, 사회, 문화라는 전반적인 삶의 실질적인 측면에서 생활형 가상 세계나 게임형 가상 세계'로 그 의미를 폭넓게 적용한다.

연습문제

1. 메타버스란 무엇인가?

2. 메타버스의 예시를 설명하시오.

3. 감옥 탈출 게임의 성공 이유를 찾아보고 설명하시오.

4. 메타버스를 이용한 새로운 콘텐츠에 대하여 아이디어를 제시하시오.

읽을거리

앤런 튜링(Alan Turing)과 튜링상(Turing Award)

현대에 와서는 영국의 고 앨런 튜링(Alan Turing)이 에니그마(Enigma) 해독기 발명으로 영국이 2차 세계대전에서 승리하는데 많은 공헌을 하였다. 그리고 암호학의 기반을 다지게 된 것이 컴퓨터 공학/전산학 의 시발점이 되었다.

이런 공헌에도 불구하고 고 앨런 튜링(Alan Turing)은 2차 세계 대전이 끝난 후 튜링 머신(Turing Machine) 연구를 계속 하던중 영국 정부에 의하여 성소수자라는것이 발각 되었고, 1년간 호르몬 치료를 받던도중 1954년 향년 41세 독이든 사과를 먹고 자살 하였다. 59년지 지나고 2013년 고앨런 튜링은 고 엘리자베스 2세 여왕에 의하여 사면 복권 되었으며 2021년 6월 23일부터 영국 50 파운드 지폐의 모델이 되었다.

미국 애플(Apple)사의 창업주 고 스티브 잡스(Steve Jobs)도 앨런 튜링(Alan Turing)을 존경하여 로고를 만들 때, 앨런 튜링(Alan Turing)이 독이든 사과를 먹고 자살을 한 것을 모티브로 로고를 만든 것이 유명하다.

따라서 ACM(Association for Computing Machinery) 학회에서는 컴퓨터 과학(전산학)/컴퓨터공학/컴퓨터의 이론이 되는 수학/이산수학/암호학 분야에 최고의 업적을 남긴 학자에게 튜링상(Turing Award)을 매년 시상하고 있다 [그림. 5].

(가) ACM 튜링상 〈출처 ACM〉

(나) 미국 애플사의 애플로고 〈출처 www.apple.com〉

(다) 2021년 6월 23일부터 사용 되고 있는 영국 50 파운드 지폐

[그림. 5] ACM 튜링상과 영국 50 파운드 지폐 〈출처 영국 왕립 조폐국〉

2. 메타버스의 전략과 유형

메타버스(Metaverse)란 무엇일까? 용어 그대로 풀어보면 '메타(Meta)'라는 가상, 초월의 의미와 '유니버스(Universe)'라는 세계, 우주를 뜻하는 합성단어로 알려져 있다. 즉 현실의 공간과 가상의 공간이 유기적으로 융합된 세계라고 볼 수 있다. 디지털 기술의 진화를 통해 현실에서 느낄 수 있는 일상생활을 가상현실(Virtual Reality: VR)과 증강현실(Augmented Reality: AR)에서도 똑같이 느낄 수 있다는 것이다.

세계적인 빅테크(Big Tech) 기업들에 의한 디지털 기술의 진화는 인터넷 공간(Internet Space)을 더욱 확장시키고 지능화하고 있다. 가상세계로의 진입을 편리하게 하는 디바이스(Device)의 인터페이스(Interface)와 사용자 경험(User Experience, UX) 기술 등의 발전은 현실과 가상세계의 경계를 모호하게 하고 있다. 이러한 기술의 변화 및 디지털 삶의 변화는 빅테크(Big Tech) 기업들의 메타버스 전략에도 잘 나타나고 있다. 대표적인 빅테크 기업들로는 미국 메타(Meta)사 (구 페이스북), 미국 마이크로소프트(Microsoft)사, 미국 구글(Google)사, 대한민국 삼성(Samsung)사, 미국 엔비디아(Nvidia)사 등이 있고 그 외 많은 빅테크(Big Tech) 기업들이 메타버스(Metaverse)에 전략적인 투자를 하고 있다. [표. 1]에서는 최근 세계적인 빅테크 기업들의 메타버스(Metaverse) 전략과 기술투자 상황을 살펴보고 메타버스(Metaverse)를 이해하기 위한 4가지 관련 개념들의 의미와 사례들을 살펴보면 다음과 같다.

[표. 1] 빅테크 기업들의 메타버스 전략

① Meta Meta	② MS Microsoft
1) AR과 VR기기 출시-Oculus Rift VR 고글을 출시함. 2) Oculus Store, 호라이즌(Horizon) 등 Horizon 서비스 플랫폼 구축함. 3) 메타버스 기업으로 전환함.	1) 증강현실 AR 홀로렌즈(HoloLens)를 출시함. 2) 현실과 디지털을 합성하는 혼합현실 고사양 MR디바이스 홀로렌즈 (HoloLens) 개발-산업, 군사분야에 집중함. 3) 3차원 홀로그래픽 아바타를 활용한 영상회의 '메쉬(Mesh)' 플랫폼 구축함. 4) 2022 게임회사 엑티비젼 블리자드 (Activision Blizzard) 82조에 인수하여 메타버스 사업 확장함.

③ Google G	④ Samsung SAMSUNG	⑤ 엔비디아 NVIDIA
1) 스마트 글라스 (Smart Glasses)를 개발-프로젝트 아이리스(Project Iris); AI와 함께 AR 및 MR를 구현함. 2) 3D 영상 채팅 메타버스 스타라인 프로젝트 (Metaverse Starline Project)를 가동함. 3) 메타버스 사업을 본격화함.	1) 스마트글라스 (Smart Glasses)와 삼성 스마트폰을 이용한 증강현실 (AR) 헬스케어 서비스를 개발 -미국 스마트글라스 개발업체 누아이즈 (NuEyes)와 협업함. 2) 퀄컴(Qualcomm)은 XR 개발 플랫폼인 스냅드래곤 스페이스 (Snapdragon Spaces)에서 삼성과의 파트너십을 확대함. 3) 삼성전자는 네이버(Naver)의 제페토에 '마이하우스(My House)'라는 가상공간을 마련함.	1) 지멘스 (Siemens)와 엔비디아 (NVIDIA)의 파트너십을 체결함. 2) 실시간 디지털 트윈 (Digital Twin) 실현함. 3) 3D협업을 위한 메타버스 솔루션 옴니버스 (Omniverse) 생태계 AI 시스템 연결로 확장.

한편, [표. 1]에서 제시되는 기업들 외에도 미국의 애플(Apple)사는 아이폰에 주변의 사물을 인식하기 위해 레이저 신호를 이용하는 기술인 '라이다'를 탑재하고 AR(Augmented Reality, 증강 현실) 생태계를 확대하고 있다. 22년도 하반기 MR(Mixed Reality, 혼합 현실) 디바이스(Device)로 본격적인 메타버스 시장 진입이 예상되며 AR 글래스(AR Glass)로 라인업을 확대한다. 따라서 메타버스 하드웨어(Metaverse Hardware)와 메타버스 소프트웨어(Metaverse Software)를 통한 메타버스(Metaverse) 사업을 강화할 것으로 보인다.

미국의 테슬라(Tesla)사는 스타트업 뉴럴링크(Neuralink)를 통해 개발 중인 뇌신경 기반 신기술을 통해 인간의 뇌와 메타버스 세계를 연결하는 통로를 연구하고 있다. 한편, 미국의 아마존사(그림. 6에서 메타버스(Metaverse)는 사회적 연결에 중점을 둔 3D 인터넷을 보여준다. 이 몰입형 세계는 가상 현실 및 증강 현실 헤드셋(Headset)을 사용하여 촉진된다. 브랜드에게 물리적 세계의 제한 없이 경험을 디자인할 수 있는 능력을 제공하고 고객들에게 서로 연결하는 완전히 새로운 세계를 열어준다. 한편, [그림. 7]에서 아마존 메타월드(Amazon Metaworld)에서 사용자의 도시 찾기가 가능하다.)와 중국의 알리바바(Alibaba)사(그림. 8의 중국 알리바바 그룹의 쇼핑 플랫폼인 티몰 럭셔리 파빌리온(Tmall Luxury Pavilion)은 증강 현실(AR) 패션쇼를 개최하며, 버버리(Burberry)에서 보그너(Bogner)에 이르는 다양한 브랜드의 제품들을 볼 수 있는 메타 패스(Meta Pass)를 선보였다. 그리고 중국 알리바바 그룹의 티몰 럭셔리 파빌리온 플랫폼(Tmall Luxury Pavilion Platform)은 이미 몇 년 전부터 제품, 디지털 아바타(Digital Avatar), 디지털 수집품 등을 증강 현실(AR)과 가상 현실(VR)에서 착용해볼 수 있는 3D 쇼핑을 출시했다.), 중국의 텐센트(Tencent)사(중국의 텐센트(Tencent)사의 플랫폼 투자는 [그림. 9]와 같이 콘텐츠 제작을 가능하게 하고 콘텐츠 제작자에게도 투자를 한다. 중국의 텐센트(Tencent)사는 Geffen이 원본 그래픽(원으로 표시)에 포함시킨 스냅(Snap), 디스코드(Discord), 로블록스(Roblox), 에픽게임즈(Epic Games)의 4개 회사 지분을 소유하고 있다. 중국의 텐센트(Tencent)사가 이미 초기 콘텐츠 계층인 최소 실행 가능한 메타버스 범주 중 게임, 프리미엄 소셜 미디어 및 전자상거래의 세 가지 범주에서 선두를 차지하고 있음을 알수 있다.) 및 틱톡(TikTok)의 ByteDance(바이트댄스)도 모두 메타버스를 미래 주요 사업으로 투자하고 있다.

[그림. 6] 아마존 메타월드: 인도 축제 예시 〈출처 아마존 홈페이지〉
https://www.aboutamazon.in/amazon-is-bringing-its-version-of-the-metaverse-to-5-cities-here-are-all-the-details

[그림. 7] 아마존 메타월드: 아마존 도시 사례

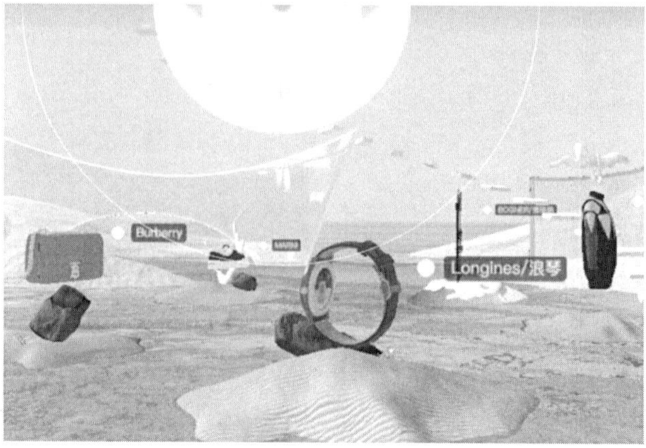

[그림. 8] 중국 알리바바 그룹의 티몰 럭셔리 파빌리온(Tmall Luxury Pavilion)

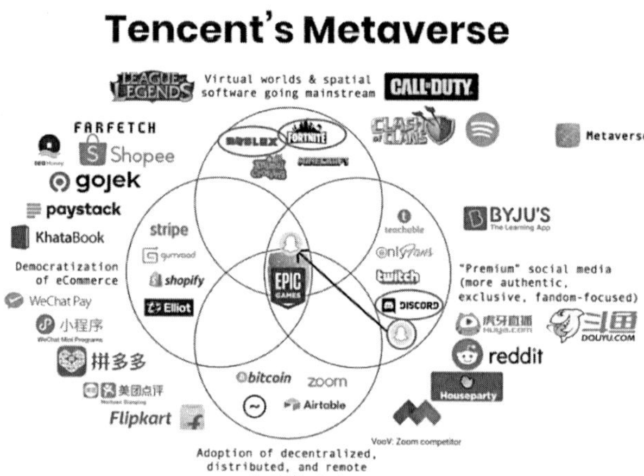

[그림. 9] 텐센트사의 메타버스 투자 현황

한편, 대한민국에서는 삼성전자(2022년 3월 16일 삼성전자 제53회 정기 주주총회 삼성전자 한종희 대표이사 부회장은 [그림. 10]과 같이 "올해는 스태그플레이션(Stagflation) 우려, 지정학정 불안정, 팬데믹(Pandemic) 등으로 인한 '불확실성의 시대'이자 메타버스 같은 새로운 기술(Technology), 고객(Customer), 라이프스타일(Lifestyle)이 부상하는 '전환의 시대'라며 신성장 사업 발굴의 중요성을 역설했다.)와 현대자동차(현대자동차가 2022년 '현대차그룹

싱가포르 글로벌 혁신센터(HMGICS)' 완공에 맞추어 세계 최고 수준의 메타버스 기반의 디지털 가상공장을 그림. 11과 같이 구축하였다.)는 물론이고 대한민국의 네이버(2022년 5월 23일 대한민국 금융감독원 전자공시시스템(DART)에 따르면 네이버 계열사이자 제페토(ZEPETO) 운영사인 네이버제트(Naver Jet)는 작년 '전략적 사업 시너지 강화'를 목적으로 [그림. 12]와 같이 다른 기업에 11건 지분투자를 했다. 이 투자금액을 모두 합치면 전체 87억원 규모에 이른다.)와 카카오(Kakao)사(카카오사의 메타버스 '카카오 유니버스(Kakao Universe)' 전략 공개를 살펴보면 [그림. 13]과 [그림. 14]와 같이 관심사 하나로 전 세계인이 소통하는 환경 제공하고, 카카오톡(KakaoTalk), 메타버스로 변화...'나만의 펫' 만든다. 카카오(Cacao) 메타버스에서는 다양한 수익도 창출 가능하다. 카카오브레인(Cacao Brain) 초거대 AI 활용한 기술 탑재 예정이다.) 한편, SK텔레콤(SK텔레콤은 메타버스 플랫폼 이프랜드 (Ifland)[그림. 15]로 글로벌 49개국에 도전장을 던졌다. 대륙별 주요 통신 사업자와 파트너십을 맺고 각국에 맞는 특화 기능도 선보일 예정이다.)도 메타버스를 주력사업으로 추진 중이다. 이처럼 인공지능(AI)을 기반으로 한 글로벌 메타버스 선도기업의 경쟁은 치열해지고 있다. 우리는 이러한 글로벌 빅테크 기업들이 왜 메타버스에 주목하는가 생각해 볼 필요가 있다. 또한, 그 이유를 알기 위해서 메타버스를 설명하는 다양한 개념들을 이해할 필요성이 있다.

삼성전자는 16일 열린 '제53회 정기 주주총회'에서 올해 로봇과 메타버스 등 신사업 분야의 경쟁력을 확보할 것이라고 밝혔다 / 삼성전자

[그림. 10] 삼성전자 주총: 불확실성의 시대, 삼성전자가 '메타버스 · 로봇'을 택한 이유
출처: 시사워크

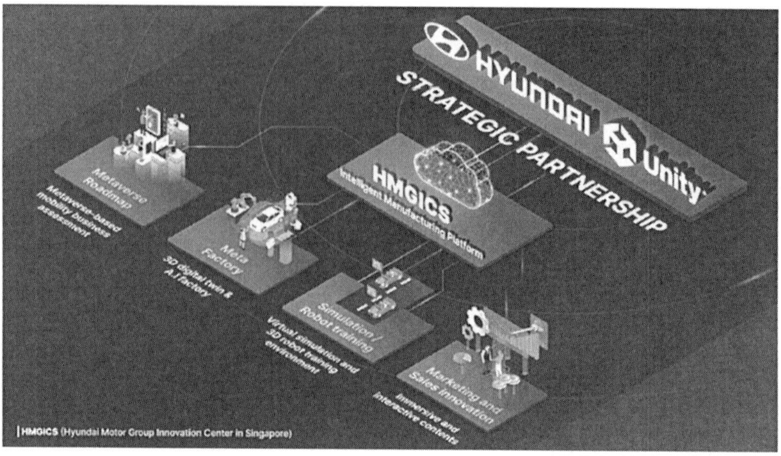

[그림. 11] CES 2022 – 현대차, 세계 최고 수준의 메타버스 기반의 디지털 가상공장 구축
출처: 글로벌오토뉴스

네이버의 메타버스 플랫폼 '제페토'. (출처=네이버제트)

[그림. 12] 네이버의 메타버스 플랫폼 '제페토'

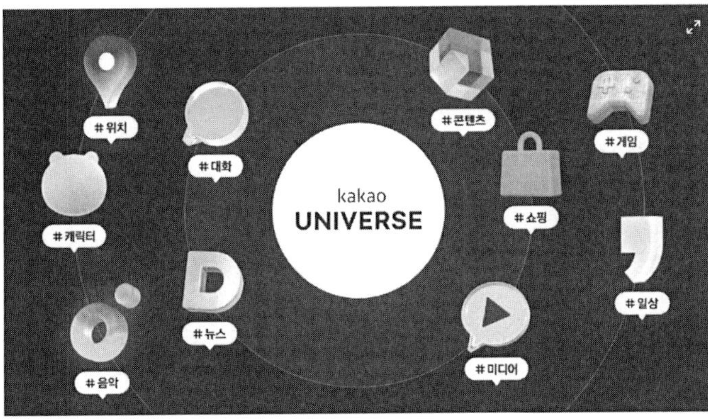

카카오가 자사의 다양한 서비스들을 관심사 기반으로 연결하는 메타버스 '카카오 유니버스(Kakao Universe)'를 공개했다. (사진=카카오)

[그림. 13] 카카오 유니버스 1

[그림. 14] 카카오 유니버스 2

SK텔레콤의 메타버스 플랫폼 '이프랜드' 글로벌 라운지에서 다양한 인종의 아바타들이 덴마크 패션 기업 '비르거 크리스텐슨'의 디지털 의상을 착용하고 있는 모습. [사진 SK텔레콤]

[그림. 15] SK 텔레콤의 이프랜드(Ifland)

한편, [그림. 16]는 ASF(Acceleration Studies Foundation, 미국 미래가속화연구재단)에서 처음으로 제시한 메타버스를 설명하는 분류기준 4가지 유형으로 미국 미래가속화연구재단(ASF)은 미국의 비영리 미래예측 기술연구단체이다. [그림. 16]과 같이 증강현실, 라이프로깅(Lifelogging), 거울세계, 가상현실의 4가지 개념들을 활용해 메타버스를 설명하는 유형으로 정의하였다. 특성을 살펴보면 우선 '기술의 적용 형태'에 따라서 증강(Augmentation)이나 시뮬레이션/모사(Simulation)의 개념으로 구분한다. 다음으로 '대상의 지향 범위'에 따라 내적인 경험을 통한 개인의 '친밀함'과 외적인 상황에 따른 환경의 '생소함'으로 구분한다.

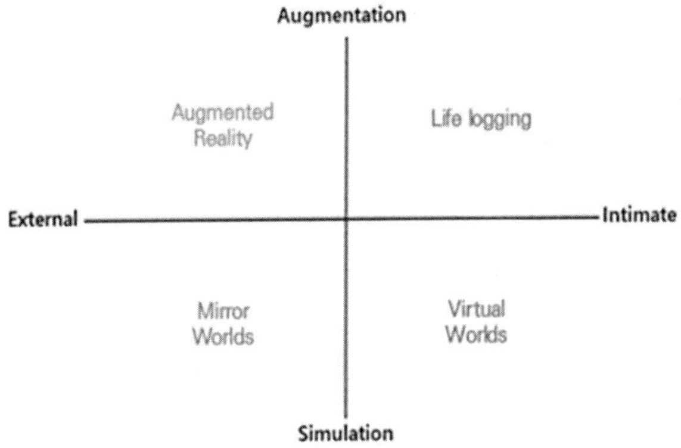

〈ASF(2007), p.5〉

(가) ASF(Acceleration Studies Foundation, 미국미래가속화연구재단)에서의 메타버스 분류

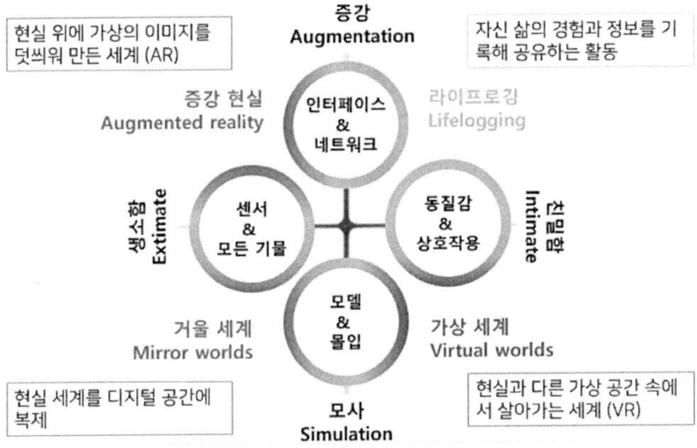

(나) 메타버스를 설명하는 분류기준 4가지 유형

[그림. 16] 메타버스의 분류기준

연습문제

1. 메타버스의 전략과 유형에 대하여 설명하시오.

2. 빅테크 기업들의 메타버스 전략에 대하여 추가로 조사하시오.

3. 빅테크 기업의 메타버스 시제품 서비스에 대하여 찾아보고, 시연이 가능한 서비스를 시연 해보시오.

3. 메타버스의 4가지 유형

3.1. 증강현실(Augmented Reality/AR)

증강현실(Augmented Reality/AR)은 실제 환경에 가상의 사물이나 정보 등을 투영시켜 원래부터 실제 환경에 존재하는 것처럼 시각적으로 보이게 하는 컴퓨터 그래픽스(Computer Graphics) 기술로 가장 보편적으로 잘 알려진 개념이다. 이반 서덜랜드 교수(현 미국 썬 마이크로시스템즈(Microsystems)의 특별연구원 및 부사장/미국 UC버클리 대학의 컴퓨터과학부 초빙학자/교수)가 see-through HMD를 발전시킨 것을 시초로 하여 연구되기 시작한 증강현실(Augmented Reality/AR)은 가상현실(Virtual Reality)의 한 분야로서 가상현실과는 또 다른 의미를 가진다. [그림. 17]과 같이 초기에는 국방용으로 사용 되오다가 최근에는 다양한 분야에 접목되고 있다.

[그림. 17] 로키드 마틴사 전투기 F35-A/F35-B 모델에서 탑재된 HMD 증강현실 모습
출처: 미국 로키드 마틴사 공식 유튜브

한편, 최근에는 현실 속에 디바이스(Device)를 통해 가상의 이미지를 증강시켜주는 컴퓨터 그래픽 기술로 지리정보시스템(Geographic Information System/GPS) 정보와 컴퓨터 네트워크(Computer Network)를 기술들을 활용해

가상세계를 구축한다. 몇 년 전 국내에서 인기를 끌었던 [그림. 18]의 일본 닌텐도(Nintendo)사의 '포켓몬 고 게임'이 증강현실 기술을 기반으로 하는 대표적인 사례이다.

[그림. 18] 증강현실 기술을 적용한 일본 닌텐도 사의 포켓몬 고 게임 사례
출처: https://pokemongolive.com/ko/

증강현실 기술의 특징을 살펴보면 스마트폰(Smart Phone)을 통해 현실 속에 가상의 이미지를 보여주는 방식으로 현실감이 높으나, 스마트폰(Smart Phone)이 가지고 있는 프레임(Frame) 속에서만 볼 수 있다. 즉 몰입감(Immersion)을 유도하는 물리적 프레임이 좁다는 단점이 있다. 반면 VR 디바이스(VR Device)를 착용했을 때와 같이 현실을 완전히 차단함으로써 느껴지는 어지러움증이 없거나 현실과의 소통에 불편함이 덜하다는 특징이 있다. 정보수집 방법으로는 위치 정보는 GPS(Global Positioning System)를 통해 얻고, 기울기나 기기가 움직이는 속도를 자이로스코프(Gyroscope)를 통해 얻는다.

현재 보여주는 현실 세계 위에 가상의 이미지를 덮어 씌워서 보여주는 기술이며 가상의 이미지(Image)를 덮어 씌울때는 필수적으로 스마트폰, 컴퓨터, 기계장치, 설치물 등의 디바이스(Device)를 통해 구현된다. 현실의 공간속에 특정적인 가상의 그래픽을 증강시켜 다양한 놀이와 정보를 공유 한다는 점에서 [그림. 19]와 같이 게임(Game)과 교육(Education)이 접목된 분야라고 볼 수 있는 게이미피케이션(Gamification) 분야에서의 활용도도 매우 높다는 장점을 가진다.

[그림. 19] AR기술 교육분야 적용사례

증강현실(AR)기술은 1990년대 후반에 처음 등장한 개념으로 현실 공간에 가상의 2D 물체 또는 3D 물체를 겹쳐 보이게 하여 상호작용하는 환경이며 위치기반 기술과 네트워크를 활용해 스마트환경을 구축한다. 하지만 디바이스를 통해서만 볼 수 있다는 점과 스마트폰처럼 디바이스(Device)의 프레임 사이즈(Frame Size)에 의존도가 높아 프레임 크기(Frame Size)에 따라 몰입감(Immersion)이 다소 떨어진다는 지적도 있다. 하지만 이동성이 좋고 대중적인 스마트폰을 이용한다는 점에서 활용도와 산업화의 강점이 강하다.

활용 예시들로는 위치기반 증강현실 모바일 게임 일본 닌텐도(Nintendo)

사의 '포켓몬 GO', 가구 구매 방식을 변화시킨 AR 앱 '이케아 플레이스(IKEA Place)', 국내 대표적인 AR 어플리케이션 '스노우(SNOW)', 대한민국 아모레퍼시픽(Amorepacific)사의 AR 체험형 뷰티 매장 '아모레스토어(AMORESTORE)', 그 외에도 이탈리아 구찌(Gucci)사 구찌 스니커 개러지(Gucci Sneaker Garage), 차량용 헤드업딧플레이(HUD)등이 있다.

3.2. 라이프로깅(Lifelogging)

라이프로깅(Lifelogging)이라는 개념은 21세기 이전부터 존재해 왔으며, 사용자의 활동과 기록, 생각 등의 흔적을 남기거나 그러한 흔적들을 저장하고 공유하며 반응한다. 최근 스마트폰(Smart Phone)의 확산에 따라 더욱 많이 활용되고 있는데 [그림. 20]에서 처럼 소셜미디어(Social Media)와 SNS(Social Network Services/Social Networking Services)인 페이스북(Facebook), 인스타그램(Instagram), 트위터(Twitter), 카카오스토리(KakaoStory)등이 라이프로깅(Lifelogging)에 포함된다. 한편, 브이로그(Vlog)는 비디오(Video)와 블로그(Blog)의 합성어인데 이 또한 라이프로깅(Lifelogging)의 사례로써 자신의 일상을 영상으로 남기는 방식이다.

일단 삶을 뜻하는 라이프(Life)에 흔적이라는 의미의 로깅(Logging)이 붙어 형성된 합성어로 간단하게 삶의 기록이라고 할 수 있다. 일상의 모든 순간을 문자/텍스트(Text), 소리/사운드(Sound), 영상(Video) 등으로 자신이 스스로 기록하고 의미를 부여한다. 따라서 사용자를 둘러싼 환경보다는 사용자 자신의 삶에 관한 경험과 정보에 초점을 두는 메타버스형 SNS(Social Network Services/Social Networking Services) 기술이다. 미국의 페이스북(Facebook), 인스타그램(Instagram)과 같이 사용자가 직접 일상을 기록하는 형식과 나의 의지와는 관계없이 위치, 검색기록, 방문기록 등이 자동으로 기록되는 형식도 있다. 또 다른 특징으로는 내가 속해있는 사회속에서 내가 보여주고 싶은 모습만을 선택적으로 보여줄 수도 있고 아바타(Avatar)를 통하여 개인적인 다양한 자아를 형성하고 보여주기도 한다.

한편, [그림. 20]는 라이프로깅(Lifelogging)의 적용사례로 운동 어플리케이션(Application: App)인 미국 나이키(Nike)사 나이키 런 클럽(Nike Run Club App.)이다. 어플리케이션(App)을 작동하고 이용자가 달리면 GPS(Global Positioning System)를 통하여 이용자가 달린 거리와 코스를 지도위에 생생하게 보여주고 러닝 페이스(Running Pace), 위치, 거리, 고도, 심박수, 시간을 기록하며 미국 애플(Apple)사 애플워치(Apple Watch)와도 링크(Link)하여 보여준다.

[그림. 20] 라이프로깅의 적용사례 1
출처: https://lovelinchpin.com/%EC%A0%80%EC%9E%A5%EC%86%8C/1912

기술의 발전은 라이프로깅의 기능을 강화하고 있는데 GPS(Global Positioning System)의 정확도나 센서 기술 그리고 기기 간 연동기술 등을 통해 일상적인 경험과 정보를 캡쳐(Capture)하고 저장하고 묘사하는 등 다양한 변화를 가져오고 있다.

한편, 웨어러블 기기(Wearable Device)에도 라이프로깅(Lifelogging) 기술이 접목되어 있는데 [그림. 21]에서 삼성전자(Samsung Electronics)사 갤럭시 워치(Galaxy Watch)나 애플(Apple)사 애플 워치(Apple Watch)에는 산소포화도, 체성분 분석, 수면측정, 걸음수 기록 등이 기록되어 나의 건강, 운동, 수면시간 등의 기록과 함께 데이터를 분석하여 자신만의 건강한 라이프 스타일(Lifestyle)을 제안 해준다.

[그림. 21] 라이프로깅의 적용사례 2

또한, 여행기록 어플리케이션 등을 통해 사물과 사람에 대한 일상적인 경험과 정보를 캡처(Capture), 저장(Save), 공유(Share)하는 기술로 증강기술을 활용해 사물과 사람의 정보를 기록한다는 등의 특성이 있다.

활용분야로는 여행기록 어플리케이션, 운동 어플리케이션, 웨어러블 디바이스(Wearable Device), 블랙박스(Black Box), 페이스북(Facebook), 인스타그램(Instagram)등의 소셜 네트워크 서비스(SNS), 자율주행 제품군, 인공지능 스피커 등이 있다.

3.3. 거울세계(Mirror World)

거울세계(Mirror World)는 [그림. 22]의 미국의 구글(Google)사의 구글 어스(Google Earth)가 대표적인 사례로 실제 세계를 가능한 있는 그대로 복사하듯이 반영되어 있어 선택, 확장된 가상세계를 말한다. 따라서 '정보로 확장된 세상'이라고 정의 할 수 있다. 모델링(Modelling), 글로벌 포지셔닝 시스템(Global Positioning System: GPS), 라이프로깅(Lifelogging) 등 다양한 기술을 활용하며 실제 세계의 정보를 디지털 환경에 접목해 현실 세계에 효율성과 확장성을 더해 만들어졌다고 볼 수 있다. 메타버스(Metaverse)라는 플랫폼(Platform) 측면에서 살펴보면 실제 세계의 모습과 정보, 구조 등을 그대로 가져가서 보여주고 싶은 것만 선택적으로 만들어 낸 메타버스(Metaverse)라고 할 수 있다.

한편, 미국 구글(Google)사에서 제공하는 구글 어스(Google Earth)라는 지도 프로그램을 살펴보면 전 세계의 모습을 위성 사진으로 볼 수 있도록 구현하였고 지구를 입체적인 3D로 시뮬레이션(Simulation) 했다는 장점이 있다.

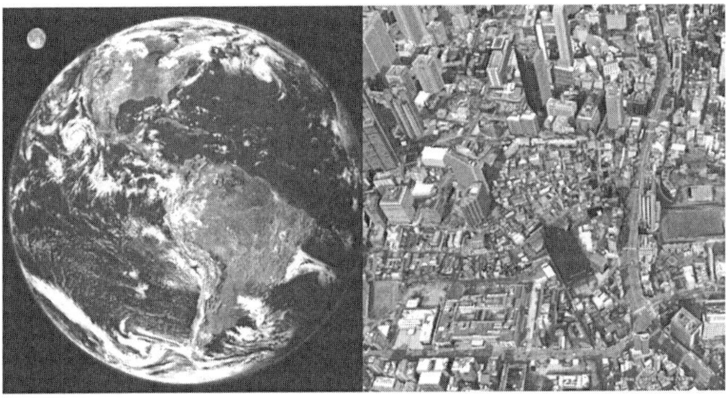

[그림. 22] 거울세계 적용사례 구글 어스(Google Earth)(3D)
출처: https: //www.dispatch.co.kr/1051939

거울세계(Mirror World)는 가상공간(Virtual Space)이 아닌, 실제 세상을 디지털(Digital)로 구현한 메타버스 유형으로 '디지털 트윈(Digital Twin)'과 유사한 개념이다. 현실의 외적인 측면을 강조하며 시뮬레이션(Simulation)을 중심으로 향후 유망한 미래 메타버스(Metaverse) 유형 중 하나로 전망된다. '디지털 트윈(Digital Twin)'과 같이 현실의 물리적 세계와 가상의 디지털 세계가 데이터 중심으로 연결되는 형식이다.

최근 대한민국의 네이버(Naver)사는 전세계 2억명이 넘는 가입자를 보유한 가상세계 플랫폼 '제페토'에 이어 '거울세계' 구현을 통해 메타버스 시장 진출을 가속화하고 있다. 네이버랩스(Naver Labs)와 네이버 클라우드(NAVER Cloud)는 항공사진과 인공지능(AI)을 활용한 [그림. 23]의 '거울세계' 구현을 추진하였다.

[그림. 23] 네이버의 거울세계 적용사례
출처: https://www.sedaily.com/NewsView/22MDTKG9PK

거울세계(Mirror World)의 개념은 가상공간이 가지는 의미보다 활용도가 높다. 만약 새로운 건물을 지을 때 주변의 일조량과 교통량의 변화를 미리 시뮬레이션(Simulation)하기도 하고, 새로운 도로가 생겼을 때 도심 속 통행량의 변화를 추정할 수 있다면 보다 '똑똑한 도시'를 구현할 수 있을 것이다. 이것이

'거울세계'의 장점이며 정부 차원에서 디지털 트윈(Digital Twin) 사업을 적극적으로 추진하는 이유다.

미국의 구글(Google)사의 구글 어스(Google Earth), 미국의 우버 테크놀리지(Uber Technologies, Inc.)사의 우버, 대한민국 카카오(Kakao)사의 카카오 택시(Kakao Taxi), 대한민국 배달의 민족 앱, 대한민국 네이버맵(Naver Map)등이 대표적 활용분야이다.

3.4. 가상세계(Virtual World)

일반적으로 '가상(Virtual)'이란 단어적 의미는 '실재하지는 않지만 거짓으로 지은 것'을 뜻한다. 그러나 가상세계(Virtual World)는 중력, 지지, 운동, 커뮤니케이션(Communication)과 같은 현실의 법칙을 그대로 추구한다. 그리고 3차원 디지털 그래픽(Digital Graphic) 데이터로만 구축된 메타버스(Metaverse) 서비스로써 현실과 유사하나 가상세계(Virtual World)에서만 존재하는 생활공간이다. 따라서 무한한 상상력의 재현으로써 공간이나 시대 그리고 문화와 제도 등 디지털 세상을 통해 자유롭게 구현하는 모든 것이라고 볼 수 있다.

가상세계를 분류해보면 게임 형태의 가상세계(Virtual World of Game Type)와 비게임 형태의 가상세계(Virtual World of Non-Game Type)로 나눌 수 있다. 먼저 게임 형태의 가상세계(Virtual World of Game Type)는 게임(Game) 속에서 형성되는 문화를 통해 자신만의 세상을 만들어 갈 수 있다. 반면 비게임 형태의 가상세계(Virtual World of Non-Game Type)는 소통을 중요하게 생각하는 커뮤니티(Community) 형식이 강하고 [그림. 24]처럼 VR Chat 등 취향이 비슷한 사람들 간의 소통공간이라고 볼 수 있다.

[그림. 24] 가상세계 적용사례 VR Chat
출처: https://store.steampowered.com/app/438100/VRChat/

가상세계는 대한민국의 엔씨소프트(NCSOFT)사의 리니지(Lineage) 게임이나 미국 블리자드(Blizzard)사의 디아블로(Diablo) 게임과 같은 게임 형태의 세상속이나 비게임 형태인 세컨드 라이프(Second Life) 등의 개념으로 해석할 수 있다. 따라서 공통적인 특징으로 아바타의 활용이 중요한 부분으로 작용한다. 가상세계에서는 이용자의 아이덴티티(Identity)가 반영된 아바타(Avatar) 간의 상호작용을 통해 소통하고 감정을 공유한다. 또한, 현실과 같은 경제적, 사회적인 활동들이 현실과 동일하게 발생한다.

최근 들어서는 게임 형태의 가상세계(Virtual World of Game Type)가 주목받고 있는데 4차 산업혁명 시대 접어들면서 AR/VR 기술의 발달에 따라 가상세계(Virtual World)로의 관심을 높여주는 요인으로 작용하고 있다. 가상세계(Virtual World)의 개념은 메타버스를 통해 확장되고 있는데 최근 [그림. 25]의 트래비스 스콧(Travis Scott)의 가상 콘서트와 방탄소년단(BTS)의 신곡 뮤비 발표회가 미국의 에픽게임즈(Epic Games)사의 '포트나이트(Fortnite)' 게임 플랫폼을 통해 진행되었다.

[그림. 25] 트래비스 스콧의 가상 콘서트(포트나이트)

또한, 국내 대학들의 입학식 행사 [그림. 26] 등 다양한 방식으로 가상세계를 활용하고 있다. 예를 들어 온라인 멀티플레이어 게임(Online Multiplayer Game), 세컨드 라이프(Second Life), VR Chat, 로블록스(Roblox), 제페토(Geppetto) 등을 들 수 있다.

[그림. 26] 순천향대학교의 메타버스 입학식
출처: 순천향대 세계최초 메타버스 입학식 하이라이트 | 버추얼 입학식

연습문제

1. ASF(Acceleration Studies Foundation)에서 처음으로 제시한 메타버스를 설명하는 분류기준 4가지 유형에 대하여 추가로 조사하시오.

2. 메타버스의 4가지 유형중에 증강현실(Augmented Reality)에 대하여 예를 들어 설명하시오.

3. 메타버스의 4가지 유형중에 라이프로깅(Lifelogging)에 대하여 예를 들어 설명하시오.

4. 메타버스의 4가지 유형중에 거울세계(Mirror World)에 대하여 예를 들어 설명하시오.

5. 메타버스의 4가지 유형 중에 가상세계(Virtual World)에 대하여 예를 들어 설명하시오.

2 메타버스의 7가지 특징

앞서 우리는 메타버스의 4가지 유형을 통하여 보여지는 기술적 특성과 사회적 특성 등을 살펴보았다. 4차 산업혁명(Industry 4.0) 기술을 기반으로 한 메타버스 개념은 가상과 현실의 융합이라는 사회적 관계로서의 패러다임의 변화라고 볼 수 있다. 오늘날의 디지털 문화는 우리의 일상을 혁명과도 같이 변화시켜가고 있고 MZ세대(Millennials generation Z)라는 새로운 문화적 트랜드를 통해 메타버스라는 가상사회를 형성해 가고 있다. 하지만 실질적인 메타버스 개념을 이해하기 위해서는 앞서 논의한 개념적 정의와 4가지 대표적인 형식들 외에 필수적으로 갖추어져야 하는 메타버스 플랫폼(Metabus Platform)의 7가지 주요 특징들이 있다.

과거 게임 플랫폼이 가지고 있던 형식과는 다른 완벽한 메타버스 공간을 형성하기 위해 다음의 7가지 요소들이 구축되어야 한다. ① 오픈 월드(Open World), ② 샌드박스(Sandbox), ③ 탈 중앙화(Decentralization), ④ 크리에이터 이코노미(Creator Economy), ⑤ NFT(Non-Fungible Token), ⑥ 상호작용성(Interactivity), ⑦ 아바타(Avatar) 라는 7가지 개념을 갖추었을 때 완벽한 메타버스로써의 의미와 기능을 가진다. 따라서 본 단락에서는 각각의 의미와 기능들을 통한 7가지 개념적인 정의를 알아보고자 한다.

1. 오픈 월드(Open World)를 추구하다.

첫 번째로 오픈 월드(Open World)라는 개념은 전통적인 게임운영 방식인 직선적, 구조적 스테이지 방식(Stage Method)의 게임 플레이가 아닌 사용자의 자유의지에 따라 결정된다. 즉 가상의 게임 세계를 사용자 선택에 따라 자유롭게 다니고 이동할 수 있는 게임 디자인의 한 유형이자 게임 메커니즘이다. 예전의 온라인 게임형식과 비교해보면 [그림. 27]은 대표적인 RPG(Role Playing Game) 온라인 게임인 미국 블리자드 엔터테인먼트(Blizzard Entertainment, Inc.)사의 월드 오브 워크래프트(World of Warcraft)로 게임상에서 각자의 역할을 맡고 캐릭터의 정해진 능력치에 따라 역할과 기능을 수행하는 방식이다. 즉 제작사의 프로그래머(Programmer)가 이미 만들어 놓은 맵(Map) 세상 속에서 일정한 역할과 행동을 통해 제시되는 미션을 풀어가는 방식이었다.

[그림. 27] 미국 블리자드 엔터테인먼트사의 월드 오브 워크래프트(World of Warcraft)
출처: https://worldofwarcraft.com/ko-kr/

따라서 RPG게임은 할당된 캐릭터를 이용하여 협력과 고난 극복을 통해 미션을 수행해가는 방식이며 대규모 다중 사용자 온라인 롤플레잉 게임(Massively Multiplayer Online Role-Playing Game: MMORPG)는 롤플레잉 게임(Role-Playing Game: RPG)에 Massively Multiplayer Online이 붙어 사용되는 단어로써 수많은 사람들이 함께 플레이(Play) 하는 롤플레잉 게임(RPG: Role-Playing Game)라고 할 수 있다. 그에 반해 다중 사용자 온라인 롤플레잉 게임(Multiplayer Online Role-Playing Game: MORPG)는 다중 사용자 온라인게임이지만 대규모는 아니고 일정수의 사람들이 모여 역할을 수행하는 게임방식이라고 보면 된다. 대표적인 게임으로는 대한민국 네오플사 던전 앤 파이터(Dungeon and Fighter)와 디아블로 2 레저렉션(Diablo 2 Resurrected)이 있다.

이처럼 전통적인 게임방식은 주어진 스토리대로 움직여야 하고 프로그래머가 만들어 놓은 길로만 캐릭터를 이동해야 미션을 완수할 수 있는 폐쇄적인 시스템이다. 하지만 오픈 월드 게임(Open World Game)는 기본적으로 게임 사용자가 맵(Map) 상에서 이동의 자유를 전제로 하여 대부분의 장소로 옮겨갈 수 있는 것을 특징으로 한다. 이러한 배경의 연결성과 상호작용을 통해 몰입감을 주고 이동의 자유만큼 이용자 스스로 이벤트를 만들기도 하는 점이 자유도를 느끼게 해주는 가장 중요한 요소들이다. 따라서 게임 속에서 소비만을 해오던 과거의 일방적 방식이 아니라 게임을 사용자가 주관하는 주체적 관계로 변화되었다. 프리 롬(Free roam) 또는 샌드박스 게임(sandbox game)이라 불리기도 한다. 대표적인 게임으로 [그림. 28]의 Horizon Forbidden West(2022)을 비롯하여 마인크래프트(Minecraft), GTA5(그랜드 테프트 오토), Watch_Dogs, Sea of Thieves, 게리 모드, 엘든 링(Elden Ring) 등이 있다.

[그림. 28] Horizon Forbidden West(2022)
출처: https://wqwq.tistory.com/346

이러한 사용자의 주체적인 자유도를 부여하기 위해서는 맵(Map)의 크기가 매우 광범위하고 다양한 이벤트가 포함되어 있어야 할 것이다. 메타버스 대표게임으로 불리는 마인크레프트(Minecraft)의 월드의 크기는 얼마일까? 지구의 표면이 5억Km²라는 점을 비교해서 볼 때 스웨덴의 모장 스튜디오(Mojang Studios)사의 마인크레프트(Minecraft)는 맵의 크기가 36억Km²로 약 7배가 넘는 크기이다. 이러한 넓은 공간을 자유롭게 다니면서 소통하고 창작하고 즐기는 방식이 오픈 월드(Open World) 방식의 가장 큰 특징이라 할 수 있다.

2. 샌드박스(Sandbox)로 만들기

샌드박스(Sandbox) 방식의 게임은 사용자가 게임 내에서 창작할 수 있는 요소는 가지고 있지만 특별한 목적이나 미션은 존재하지 않는 것이 특징이다. 단어적 의미를 직역하자면 '모래 상자', '모래 놀이터'라고 설명하기도 한다. 보통 나무나 플라스틱(Plastic)으로 만들어진 공간에서 어린아이들이 모래를 통해 즐기는 창작활동의 의미로 활용된다. 즉 사용자가 게임 속에서 자유롭게 활동하며 스스로 무언가를 창조해서 만들 수 있는 도구로써의 장르를 말한다.

샌드박스(Sandbox) 방식에 관한 사례들을 살펴보면 다양한 장르를 통해 그 의미들이 존재한다. ① 컴퓨터 샌드박스(Computer Sandbox)는 어떠한 프로그램이나 코드를 실행할 때 격리된 공간(샌드박스)을 제공하고 그곳을 벗어나면 작업을 하지 못하도록 방지하는 기술로 이해된다. ② 유튜브 샌드박스 네트워크는 [그림. 29]처럼 MCN(Multi Channel Network)이라고 불리는 유튜브 회사들로 샌드박스(Sandbox), 트레져헌터(Treasure Hunter), 비디오빌리지·레페리(Video Village·Leferi)등이 있다.

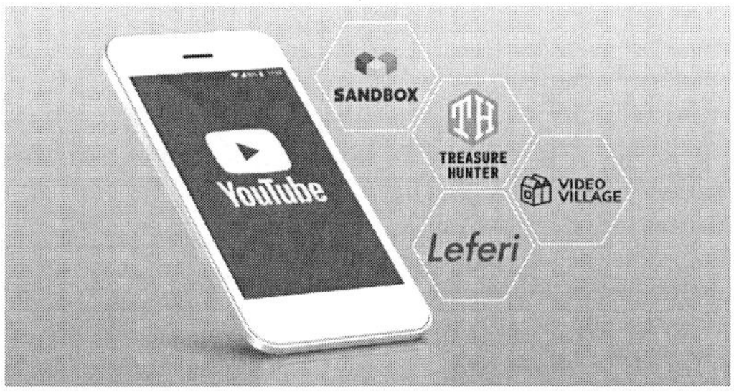

[그림. 29] 유튜브 샌드박스 네트워크 MCN(Multi Channel Network)
출처: https://www.jobplanet.co.kr/contents/news-976

③ 드라마 스타트업(Startup) 샌드박스(Sandbox)는 드라마에 등장하는 스타트업(Startup)들을 육성하는 Accelerator(액셀러레이터:초기창업자의 성공 가능성을 높이고 성장 가속화를 위해 투자하는 비영리법인)의 이름으로 아이들이 모래사장에서 걱정 없이 놀이를 즐기듯 스타트업(Startup)이 맘껏 활동할 수 있도록 지원하고 실패를 하더라도 투자하겠다는 의미로 이해된다. ④ 규제 샌드박스(Regulatory Sandbox)는 특정 산업의 육성을 위하여 신기술, 신산업 분야에서 새로운 제품, 서비스를 출시할 경우 기존의 규제를 면제 또는 유예하여 일정 기간 동안 서비스를 제공할 수 있도록 한 후 문제가 발생하면 사후 규제하는 제도이다. ⑤ 게임 샌드박스(Sandbox)는 특정한 목표가 없거나, 자유도가 높은 게임 분류 중의 하나를 의미한다. 샌드박스(sandbox)식 액션 어드벤처 게임인 GTA(Grand Theft Auto) [그림. 30]또는 심 시리즈가 대표적인 예이다. <더 심즈(The SIMS)>나 <심시티(SIM CITY)> 시리즈와 같이 플레이 과정 내내 목표가 전혀 존재하지 않는 게임도 있지만, <GTA>나 <오퍼레이션 플래쉬포인트(Operation Flash Point)> 시리즈처럼 궁극적인 목표는 주어지되 일정 단계가 지나면 플레이어의 재량에 따른 자유로운 플레이가 가능한 방식도 존재한다. 게임 이용자들 각자의 취향에 맞게 플레이를 진행할 수 있다는 것이 높은 자유도를 기반으로 하는 샌드박스(Sandbox)류 게임의 가장 차별화되는 특징이다.

GTA(Grand Theft Auto)	**심즈 4**
https://store.epicgames.com/ko/p/grand-theft-auto-v	http://www.joongboo.com/news/articleView.html?idxno=1353828

오퍼레이션 플래쉬 포인트
https://oldpcgames.tistory.com/1710

[그림. 30] 샌드박스(Sandbox)식 액션 어드벤처 게임

오픈 월드(Open world)와 샌드박스(Sandbox) 개념을 게임에 적용해 비교해 보면 오픈 월드(Open world) 게임은 보통 하나의 맵(Map)으로 형성되어 게임 내 이동 가능한 지역 전체를 별다른 로딩 없이 자유롭게 이동할 수 있는 게임을 의미한다. 반면 샌드박스(Sandbox) 게임은 플레이어의 창조적 욕구와 자유도가 높고 게임 내에서 유저가 건물을 짓는 레고 같은 창작을 할 수 있는 요소가 많은 게임(Game)을 말한다. 따라서 샌드박스 게임(Sandbox Game)은 특정 지정된 목표나 목적이 없는 게임(Game)이며 메인 퀘스트(Main Quest)에 맞춰 게임을 진행할 필요가 없는 자유로운 형식이다. 최종 결과는 동일하지만

진행하는 과정이 유저가 원하는 대로 진행할 수 있고 자신의 아바타로 가상의 세계를 탐험하며 가상 체험을 중요하게 생각한다. 따라서 샌드박스(Sandbox) 게임들은 유저가 게임을 만들어나가는 부분이 많다. GTA5는 맵 전체를 이동할 때 로딩 없이 전체 지역을 이동할 수 있다는 점에서 오픈 월드(Open World) 게임이지만, 창작할 수 있는 요소는 캐릭터 커스터마이징(Customizing)이나 차량 개조 수준에서 그친다.

3. 탈 중앙화(Decentralization)를 형성하라.

탈 중앙화(脫中央化, Decentralization)란 권력이 집중된 집단을 분산화 시킨다는 의미로써 소규모 단위의 자율적인 운영 활동으로 이해할 수 있다. 최근 블록체인 기술이 도입되면서 사회적으로 널리 확산하고 있는 개념이며 기존의 어느 한 주체가 통제, 지시, 결정을 내리는 구조이던 중앙 집중식 조직, 기업, 단체, 기구 등이 탈 중앙 분산 구조로 변경되고 있다. 이처럼 "탈 중앙화(Decentralization)"라는 개념은 중앙화의 반대적인 의미이면서 중앙 관리자 중심 의사결정 방식에서 벗어나 참여자 중심 자율적 의사결정으로 변화되는 것을 의미한다. 따라서 블록체인 기술 기반 의사 결정 시스템이라고 할 수 있다.

3.1. 탈 중앙화(Decentralization)! 그 가치와 의미

탈 중앙화(Decentralization)가 가지는 디지털 가상사회에서의 가치와 의미는 무엇일까?

먼저 비탈릭 부테린(Vitalik Buterin)은 이더리움(Ethereum)의 창시자로 탈 중앙화(Decentralization)의 요구조건으로 장애 허용성(Fault Tolerance), 공격 저항성(Attack Resistance), 담합 저항성(Collusion Resistance)의 3가지 관점을 주장

하였다. 또한, 크리스 딕슨(Chris Dixon)은 공리주의의 관점에서 탈 중앙화(Decentralization)가 자유와 평등을 지향하는 시스템으로서, 전체 네트워크가 제공하는 효용을 너 빨리 증가시킬 수 있다는 점을 강조하고 있다.

탈 중앙화(Decentralization)는 기본적으로 블록체인 기술과 연계성을 가진다. 블록체인은 우선 정치적, 구조적으로 탈 중앙화(Decentralization)가 되어있다. 네트워크에 참여하는 모든 사용자가 모든 거래내역 등의 데이터를 분산, 저장하는 기술로 블록체인 기술을 일명 데이터 분산 처리 기술이라고 한다. 이러한 블록체인(Blockchain) 기술을 바탕으로 데이터에 투명성, 불변성 등의 가치를 부여한 탈 중앙화(Decentralization) 시스템은 초연결 비대면 시대의 기반 기술이라고 할 수 있다.

따라서 탈 중앙화(Decentralization)는 시스템 관리에 있어서 특정한 일부 통로나 거래내역 처리과정에서 오류가 발생해 시스템 중 일부가 망가져도 전체 시스템은 계속 돌아가는데 그 이유는 권한이 분산돼 있기 때문이다. 즉 전체적인 시스템의 장애발생 확률이 낮아지는 장애 허용성(Fault Tolerance)이 장점으로 작용한다. 이러한 탈 중앙화(Decentralization)에 나타나는 블록체인 기술의 특성은 해킹 공격을 받았을 때에도 효과를 발휘하는데 공격할 주체나 리더가 없다는 것이다. 따라서 중앙화된 시스템에 비해 탈 중앙화(Decentralization)된 시스템은 공격이나 해킹을 하는데 비용과 시간이 많이 들어 공격에 대한 저항성(Attack Resistance)이 매우 높다는 점이 특징이다. 또한, 중앙화 시스템은 기관이나 기업들 간에 자신들의 이권을 위해 서로 간에 담함을 하여 특정 대상을 억압하기에 용이한 구조를 가지고 있다. 반면 탈 중앙화(Decentralization)된 시스템에서는 이용자 자신의 이득을 취하기 위해 이용자들 간에 서로에게 피해를 끼치는 행동을 하기 어려운 담합 저항성(Collusion Resistance)이 특징으로 나타난다.

[표. 2] 비탈릭의 탈 중앙화(Decentralization) 3가지 분류기준

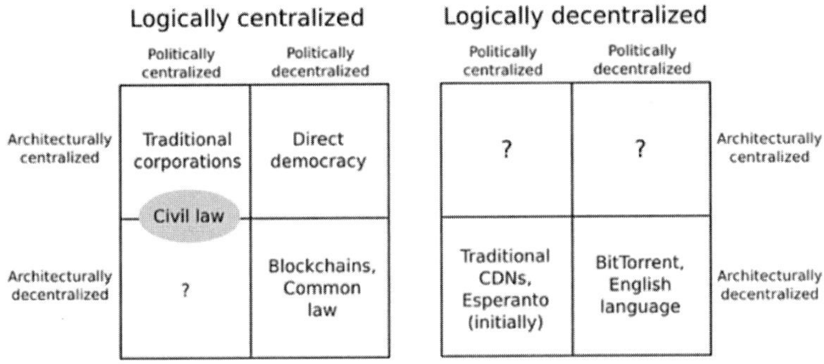

[표. 2]는 비탈릭(Vitalik)의 탈 중앙화(Decentralization) 3가지 분류기준이다. 비탈릭(Vitalik)의 탈 중앙화(Decentralization) 3가지 분류 탈 중앙화(Decentralization)들은 정치적 탈 중앙화(Decentralization), 구조적 탈 중앙화(Decentralization), 논리적 탈 중앙화(Decentralization)로 나눌 수 있다. 살펴보면 다음과 같다.

- 정치적 탈 중앙화(Decentralization) : 개개인 또는 조직이 시스템을 통제하는가? - 어느 한 주체로부터 통제를 받지 않아 정치적으로 제한을 받지 않는다.
- 구조적 탈 중앙화(Decentralization) : 얼마나 많은 컴퓨터가 시스템을 구성하고 있는가? - 다수의 노드로 구성되어 일부 오류가 발생하더라도 시스템은 문제가 없는 안정적 구조이다.
- 논리적 탈 중앙화(Decentralization) : 시스템의 인터페이스와 데이터가 획일적인 구조인가 아니면 복합적인 구조인가? - 전체적인 노드가 합리적인 합의과정을 거쳐 한 대의 컴퓨터처럼 작동한다.

3.2. 비탈릭부테릭(Vitalik Buteric)의 탈 중앙화(Decentralization) 의미

비탈릭부테릭이 주장하는 탈 중앙화(Decentralization)의 의미 [The Meaning of Decentralization]를 중앙화, 탈 중앙화(Decentralization), 분산화의 의미 비교를 [그림. 31]를 통해 알아보고자 한다.

중앙화(Centralized)의 개념은 국가적 관점에서 볼 때 믿을 수 있는 특정기관의 관리 하에서 이뤄지는 방식이라 할 수 있다. 즉 믿을 수 있는 어느 한 주체가 통제나, 지시 및 결정을 내리는 방식, 네트워크(network) 관점에서는 한 컴퓨터가 시스템 전체를 구축하는 방식.

탈 중앙화(Decentralized)는 특정 플랫폼(Platform)의 가치가 한 주체의 통제로 이뤄지는 것이 아니라 그것을 이용하고자 하는 커뮤니티(Community)에 의해 정해진다는 의미. 네트워크 관점에서 본다면 시스템의 관리, 통제, 컨트롤하는 특정한 컴퓨터가 없는 상황.

분산화(Distributed networks)는 탈 중앙화의 의미와 비슷해 보이지만 명확히 다른 의미이다. 탈 중앙화(Decentralization)는 기본적으로 시스템의 관리 주체가 특정 지어져 있지 않음을 의미 - 분산화는 관리, 연산 및 처리하는 주체가 분산되어 있음을 의미. 즉 분산적으로 운영하는 중앙화 시스템으로 이해.

● 중앙화(Centralized) ● 탈 중앙화(Decentralization) ● 분산화(Distributed networks)

[그림. 31] 비탈릭부테릭의 탈 중앙화(Decentralization) 특징

3.3. 크리스 딕슨(Chris Dixon)의 탈 중앙화(Decentralization)의미

크리스 딕슨(Chris Dixon)은 미국에서 가장 유명한 VC(Venture Capital)회사인 앤드리슨 호로위츠(Andreessen Horowitz)의 제너럴 파트너이자 암호자산 담당자이다. 그는 중앙화된 현재의 인터넷이 탈 중앙화(Decentralization)로 인해 어떻게 바뀌게 되는지를 공리주의의 관점에서 전체 네트워크가 제공하는 효용을 더 빨리 키울 수 있다는 점을 강조하고 있다.

[표. 3] 크리스 딕슨(Chris Dixon)의 탈 중앙화(Decentralization) 특징

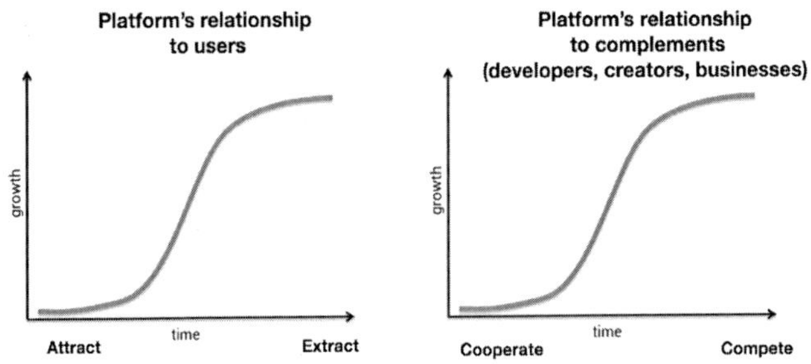

크리스 딕슨(Chris Dixon)은 지금의 인터넷 서비스에 관해 주장하기를 초기 성장단계에서는 양질의 서비스를 저렴하게 제공하면서 사용자들을 유혹하고 있다. 따라서 인센티브(Incentive)열린 생태계를 만들어 참여하는 개발자나 사업체들과 협력하고 있다. 하지만 이후 플랫폼이 커지고 [표. 3]처럼 S-커브의 위쪽 위치로 이동할수록 네트워크(Network)의 힘이 매우 강력해 지면서 그들이 가지는 힘과 영향력은 네트워크 참여자들인 유저들이나 서드파티 조직들보다 훨씬 커지게 된다. 결국 사용자들을 착취하는 구조로 변화하고 서드파티(Third Party) 개발자나 사업체들과 경쟁하면서 그들의 이익까지 감소 할 것이라고 주장한다.

"마이크로소프트(Microsoft)와 넷스케이프(Netscape), 구글과 옐프(Yelp), 페이스북과 징가(Zynga), 트위터와 나머지 서드파티 클라이언트(Third Party Client)들

간의 경쟁이 대표적인 예시이다.”

하지만 블록체인(Blockchain) 기반의 탈 중앙화(Decentralization)된 시스템은 다르다는 주장이다. 즉 사용자와 개발자들이 ‘토큰(Token)’이라는 경제적 인센티브(Incentive)를 받게 되고, 자발적으로 토큰의 가치향상을 위해 서로 협력하며 시스템을 함께 성장시킬 수 있다는 주장이다.

그리고 만약 초기 개발팀이나 채굴자 등이 스스로의 권력을 쥐게 되어 횡포나 착취를 시도한다고 하더라도 토큰(Token) 기반의 투표와 같은 민주적인 방법으로 참여자들이 목소리를 낼 수 있다는 것이다. 한편, 극단적인 상황에 처해지게 된다면 시스템을 전면 하드포크(Hard Fork)하여 기존 데이터와 유저군을 그대로 유지하며 권력자들을 몰아낼 수가 있다는 것이다.

“위키피디아(Wikipedia)와 엔카르타(Encarta)와의 경쟁사례가 대표적 예시이다.”

4. 크리에이터 이코노미(Creator Economy)의 탄생

인터넷은 우리의 일상과 삶의 다양한 상황들을 바꾸어 놓았고 [그림. 32] 크리에이터 이코노미(Creative Economy)라는 개념을 구축하고 있다. 우리는 언제부터인가 관심도 없이 TV앞에서 머물러 있는 시간보다 자신의 흥미를 찾아 스마트폰이나 PC, 유튜브, 넷플릭스(Netflix)등 다양한 콘텐츠를 찾고 소비하는 수요가 증가하고 있다. 크레이터 이코노미(Creative Economy)라는 관점은 다양한 플랫폼을 통해 형성되었다. 2000년대 후반부터 유튜브(YouTube), 인스타그램(Instagram), 아이튠즈(iTunes), 스포티파이(Spotify)와 같은 플랫폼이 등장했고 최근에는 스넵쳇(Snapchat), 트위터(Twitter), 미디엄(Medium), Twitch, TikTok 등과 같은 ① Media Platforms들이 탄생했다.

① Birth of Media Platforms

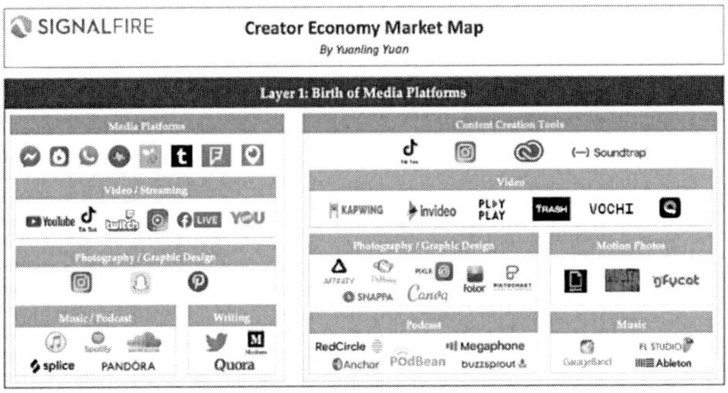

② Emergence of Influencer Marketing

③ Creators as Businesses

[그림. 32] 크리에이터 이코노미

출처: https://signalfire.com/blog/creator-economy/

일상의 변화와 더불어 디지털 콘텐츠(Digital Content)의 양은 그 수요를 충족시키기 위해 더 증가하였다. 그 중에서도 유튜브(Youtube)는 영상을 기반으로 제작되어 다양하고 흥미로운 콘텐츠(Contents)가 넘쳐났다. 우리는 경쟁처럼 콘텐츠를 만들어 올리기 시작했다. 여기에는 대형 영화 제작자나 TV 채널, 넷플릭스(Netflix) 같은 브랜드도 있지만 많은 소규모의 기업들과 개인 브랜드로써의 인플루언서(Influencer, 영향력 있는 사람), 즉 ② Emergence of Influencer Marketing라고 할 수 있다. 인플루언서(Influencer)는 막대한 예산이나 기술적 노하우(Know-how)가 없어도 기본적인 컴퓨터나 보조 장치에 자신만의 개성과 아이디어로 독창적인 콘텐츠(Contents)를 만들 수 있게 되었다. 개인이 자신의 콘텐츠를 만들 수 있는 이러한 능력은 크리에이터 이코노미, ③ Creators as Businesses의 탄생이며 인플루언서의 탄생으로 이어졌다.

4.1. 크리에이터 이코노미의 의미!

메타버스(Metaverse)를 이해하기 위해서 우리는 가상의 플랫폼(Platform) 공간을 살펴보아야 한다. 또한 그 공간에서 형성되는 현실과 같은 경제원리가 적용되었을 때 진정한 가상현실이 될 수 있다. 크리에이터 이코노미(Creative Economy)의 정의는 이러한 개념에서 꼭 필요한 메타버스(Metaverse) 요소이다. 왜냐하면 메타버스(Metaverse)는 초창기 게임처럼 재미나 취미활동 정도의 수준을 넘어선 현실과 동일한 가상 세계여야 한다. 따라서 창조적 경제활동의 유무는 진정한 메타버스(Metaverse)의 의미에서 중요한 요소를 차지한다.

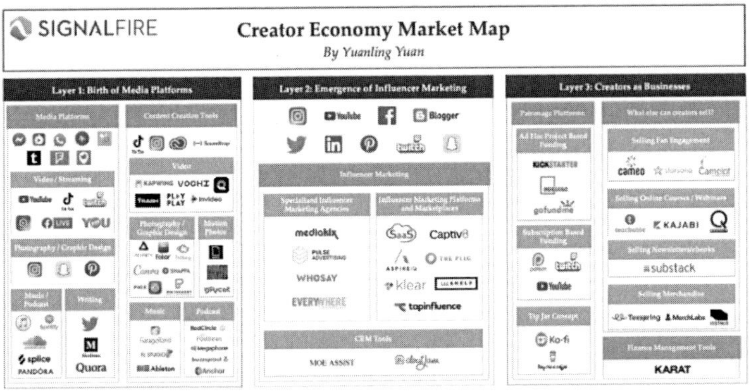

[그림. 33] 크리에이터 이코노미 마켓 맵(Creator Economy Market Map)
출처: https://signalfire.com/blog/creator-economy/

크리에이터 이코노미(Creative Economy)란 크리에이터(Creative)/창작자(Creator)에 의해 만들어진 뉴스레터, 패션, 게임, 웹툰, 영상, 음악, 소설, 그림, 디자인, 팟캐스트 강좌 등 창의적인 콘텐츠들이 생산과 소비의 관계로 형성된 경제활동(이코노미)으로 이해할 수 있다 [그림. 33]. 즉 창작자 스스로가 자신의 콘텐츠를 꾸준히 생산할 수 있도록 설계된 시스템으로 콘텐츠 이용자는 콘텐츠 사용 비용을 창작자에게 직접 지불하는 방식이다. 따라서 창작자는 기존의 수익 형태인 광고에 의존하지 않고도 자신의 경제활동을 이어갈 수 있는 장점이 있다. 이러한 특성을 실리콘벨리(Silicon Valley)에서는 크리에이터 이코노미(Creator Economy)라고 부른다.

구체적으로 살펴보면 예전의 콘텐츠 제작 시스템은 창작자들이 플랫폼에 귀속되어 있었다. 따라서 창작자들이 SNS를 통해 수익을 낼 수 있는 방식이 제한적이다. 스마트 폰 대중화로 인터넷의 사용이 일상화 되었고 가상 속 SNS 활동은 오늘날 현대인의 일상 속 삶의 일부가 되어가고 있다. 영국 주간지 이코노미스트(The Economist)의 발표에 따르면 미국 구 페이스북(현 메타)사는 2015년 5월 사용자들이 올린 게시글 옆 공간의 광고 배너를 통해 판매수익을 연간 920억 달러(약 110조 3816억원)를 벌었다. 미국 트위터(Twitter)도 3억 5,000만 사용자들이 올린 트윗들 사이에 광고를 배치하는 방식으로 연간 34억 달러(약 4조 793억원)의 매출을 벌었다고 한다. 하지만 정작 창작자들은 플랫폼의 경쟁력 강화 도구로만 활용되었고 정당한 수익을 올리지 못한다는 비판이 형성되기 시작했다.

[그림. 34] 미국의 콘텐츠 제작 플랫폼 서브스택(Substack)

최근에는 콘텐츠(Content)의 제작에서부터 결제까지 편리하게 지원하는 다양한 플랫폼(Platform)들이 등장하였다. [그림. 34]의 미국의 서브스택(Substack)이 플랫폼 대표적이며, 이는 2017년 창업한 뉴스레터 제작 툴(Tool)이다. 콘텐츠(Content) 제작부터 발송과 성과분석 등 구독 서비스에 필요한 모든 기능들을 디자인 지식 없이도 간단한 사용법을 통해 지원해준다. 이처럼 이제 누구나 쉽게 콘텐츠를 제작하는 크리에이터 이코노미(Creator Economy)에 도전할 수 있다. 대부분의 창작자(Creator)는 대형 미디어나 TV 회사 등의 전문가 집단이 아닌 일반인들이다. 이들 중 상당수가 자신의 집 안방에 기본적으로 스튜디오(Studio)를 설치해 놓고 있다. 이들은 자신들만의 방식으로 디지털 창작물들을 만들어내고 불특정 다수를 대상으로 자신의 가치를 공유하고 선전하고 있다. 그들 중 많은 사람들은 아직도 자신만의 아이디어를 통해 제공할 수 있는 가치 있는 기술을 가지고 있다. 단지 그 기술들에 대한 수요가 충분하지 않을 뿐이다. 실제로 유튜브(Youtube), 라이브커머스(Live Commerce) 등은 대한민국 1인 미디어 시장은 2018년 3조

9,000억 원에서 지난해 6조원대로 성장했다. 한편, 미디어 미래연구소(https://www.mfi.re.kr/)는 크리에이터 이코노미(Creator Economy)가 2023년 8조원 규모로 성장할 것으로 예측했다.

4.2. 크리에이터 이코노미의 작동원리

디지털 자산으로써의 온라인 창작물이 재평가되는 최근의 관점에서 창작 클래스는 물론이고 웹툰, NFT(Non-Fungible Token/대체 불가능한 토큰)까지 크리에이터 이코노미의 원리가 대중화되고 있는 것이 현실이다.

창조자 경제의 작동원리는 누군가를 위해 어떤 것을 만들고 그것은 돈을 벌기 위한 자신만의 창작물로써 경제활동으로 만들어 간다는 논리로 매우 단순하고 명확하다.

무엇을 만들고 누구에게 소통할지는 전적으로 자신에게 달려 있다. 창조되는 콘텐츠(Contents)가 재미있는 비디오(Video)일지 아니면 흥미로운 블로그(Blog)나 브이로그(Vlog), 또는 음악이나 먹방 일수도 있다. 혹은 개인의 경험을 통한 정보공유나 요가 수업처럼 어떤 것들의 '사용법' 비디오와 같은 것이 될 수도 있다.

따라서 그것에 관한 창작 목록은 매우 다양하면서 무궁무진하다. 그렇게 선택되고 만들어진 창작물들은 유튜브(YouTube), 인스타그램(Instagram), 클럽하우스(Clubhouse), 틱톡(TikTok) 등 다양한 크리에이터 이코노미 플랫폼 중 하나에 배포되고 게시된다. 게시된 콘텐츠들은 수익화로 연결될 수 있으며, 잠재적으로 개인 크리에이터에게는 유리한 수입을 가져다 줄 수 있는 구조이다.

[그림. 35]은 대표적인 크리에이터 이코노미의 플랫폼 사례로 네이버의 자회사 네이버Z의 스노우에서 출시한 제페토 스튜디오(ZEPETO Studio)이다.

해외 사례로는 로블록스(Roblox)를 들 수 있다. 제페토 스튜디오는 2020년 3월 AR 아바타 서비스인 가상세계 전용 패션 아이템을 제작하고 판매하는 크리에이터 이코노미 방식의 국내 플랫폼이다. 대표적인 제페토 1세대 크리에이터인 '렌지'는 2021년 기준 월 1,500만원 이상의 수익을 올려서 유명해졌다. 최근에는 '매니지먼트 O'라는 온라인 클래스를 만들어 렌지가 옷의 3D 탬플릿을 공유하면 다른 크리에이터들이 2D 텍스처를 입혀서 판매하는 방식의 사업과 디자인 교육사업도 진행하는 크리에이터이다.

포토샵작업

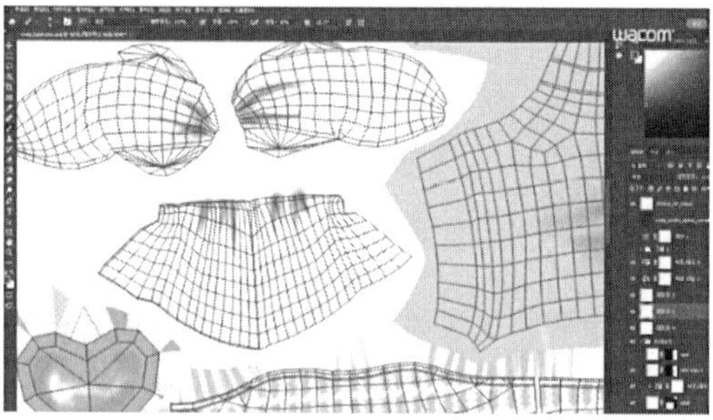

3D 모델링 작업/리깅

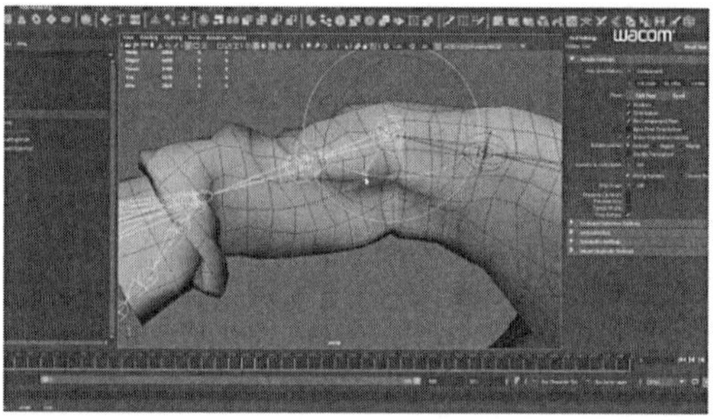

유니티

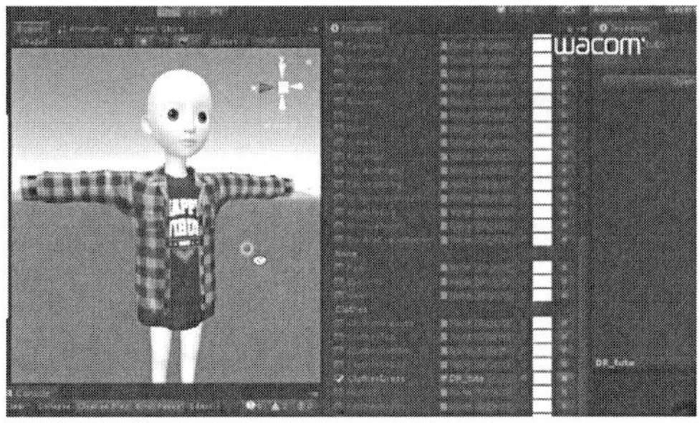

[그림. 35] 제페토 제작과정
출처: https://wacomkoreablog.com/1452

제페토 스튜디오(ZEPETO Studio)의 사용방법을 살펴보면 매우 간단해서 그래픽 툴에 능숙하지 않은 일반인 크리에이터도 쉽게 창작할 수 있다. 자체적으로 지원되는 기본 템플릿만 잘 활용해도 2D 그래픽 이미지를 수정할 수 있는 방식으로 아이템을 만든다. 만약 관련 제작 전문 지식을 가지고 있다면 [그림. 35]에서 처럼 3D 그래픽 기능을 활용하여 좀 더 경쟁력 있는 자신만의 독창적인 아이템도 만들 수 있다. 만들어진 아이템에 관해서는 크리에이터가 직접 가격도 설정할 수 있다. 세부적인 작동원리를 살펴보면 제안한 아이템은 제페토 스튜디오(ZEPETO Studio)의 일정 심사를 거쳐야 하는데 최종 통과여부를 결정 후 이용자들에게 공개된다. 따라서 제페토 스튜디오는 패션 아이템으로 아바타를 꾸미는 것 이상의 수익 창출까지도 가능한 것이다. 그래서인지 서비스 론칭 한달만에 8억원 이상의 매출이 발생했고 약 6만명 이상의 관련 크리에이터(Creator)를 확보했다.

로블록스도 크리에이터 이코노미 방식의 대표적인 플랫폼으로 일명 게임판 유튜브라고 불린다. 등록된 게임 수가 2021년 기준으로 5,000만 개 이상에 달하며 외부개발자들이 게임을 직접 만들고 판매하며 창작자들 간에도 서로 간에 만든 게임을 즐길 수 있는 플랫폼이다. 로블록스에서도 제페토

(ZEPETO)와 같이 각종 패션 아이템을 제작할 수 있으며 제작한 아이템을 판매하거나 직접 만든 게임 패스를 판매하는 방식으로 수익을 올릴 수 있는 방식이다. 또한, 이용자가 결제한 수익 금액의 일정부분을 개발자가 받을 수 있고 이용자 트래픽이 증가하면 더 많은 수익을 개발자가 받는 형식이다. 이용방식도 간단해서 창작자가 직접 만든 게임을 등록하면 사용자들이 로블록스 내 가상화폐인 '로벅스'를 이용해 게임을 결제한 후 이용하면 된다. 창작자들은 로벅스로 받은 가상화폐 이용료를 이체하거나 현실에서 현금으로 전환도 가능하다.

[그림. 36] 크리에이터 이코노미의 성장에는 웹툰도 빠질 수 없다. 글로벌 월간이용자수(MAU) 6,700만 이상인 네이버웹툰 플랫폼은 창작자들에게는 사관학교라고 할 만큼 잘 알려져 있다. 잘 만든 웹툰 하나는 원소스멀티유저(One Source Multi-Use: OSMU) 수익을 창출하고 있기 때문이다. 최근 드라마·영화화로 인기를 끄는 작품들 중에는 네이버 웹툰의 스토리텔링이나 모티브를 통해 제작되기도 한다.

[그림. 36] 크리에이터 이코노미의 성장

4.3. 크리에이터 이코노미의 가능성

인터넷(Internet)이 우리의 일상을 변화시킨 방법 중 한 가지는 훨씬 더 많은 시청자들에게 콘텐츠를 개방할 수 있는 기회가 있고 창조자 경제의 가능성이 내포되어 있다는 점이다. 다양한 인터넷 이용자들은 서로의 관심사를 토대로 팬덤(Fandom)층의 욕구충족을 위해 중요한 플랫폼으로 메타버스(Metaverse)를 논한다. 이러한 다양성에 관한 특징들은 창작자들에게 그들이 더 나은 틈새 관객들에게 집중하게 할 수 있다는 것을 의미한다. 사실상 예전부터 자신만의 재능으로 이익을 얻는 창작자들은 항상 있어왔다. TV가 나오기 전부터 대중이 소비할 수 있는 콘텐츠(Contents)를 만드는 작가, 배우, 극작가들이 있었다. 그러나 콘텐츠에(Contents) 대한 홍보방법이 부족해 수요가 제한적이었기 때문에 기회는 희박했고 일부 최상위권 사람들만이 누릴 수 있는 이익이었다. 인터넷의 도입도 곧바로 크리에이터 혁명을 일으키지는 못했다. 우선, 인터넷 접속은 제한되었고 대역폭은 텍스트와 몇 개의 이미지로 천천히 페이지를 여는 기능만을 허용했다. 웹 1.0(Web 1.0)시대 에서 웹 2.0(Web 2.0) 시대 초기의 인터넷(Internet)은 다른 어떤 것보다 정보를 위해서만 사용되었고, 오락적 가치는 거의 없었다. 그러나 웹 2.5시대 인터넷 속도는 점점 더 빠르게 증가하여 사용자에게 더 많은 기능과 유연성을 제공하고 점점 더 많은 수의 사람들이 가정에서 인터넷(Internet) 에 접속하였다.

예를 들어 2004년 미국의 페이스북(Facebook)이 출시되어 소셜 미디어의 확장 가능성을 한 단계 끌어올렸다. 거의 1년 후, [그림. 37] 유튜브(Youtube)의 등장은 정말 모든 것을 변화시켰다. 유튜브(Youtube)는 컴퓨터와 인터넷(Internet)이 연결되어 있는 곳이라면 어디든지 모든 사람들이 자신만의 채널을 쉽게 창조할 수 있도록 만들었다. 대부분의 아마추어들은 거의 모든 일상과 경험, 흥미와 재미들에 관한 영상을 공유하고 있었다. 그들의 관심사, 열정, 그들이 원하는 것은 무엇이든 인터넷이 우리에게 주는 넓은 범위와 함께,

심지어 가장 작은 틈새도 많은 청중을 끌어들일 수 있다.

[그림. 37] 유튜브의 등장

미국의 페이스북(Facebook)사와 유튜브(Youtube)사는 거의 동시에 등장한 스마트폰(Smartphone)의 대중화는 크리에이터 이코노미의 활성화에 결정적인 역할을 했다. 그 외 트윗터(Twitter)나 인스타그램(Instagram) 등 SNS를 통한 삶의 변화가 디지털 문화 활동으로 자리 잡았다. 또한 틱톡(TikTok), 메타(Meta), 넷플릭스(Netflix) 등의 동영상 플랫폼 전쟁은 아직도 현재형이다. 이러한 플랫폼 시장의 변화와 경쟁은 메타버스(Metaverse) 시장으로의 변화와 발전을 가속화 시키고 있다. 최근 조사에 따르면 2022년 8월 기준 메타버스(Metaverse) 게임시장에서 로블록스(Roblox) 다음으로 대한민국 게임사인 해긴(Haegin)의 메타버스(Metaverse) 게임 플랫폼 [그림. 38] 플레이투게더(Play Together)가 메타버스(Metaverse) 게임시장에서 두 번째로 이용자가 많은 것으로 집계 되었다.

[그림. 38] 플레이투게더(Play Together)

플레이투게더(Play Together)의 인기비결은 미니 게임에 사회성을 강조하여 소셜 기능을 접목한 메타버스(Metaverse) 플랫폼이라는 점이다. 간단한 조작법을 통해 누구나 쉽게 할 수 있는 달리기와 폭탄 돌리기 그리고 왕관 뺏기 등의 게임이 주요 서비스로 구성되어 있다. 이용자가 맘 편히 즐길 수 있는 비(非)경쟁 콘텐츠를 활용하고 아바타를 이용한 캠핑·요리·낚시 등을 즐길 수도 있다. 또한, 최근 대한민국에서는 지니뮤직(Geniemusic)과 함께 가수 제이미의 메타버스 콘서트(Metaverse Concert)를 열었고, 북미 동남아 유럽 시간대에 맞춰 최대 30만 명의 동시접속자가 몰리는 등 엔터테인먼트(Entertainment) 기능도 강화하고 있다. 이러한 상황들을 고려할 때 국내 콘텐츠 기업의 창조경제의 가능성은 무궁무진하다고 본다. 웹 3.0 시대를 앞두고 있는 지금! 사람들은 이제 거의 모든 곳에서 인터넷에 접속할 수 있고 그들이 원하는 것은 무엇이든 볼 수 있으며 만들 수도 있다. 우리는 그 프로그램에 관심이 있든 없든 상관없이 가족과 함께 TV에 둘러앉아 있는 시간보다 콘텐츠를 보는 시간이 훨씬 더 일상화 되었다. 이제는 사람들이 정해진 정규방송을 시청하는 것보다는 보고 싶은 것을 찾아서 보는 것을 훨씬 더 익숙해 한다. 자신이 만든 콘텐츠를 공유하고 경제적인 수익도 창출하며 자신들만의 팬덤(Fandom)을 형성하기도 한다.

5. NFT의 활용과 의미

NFT! 라는 단어는 요즘 가장 많이 들어본 단어들 중 하나라고 할 수 있다. 기본적으로 단어적 의미를 살펴보면 Non-Fungible Token으로 각 토큰(Token)에 고유한 인식값을 부여함으로써 서로가 대체 할 수 없다는 뜻이다. 즉 교환이나 복제가 불가능하다는 의미를 가지고 있으며 메타버스시대를 가장 현실적인 공간으로 만들어 줄 수 있는 개념이기도 하다. 따라서 NFT의 사회적, 경제적, 기술적 활용과 의미를 살펴보도록 하자.

5.1. 대체 불가능 토큰 NFT(Non-fungible token)

대체불가능(Non-fungible) 토큰(Token)은 블록체인(Blockchain)기술을 이용해서 디지털 자산의 소유주를 증명하는 가상의 토큰(Token)으로 각기 고유한 특성을 보장 받을 수 있어서 영구적이다. 반면 대체가 가능(Fungible)한 토큰(Token)이란 개념은 서로 간에 교환이 가능(Fungible)하다는 의미로 각기 동일한 가치를 지니고 있다. 관련 사례로는 명목화폐, 암호화폐, 귀금속, 채권 등을 들 수 있다.

따라서 블록체인 기술(Blockchain Technology)을 적용하여 쉽게 복제가 가능했던 디지털 파일(Digital File)들에 대한 제도적 안전장치가 가능해졌다. 이러한 기술적 장치인 NFT를 통해 디지털 파일의 고유성까지도 발행할 수 있다는 점에서 최근 다양한 분야에서 주목을 받고 있다.

5.1.1. 소유권에 대한 보증문서

크리에이터 이코노미 시대에 사람들이 창조자 경제를 사용하는 가장 새로운 방법 중 하나는 [그림. 39] 처럼 블록체인 기술을 이용해서 디지털 자산의 소유주를 증명하는 가상의 토큰(token)이다. NFT(Non-fugible token)는 간단하게 설명하자면 일종의 가상 진품 디지털 인증서로 그림·영상 등의 디지털 파일에 관한 정보를 가리키는 주소를 토큰(token) 안에 블록체인 기술을 이용해 담음으로서 그 고유한 원본성 및 소유권을 나타내는 용도로 사용된다. 따라서 NFT는 블록체인(Blockchain) 특성상 위변조가 불가능한 원본 인증서, 소유권에 대한 보증문서, 즉 증명서이다.

NFT의 장점으로는 모든 사람이 볼 수 있도록 공용 영역에 남겨질 수 있다. 또한 디지털 자산(Digital Asset)에 대한 소유권을 소유자에게 부여한다. 그리고 그림 파일, 음악 파일, 영상 파일 등에 관해 복제를 하더라도 고유한 인식

값이 계속적으로 부여되기 때문에 디지털 진본과 복제본의 구별이 가능하다. 마지막으로 소유 경로의 추적이 가능하다.

[그림. 39] NFT(Non-fugible token)
출처: https://www.google.co.kr/

영국의 대표적 사전 중 하나인 콜린스(Collins)가 2021년 올해의 단어로 'NFT(non-fungible token)', 대체불가토큰(token)를 선정했다[그림. 40]. 콜린스는 NFT를 "블록체인에 등록된 유일한 디지털 증명서로, 미술품과 수집품과 같은 자산의 소유권을 기록하는데 사용된다"고 정의했다.

▲ 콜린스 사전 선정 올해의 단어 'NFT'
콜린스 홈페이지 캡처

[그림. 40] 콜린스는 2021년 올해의 단어로 'NFT'를 선정

콜린스는 NFT 단어 사용량이 올해 들어 11000% 증가했다며 NFT 단어가 예술과 금융 분야, 갤러리와 경매장, 소셜 미디어 플랫폼 등 어디에서나 사용되고 있다고 전했다.

그 외에도 올해의 단어 후보에는 디지털 트렌드를 반영하는 다른 용어들로 암호화폐의 줄임말인 '크립토(Crypto)', 가상과 현실이 상호작용하는 3차원 세계를 뜻하는 '메타버스(Metaverse)' 가 선정 되었다고 한다.

5.1.2. NFT와 비트코인

메타버스의 경제활동에서 핵심적인 단어를 선택해야 한다면 3가지를 선정할 수 있다. [그림. 41]처럼 NFT- 블록체인- 비트코인이다.

NFT는 앞서 논의된 것처럼 블록체인 기술을 바탕으로 한 가상자산이라고 할 수 있다. 'NFT'(non-fungible token · 대체불가토큰)의 개념을 좀 더 세부적으로 살펴보자. 'NFT'는 블록체인 상에 저장, 기록된 디지털 파일로 스마트 계약을 통해 생성된 고유 id값이다. 가상자산이라는 점에서는 비트코인과 비슷하다고 생각 할 수 있지만 그렇지 않다.

비트코인은 현실의 화폐처럼 누구에게나 통용될 수 있고 다른 사람의 비트코인과 1:1 교환이 가능하지만 NFT는 하나하나의 가치가 디지털 자산으로 고유한 인식값을 담고 있어서 모두 다를 수밖에 없고 등기권리증과 같아서 맞교환이 불가능하다. 따라서 NFT는 화폐처럼 누구에게나 같은 가격으로 거래되지는 않는다.

[그림. 41] NFT-블록체인-비트코인
출처: https://www.google.co.kr/

비트코인은 지폐나 동전과 같은 실제 화폐가 아니다. 화폐 단위는 BTC로 표시하며 디지털 환경에서 주고받는 물리적 형태가 없는 '디지털자산'으로 암호화폐, 가상화폐, 디지털화폐로 보면 된다.

5.1.3. 블록체인(Block Chain)

NFT의 핵심기술인 블록체인(Blockchain)이라 할 수 있다. 블록체인(Blockchain) 기술이 비약적인 발전과 실생활에 쓰이려는 움직임이 많이 나타나면서, 최근 페이스북(Facebook), 월마트(Walmart), 스타벅스(Starbucks) 등 대형 글로벌 기업체들이 자사 비즈니스 모델에 블록체인 기술을 넣고 있다. 한편, 국내에서도 삼성, LG, SK 등 대기업 계열사들도 자사 솔루션에 블록체인을 도입하려는 의지를 강하게 드러내고 있다.

블록체인(Blockchain)은 네트워크 참여자가 공동으로 거래 정보를 검증하고, 해시(Hash) 기반으로 블록(Block)을 처리하여 기록, 보관함으로써 공인된 3자가 없더라도 무결성(Integrity) 및 신뢰성(Reliability)을 확보하여 분산원장이 가능하게 하는 기술이다.

또한, 블록체인은 해시 기반으로 블록을 처리하는 분산원장기술은 합의 메커니즘을 사용하는 좀 더 광범위한 의미이나, 국제 표준화 기구(ISO: International Organization for Standardization)에서 블록체인과 분산원장기술을 혼용해서 사용하고 있고, 분산원장기술(DLT: Distributed Ledger Technology)을 포함한 포괄적 의미로 '블록체인'이라는 이름이 사용되고 있다.

한편, 블록체인은 분산 장부 기술로서 네트워크 참여자들이 데이터를 저장하고 검증하는 형태로 설계된다. 기존의 금융 업무는 장부를 중앙집중형으로 관리하는 시스템으로 제3의 신뢰할 수 있는 기관을 설립하고 해당 기관에 대한 신뢰를 확보하는 방식이다 [1].

[그림. 42] '블록체인(Block Chain)'의 특징으로는 블록에 디지털 데이터를 담아 체인 형태로 연결한다. 그리고 수많은 연결 컴퓨터에 이를 동시에 복제 · 저장하는 방식으로 분산형 데이터 저장기술이라고 한다. 즉, 디지털 거래 데이터가 담긴 '블록'들이 사슬 구조로 연결되어 있으면서 공공 거래를 기록한 장부이다. 사실상 '사토시 나카모토'라는 개발자에 의해 블록체인 기술과 비트코인이 세상에 처음 알려졌다. 블록체인 기술의 등장은 전 세계의 가상화폐 시장에 새로운 혁명과도 같았다.

블록체인은 데이터를 하나의 중앙 컴퓨터에만 저장하는 것이 아니라 수없이 많은 컴퓨터에 동일하게 저장하는 방식이었기 때문에 은행 같은 중앙 기관의 개입 없이도 안전하게 개인 간 거래가 가능한 것이다. 만약 누군가가 블록체인으로 저장된 화폐를 훔치려고 한다면 사실상 짧은 시간에 수없이 많이 연결되어 있는 사용자들에게 동시에 접근해야 하는데 사실상 그건 불가능한 일이다.

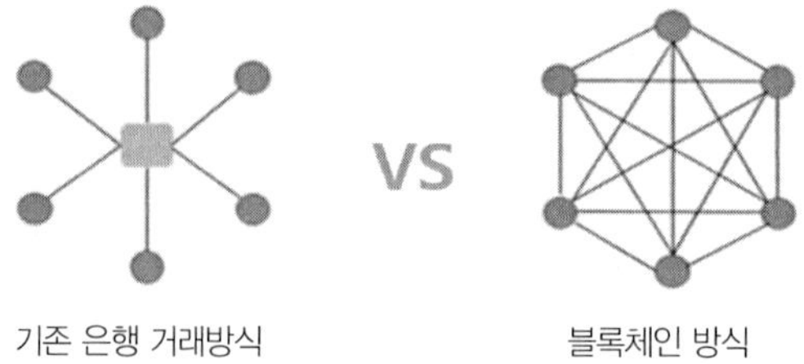

[그림. 42] 블록체인의 특징

블록체인은 접근 권한에 따라 크게 네트워크 참가자의 성격과 주체의 역할에 따라 퍼블릭 블록체인, 프라이빗 블록체인, 하이브리드 블록체인으로 구분한다. 그 중에서 누구나 참여할 수 있는 개방형 블록체인 네트워크인 퍼블릭 블록 체인(Public Blockchain)과 미리 정해진 조직이나 개인들만 참여 가능한 패쇄형 블록체인 네트워크인 프라이빗 블록체인(Private Blockchain)의

두 가지를 비교해 보면 [그림. 43]과 같다.

퍼블릭 블록 체인 (Public Blockchain)		프라이빗 블록체인 (Private Blockchain)
인터넷으로 모두공개	읽기권한	허가제로 담당주체만 가능
누구나 검증 및 거래참여가능	참여자 구분	권한 부여된 담당주체만 가능
느림	속도	빠름
가능	분산화	가능
높음	탈중앙화	낮음
네트워크 확장이 어렵다	업그레이드	쉽다
비트코인, 이더리움 등	대표	리플, 아이콘

[그림. 43] 블록체인의 종류

출처: https://www.samsungsemiconstory.com/kr/시사-it-용어-가상화폐의-주역-블록체인-기술이란/

블록체인(Blockchain)의 특징들을 이해하기 위해 [그림. 44] 블록체인(Blockchain) 거래과정을 살펴보면 우리가 일반적으로 알고 있는 거래 방식의 특징은 중앙 금융 기관이 모든 거래 내역을 가지고 있다는 점이다. 즉 A가 B에게 송금하기 위해서는 우선 둘 사이의 거래가 안전하게 진행될 수 있도록 중간 역할을 해주는 은행이 필요했다. 이때 NFT가 그런 은행의 역할이라고 생각하면 된다.

A가 B에게 100만 원을 송금하는 경우, A 계좌에서는 100만원의 금액이 줄어들고, B 계좌에는 해당 금액이 늘어난 데이터가 담긴 블록이 생성된다. 이때 생성된 블록은 네트워크에 50명이 참여하고 있다면 A와 B가 거래할 때, 50개의 블록이 동시에 생성되고 참여자 모두에게 전송 및 저장, 거래 정보의 유효성에 대해 상호 검증하게 된다. 이때 참여자 절반 이상의 데이터와 일치하는 거래 내역의 경우를 정상 장부로 판단한다. 검증 완료된 블록은 이전 블록과 연결되어 체인을 이루 되고, 블록의 사본들은 모든 참여자의

컴퓨터에도 동일하게 분산 저장된다. 이처럼 블록체인은 거래가 이루어질 때마다 거래 참여자들끼리 정보를 공유하고, 이를 대조하면서 데이터 위조나 변조를 할 수 없도록 하는 시스템이다.

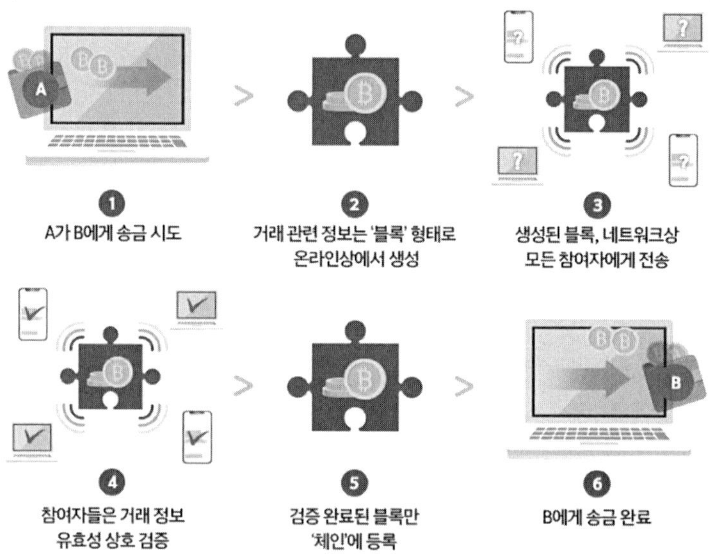

[그림. 44] 블록체인 거래과정

출처: https://www.samsungsemiconstory.com/kr/시사-it-용어-가상화폐의-주역-블록체인-기술이란/

'퍼블릭 블록체인'은 인터넷이 연결되는 환경이라면 장비 제한없이 PC, 노트북, 서버 등의 다양한 컴퓨터 장비로 불특정 다수 누구나 운영할 수도 있고 참여할 수도 있다. 참여와 탈퇴를 전적으로 본인의 의사에 따라 결정하는 탈 중앙화(Decentralization) 성격을 강하게 띄는 블록체인의 유형으로 누구나 데이터를 읽을 수 있기 때문에 투명성이 보장될 수 있다. 하지만 참여하는 사람들이 많기 때문에 네트워크 확장이나 수정 등의 업그레이드가 어렵고, 거래 속도가 느리다는 단점이 있다. 우리가 흔히 알고 있는 비트코인, 이더리움, 이오스 등이 퍼블릭 블록체인이다.

댑레이터에 따르면, NFT내 최고 작품 시리즈로 꼽히는 [그림. 45] '지루한 원숭이 요트 클럽(Bored Ape Yacht Club)'이 이날 하루 130만 달러 판매액을 기록했다고 밝혔다. 그 이유로는 최근 이더리움이 업그레이드 되면서, 이더리움을 기반으로 한 대체불가능토큰(NFT-(non-fungible token)) 가격이 급등했다는 것이다. 앞서 이더리움은 시스템을 작업증명에서 지분증명으로 업데이트하는 이른바 '더머지'를 단행했는데 NFT 가격이 상승한 이유를 이더리움의 처리 속도가 빨라지고 거래 수수료가 낮아지면서 NFT에 큰 영향을 줬다는 분석이다.

[그림. 45] 지루한 원숭이 요트 클럽(Bored Ape Yacht Club)

'프라이빗 블록체인'에는 퍼블릭 블록체인과는 반대로 특정 네트워크 상에서 만든 인증방식을 통해 검증된 사람만이 참여할 수 있다. 여기에 참여하기 위해서는 반드시 관계자의 승인이 필요하며 폐쇄적이고 권한이 집중되어 투명성이 낮은 편이다. 하지만 참여자가 제한되어 처리 속도가 빠른 편이며 특정 기업의 특성에 맞게 설계할 수 있어 보안 측면에서는 상대적으로 우위에 있다. 또한 네트워크의 규칙 또는 거래 내용 수정이 가능해 업그레이드 및 잘못된 계약에 대한 정정도 가능하다. 대표적인 프라이빗 블록체인에는 리플, 아이콘, 하이퍼레저 패브릭, Quorum, R3, 삼성 SDS에서 개발한 넥스레져와 포스코ICT에서 개발한 포스레져 등이 있다.

5.2. NFT의 활용 사례와 위기

5.2.1. NFT와 돈 버는 게임(P2E)

NFT자산은 문화·예술·게임·스포츠 등 다양한 분야로 가치가 확산되며 활용사례가 무궁무진하다. 디지털 파일로써 다양한 산업과의 연계성이 높아 미술, 수집품, 음악, 웹툰, 디지털 부동산 혹은 누군가의 기록이나 영상등 그 확장성이 매우 높다. 따라서 희소성의 가치에 따른 인간의 소유 욕구를 자극할 수만 있다면 한계는 없다고 본다. 최초의 NFT로써 돈 버는 게임(P2E)으로 불렸던 [그림. 46] '크립토키티'는 교배를 통해 나만의 고양이를 갖는다는 단순한 구조로 가상 고양이 수집·거래 게임이다. 이더리움 블록체인 네트워크에서 작동하는 '크립토키티'는 비록 지금은 몰락의 길을 걸었지만(원인: 느린속도, 네트워크 트래픽, 수수료문제) 고양이 캐릭디 하나가 15만 5,000날러(약 1억 7400만원)에 판매되는 등 선풍적 인기를 거둔 것으로 알려졌다.

[그림. 46] '크립토키티'
출처: https://www.hankyung.com/finance/article/201807123095g

한편, [그림. 47] 'NBA탑샷(NBA Top Shot)'은 출시 후 1년이 안되어 이용자수가 100만 명을 돌파했다. 이것은 미 프로농구 NBA 경기에서 나오는 선수들의 명장면 영상만을 골라 플로우 블록체인 기반 NFT 스포츠 스타 카드 수집 게임으로 만들어 거래하는 방식이다.

[그림. 47] 'NBA탑샷(NBA Top Shot)'
출처: https://news.mt.co.kr/mtview.php?no=2020091515141333671

다음으로 플랫폼인 스타트업(Startup) 라바랩스의 온라인 아바타 거래 서비스 [그림. 48] '크립토펑크' 등도 NFT 시장에 빠르게 뛰어들어 높은 성장세를 보이고 있다.

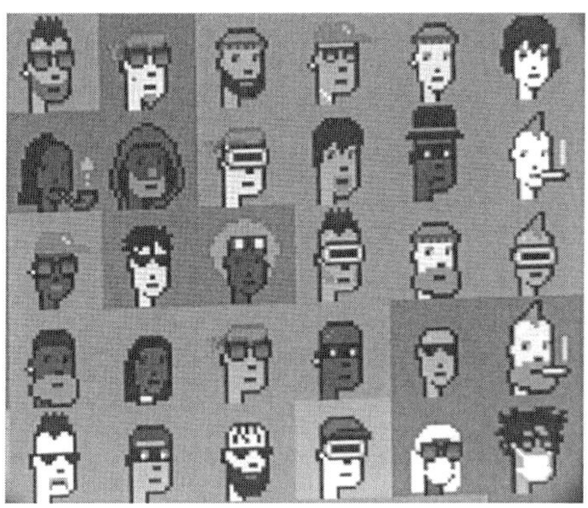

[그림. 48] '크립토펑크'
출처: https://www.ceopartners.co.kr/news/articleView.html?idxno=12698

크립토펑크는 캐나다인 소프트웨어 개발자 맷 홀(Matt Hall)과 존 왓킨슨(John Watkinson)이 2017년 실험적으로 개발한 NFT프로젝트로 NFT의 시조로 불린다. 크립토펑크 7523은 외계인이 마스크를 쓰고 있는 형상인데,

10,000개의 크립토펑크 중에 외계인 형태의 크립토펑크는 9개밖에 존재하지 않는다. 따라서 희소성이 높고, 마스크를 착용하고 있는 것은 코로나 시대 상황을 반영하였기 때문에 희소성 면에서 높은 가격으로 판매 된 것으로 보인다. 크립토펑크는 전 세계에 딱 10,000개만 존재하고, 더 이상 발행하지 않아 그 가치가 더 이상 희석되지 않는다는 장점이 있다.

일반적으로 "NFT=돈"이라는 수식어가 만들어 지고 있다. 수익창출의 최적의 도구라는 이미지를 형성하며 수집품 시장에서 강세를 보이고 있다. 이러한 사회적 인식이 강하지만 그렇게 단순하게 볼 문제가 아니니다. 일부 부정적 시각에서는 NFT를 투기라고 주장한다. 과거 17세기 네덜란드에서 일어난 튤립 파동과 비교하는데 17세기 네덜란드 황금시기에 터키에서 수입된 튤립의 인기로 가격이 급상승했지만 이후 하락세로 가격거품은 사라졌다. 이러한 사례를 NFT에 비교하기도 한다.

2010년대 스마트폰 보급이 가속화되면서 창작가 경제가 대중화되고 본격화 되었다. 웹 2.0 시대에 창작자들은 자신의 창작물에 대해 기존 기업의 플랫폼 의존도가 높아서 100%자기 수익을 내기 힘들었다. 따라서 개인 창작 수익을 기업이 가져간다는 부정적 인식이 팽배해졌다. 하지만 웹 2.5 시대를 거쳐 탈 중앙화(Decentralization) 시대인 웹3.0시대가 도래하는 지금, 개인이 콘텐츠도 직접 만들고 수익도 직접적으로 가져가는 시대가 왔다.

5.2.2. 디지털 문화와 NFT

2021년 3월 11일 미국 크리스티(Christie) 경매에서는 놀라운 일이 벌어졌다. 제프 쿤스와 데이비드 호크니에 이어 3번째로 높은 경매가격으로 작품이 팔리면서 단숨에 생존 작가 중 엄청난 작품 판매가격을 기록한 작가가 탄생했다. [그림. 49] '매일: 첫 5000일(Everydays: The First 5000 Days)'이라는 작품으로 6,930만 달러(약 785억원)에 팔렸다. 더 놀라운 사실은 이 작품이 액자에 담긴 작품이 아니라 300메가바이트(Mb)가량 용량을 가진 단순한 1개의 컴퓨터 JPG 파일이라는 점이다.

주인공은 디지털 아티스트 마이크 윈켈만으로 '비플'이라는 예명으로 활동하는데 독학으로 미술을 배웠지만 생존 작가 중 엄청난 작품 판매가격을 기록한 작가가 됐다.

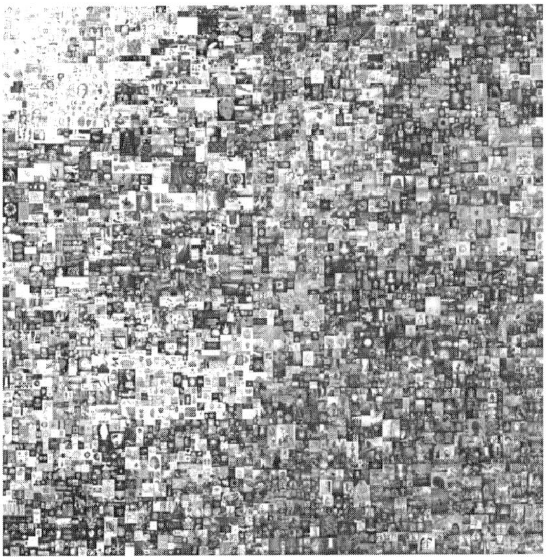

[그림. 49] 디지털 아티스트 '비플'의 '매일: 첫 5000일'

이러한 현상을 과거 17세기 네덜란드 튤립 파동(Tulip mania)과 비교하며 투기형태의 거품일 것이라는 지적들도 있다. 그러나 기존의 거품 같은 상황들과의 차이점이 있다면 NFT는 그냥 단순한 기술이라는 점이다. 따라서 이 기술이 담아내는 자산가치가 무엇이냐에 따라 본질적인 실체가 달라질 수 있다. 즉 NFT는 단지 블록체인상에 저장되고 기록되는 디지털 파일 일뿐이며 메타버스 시대에 효율적인 활용을 위한 증가 매개체가 될 수 있다는 점이다. 또한 문화콘텐츠의 가능성에 입각해서 우리가 NFT에 무엇을 담는가에 따라

그 성격이 달라지고 시장은 다양한 방향으로 변화할 수 있는 것이다.

[그림. 50]과 같이 디지털 문화콘텐츠의 시장 속에는 NFT(non-fungible token, 대체불가토큰)을 활용하는 메타버스(metaverse) 플랫폼 기반의 다양한 게임들이 있다.

◆ 2022년 3월 16일 글로벌 대형 은행 HSBC가 더 샌드박스(The Sandbox)의 가상 토지를 매입했다는 소식에 메타버스 토큰 샌드(SAND) 가격이 급등했다. 더 샌드박스(sandbox)는 이더리움 블록체인을 기반으로 구축된 게임 플랫폼으로 암호화폐 샌드(SAND)와 NFT(대체불가토큰)을 활용한다.

디센트럴랜드

출처: https://www.ajunews.com/view/20220107142030839

로블록스

출처:
https://www.techm.kr/news/articleView.html?idxno=93052

크립토복셀(CryptoVoxel)

출처:
https://ko.bitcoinethereumnews.com/bitcoin/cryptovoxels-is-rebranding-to-voxels-press-release-bitcoin-news/

액시 인피니티

출처: Axie Infinity

더 샌드박스

출처: https://www.blockmedia.co.kr/archives/218117

솜니움 스페이스

출처:
https://news.g-enews.com/article/Global-Biz/2022/06/20220619090647965e8b8a793f7_1?md=20220619205541_U

스타 아틀라스

출처: https://www.blockmedia.co.kr/archives/192261

[그림. 50] NFT기반 메타버스(metaverse) 플랫폼 게임사례

◆ 메타버스(Metaverse) 플랫폼 크립토복셀(Cryptovoxels)이 복셀(Voxels)로 리브랜딩을 진행한다고 비트코인닷컴을 통해 발표했다. 관계자은 "암호화페에 익숙하지 않은 사람까지 수용하기 위해 보다 광범위한 브랜드명으로 선택하였고 웹3의 성장 및 문화를 수용하는데 중점을 두기 위해 리브랜딩을 진행한다"고 설명했다.

크립토 복셀은 뉴질랜드의 인디게임 개발사에서 만들었고 2018년도부터 이더리움 기반으로 오픈씨를 통해 가상부동산 토지거래가 가능하다. 대부분의 유저들은 메타버스(Metaverse)형 디지털 갤러리를 꾸며놓고 자신만의 독창적인 공간을 구성하고 작품을 판매하기도 한다. 디지털 아티스트들에게 효과적인 메타버스(Metaverse) 공간이다.

◆ 솜니움 스페이스는 메타버스(Metaverse)세계 버전으로 사람이 죽어도 영원한 존재로 보존되어 소통할 수 있는 '영원한 생명(Live Forever)' 옵션이 있다. 또한, 아바타는 토지를 소유할 수 있고 물건을 판매할 수 있으며 상호 작용할 수도

있는 가상 환경이다. ‘Live Forever’ 옵션 기능은 죽은 사람의 데이터가 수집되고 나면 관련된 사람들과 아이들이 메타버스(Metaverse)세계에 들어올 수 있다. 그런 후에 아바타를 통해 생전의 행동을 보고 목소리를 들으면서 대화를 나눌 수 있다. 어쩌면 그 사람(아바타)과 대화하는 것이 AI라는 것을 깨닫지 못하며 추억을 공유할 수 있다.

Digital Collectibles to Showcase NFTs on Instagram

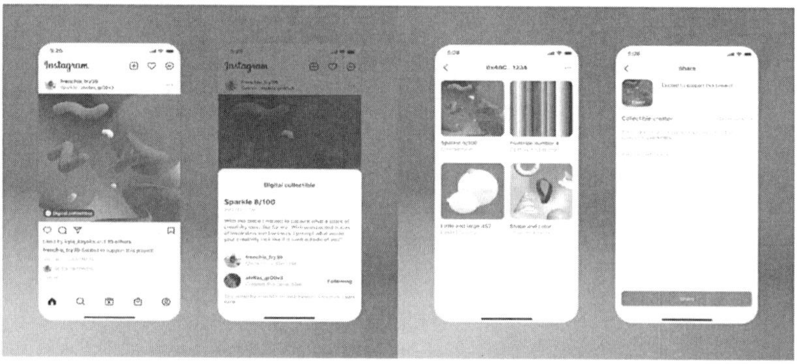

[그림. 51] 메타의 인스타그램 NFT기능

NFT를 이용한 디지털 자산의 활용이 중요하다. 최근 메타에서는 한국을 포함한 전 세계 100개국에 인스타 그램에 자신이 소유한 NFT자산을 보여줄 수 있는 기능을 탑재하였다. 한편, [그림. 51]처럼 아티스트나 크레이터들에게 우선 오픈하였고 점차적으로 대중화 할 예정이다.

5.2.3. NFT의 위기와 극복

NFT(Non-Fungible Token, NFT) 전 세계 총 거래액은 2020년 한 해 9,500만 달러, 2021년 1분기에 12억 달러, 2021년 3분기에 107억 달러, 2022년 1월에는 165억 달러로 폭발적인 성장세를 보였었다. 그러나 최근 미국 금리 인상 여파로 가상자산 시장의 폭락세가 이어지면서 최근 5월 19일 블록체인 분석 사이트 ‘더블록’에 따르면 글로벌 NFT 시장의 지난달 5월 거래액은

[그림. 52]에서처럼 40억 달러로 집계됐다. 이는 거래액이 사상 최대였던 1월(165억 7,000만 달러)에 비해 76% 줄어든 규모다. 거래액은 1월 정점을 찍은 뒤 2월(114억 달러), 3월(59억 1,000만 달러), 4월(71억 8,000만 달러) 등으로 줄고 있다. 2022년 6월 기준 월스트리트저널(WSJ)은 최근 "가상자산 잔치는 끝났다", "NFT 판매가 죽어가는(Flatlining) 상태"라고 진단하였다.

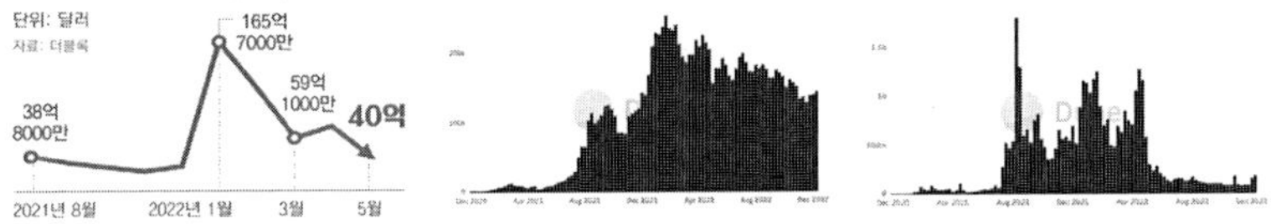

2021-22NFT거래량 ▼(하락) 시장 참여자들 ◆(유지) 2022-23 NFT거래량 ▼(하락)

[그림. 52] NFT의 위기

출처: https://www.donga.com/news/Economy/article/all/20220620/114006781/1

그리고 NFT의 인기를 이끌어온 주요 컬렉션들의 가격도 하락세이며 글로벌 주요 NFT 거래소에서 내부자 거래와 해킹 사건 등이 연이어 터지면서 투자자들의 불안감은 커지고 있다. 이달 초에는 세계 최대 NFT 거래소 오픈시의 직원이 특정 NFT가 게재되기 전에 해당 NFT를 사들였다가 되팔아 2~5배의 시세차익을 챙긴 혐의로 기소됐다는 기사가 있었다. 또한 오픈시 이용자가 전자지갑을 해킹(Hacking) 당해 10만 달러 상당의 NFT 작품을 탈취 당하기도 했다.

NFT의 거래소 오픈시(OpenSea)사의 공동 창립자이자 최고경영자(CEO)인 데빈 핀저는 트위터를 통해 "오늘은 오픈시에게는 힘들 하루"다 왜냐하면 "우리 팀의 20%를 떠나보내야 하기 때문이다"라고 밝혔다. 핀저 CEO는 "경기 침체가 장기화될 가능성을 대비해 회사가 준비를 해야 할 필요가 있다고 느꼈다. 또한, 크립토 윈터와 거시경제의 불안정성이 겹치면서 정리해고를 단행하게 됐다"고 설명했다.

업계에서는 NFT 시장의 부정적인 영향으로 비트코인(Bitcoin) 등 가상자산 가격의 하락과 유명 대출 플랫폼(Platform) 기업들의 잇단 파산 등을 원인으로 내다보고 있다. 하지만 긍정적인 해석과 반응도 나타나고 있다. NFT 시장의 거품이 빠지면서 가치 없는 NFT는 시장에서 퇴출되는 분위기고, 활용성이 입증된 NFT만 살아남는 '옥석 가리기'가 본격화되었다는 전망이다. 2023-01 기준에서 볼 때 2022년 NFT 시장의 거래량은 줄었는데도 불구하고 시장 참여자들은 유지하고 있는 결과가 나왔다[그림. 38].

한편, 자오창펑(Zhào Cháng Péng)은 세계 최대 가상자산 거래소 바이낸스(Binance)의 창업자로써 "인터넷도 초기에는 거품이 있었다. 그래서 결국 문제가 터졌지만 인터넷 자체를 말살시키지는 않았다"며 "부정적 관점도 있지만 블록체인과 NFT의 기술 자체에는 주목할 필요가 있다"고 말했다.

또한, 2022년 9월 15일 데이터 분석기업인 댑레이터(DappRadar)에 따르면, 이더리움의 처리 속도가 빨라지고 수수료가 낮아지는 업그레이드가 현실화되면서 이더리움을 기반으로 한 대체불가능토큰(NFT) 가격이 다시 급등했다는 기사가 있었다. 플랫폼인 오픈시(OpenSea)내 거래량 또한 77% 급증해 거래액이 1,000달러를 돌파 했으며, 오픈시(OpenSea)내 NFT 평균 가격은 114달러로 전일 보다 227% 상승했다고 한다. 블룸버그는 이더리움의 개선 결과에 관해 평가하기를 "높은 수수료 부담과 늦은 처리에 투자를 망설이던 사람에게 큰 혜택을 주고 있다"고 설명했다. 이러한 사회적인 등락 현상들은 아직은 불안한 투자자들의 심리를 반영한 것이며 앞으로 NFT에 관한 해결해야 할 과제가 많음을 암시하는 현상이라고 생각한다.

6. 상호작용성(Interactivity)의 효과

상호작용성(Interactivity)은 기본적으로 디바이스(Device)와 인간의 신체활동을 통해 형성되는 관계라고 할 수 있다. 사람과 사람 간의 행동을 디바이스의 기술과 센스장치를 통해 연결 되어지는 과정으로 이해할 수 있다. 따라서 메타버스(Metaverse) 플랫폼이 가지는 가장 중요한 몰입요소 중 하나라고 할 수 있다. 또한 융합 기술을 바탕으로 한 웹3.0 시대가 추구하는 가상 플랫폼의 방향성이라고 할 수 있다. 기본적으로 [그림. 39]와 같이 이용자는 MHD를 중심으로 다양한 디바이스 장치들을 통해 소통한다. 즉 사전적 의미로 보면 'Interactive'에서의 'Inter'는 '상호 간'이라는 뜻으로 복수의 개체 간의 사이 혹은 관계를 의미한다. 'Activity'는 행위, 행동, 작용, 효과 등 '활동적'이라는 뜻의 합성어를 의미한다.

최근 사용되는 디바이스(Device)의 기본적인 원리는 [그림. 53]처럼 이용자와 디바이스(Device)와의 상호작용을 통해 정보를 얻고 예술을 감상하거나 게임을 즐기거나 이용자들 간의 소통을 목적으로 한다. 여기서 상호작용성이란 하나의 매체를 통해 기존의 면대면 조직이나 매스커뮤니케이션(Mass Communication) 등 여러 가지 형태의 커뮤니케이션이 동시 다발적으로 일어난다는 것을 의미한다. 이러한 특성은 4차 산업혁명의 특징이면서 인터넷 미디어가 가지는 매스미디어(Mass Media)를 이용한 커뮤니케이션(Communication) 방식의 큰 변화이기도 하다.

예를 들어 미디어 아트의 영역에서 설명하자면 우리는 인간과 기술의 만남에 예술이 더해진 인터랙티브 아트(Interactive Art) 라는 장르를 통해 상호작용성을 쉽게 이해할 수 있다. 사실 우리는 우리가 느끼는 못하는 사이에 다양한 예술 영역에서 상호작용을 경험하고 있었다. 이러한 상호작용성(Interactivity)의 개념은기본적으로 인간이 어떤 주어진 환경 하에서 사물이나 사람 혹은 존재물(Entities)들과 행하는 모든 행위의 가능성을 제공한다는 의미이다. 상호작용의 방법들을 살펴보면 첫 번째는 가장 중요하면서도 기본적인 소통방식으로 인간-인간의 상호작용(Human–Human Interaction)으로 오랜 옛날부터 인간은 동작, 문자, 언어 등을 통해 소통을 해 왔다. 두 번째는 미디어-미디어(Machine–Machine)의 상호작용으로 IoT(Internet of Things, 사물인터넷) 기술은 정보 네트워크의 발전으로 미디어 간 상호작용성이 증가한다. 세 번째는 매체나 컴퓨터와 같은 기계를 활용한 인간-미디어(Human–Machine)의 상호작용으로 기술의 발달을 통해 다양한 방식으로 미디어를 활용해 왔다. 네 번째는 인간 - 컴퓨터 HCI(Human Computer Interaction)의 상호작용으로 나눠 볼 수 있는데 센스를 통한 소통방식이나 인공지능 기술은 단순한 정보공유를 넘어 새로운 세계와의 연결로 확장한다.

[그림. 53] 상호작용성의 원리

즉 상호작용성을 통한 소통방식은 인간과 인간, 인간과 미디어, 미디어와 미디어, 인간과 인공지능과의 소통으로 이어지며 결국 또 다른 가상세계 속 인간과의 상호작용 관계로 확장되는 것이다. [그림. 54]에서 상호작용성을 활용한 사례들의 특성들을 살펴보면 다음과 같다.

① 〈IRIS〉, Interactive Media Canvas

출처: https://aliceon.tistory.com/2379 [앨리스온: 국내 최초 미디어아트 채널: 티스토리]

② 크리스토퍼 잡슨의 'Everbright: A Giant Interactive Light Toys

출처: https://arte365.kr/?p=60335

③ MORI Building DIGITAL ART MUSEUM: teamLab Borderless

출처: https://130.pe.kr/671 [사진찍기좋은날: 티스토리]

④ 메타버스(metaverse) 사례 :제페토

출처: 블랙핑크 공식 트위터

[그림. 54] 상호작용성을 활용한 사례

① <IRIS>, Interactive Media Canvas는 미디어 아트 작품으로 현실 속 인간의 행동을 센스를 이용해 미디어 화면에 똑같이 재현해 줌으로써 동질감과 재미를 이용한 상호작용적 몰입감을 경험하게 된다.

② 리스토퍼 잡슨의 'Everbright: A Giant Interactive Light Toys는 미디어 아트 작품으로 관람자가 작품을 바라만 보고 있는 것이 아니라 직접 참여하고 제작함으로써 상호작용성을 높여주는 경험을 한다. 즉 관람자가 직접 제작하는 작품이기 때문에 몰입감은 더욱 강화되는 것이다.

③ MORI Building DIGITAL ART MUSEUM: teamLab Borderless라는 작품은 미디어 아트작품으로 관람자들이 4각의 작품 속에 들어가 있는 것 같은 몰입감을 가진다. 즉 사방으로 재현되는 영상 속에서 관람자들은 만지고 움직이면서 작품과 공유하고 몰입하는 것이다.

④ 메타버스(metaverse) 사례 :제페토는 가상공간 속에서 다양한 활동을 할 수 있는데 '블랙핑크'와의 가상세계 속 팬 미팅을 통해 자신이 좋아하는 연예인과의 만남을 가질 수 있는 방식이다. 아직은 디바이스가 제한적이고 시각적인 몰입감은 떨어지지만 MZ세대들에게는 가장 효과적이면서 흥미있는 형식의 소통방식인 것이다.

7. 아바타(Avatar)와 아이덴티티

아바타(Avatar)는 메타버스 시대 새로운 자아로써 '아이덴티티'를 형성해 가고 있다. 왜냐하면 가상공간속에서의 소통방식과 감정 표현에 있어서 가장 중요한 표현요소이기 때문이다. 사실 사전적 의미로 보면 아바타의 어원은 신의 화신(神의 化身, Incarnation of God or god)을 뜻하는 힌두교 용어이다. 과거 캐릭터라는 용어와 함께 사용되었지만 지금은 좀 더 적극적인 의미에서 아바타로 칭하고 있다.

영화 아바타를 통해서도 인식을 형성해 가고 있지만 가상사회가 열리면서 최근 그 의미가 구체화되고 있다. 일반적인 의미로 인터넷 채팅이나 머드 게임 등에서, 사용자가 자신의 역할을 대신하는 존재로 내세우는 애니메이션 캐릭터로 정의된다. 정보전달의 측면에서 보면 자기 자신을 나타내는 디지털그래픽 아이콘으로써 인터넷 가상 세계의 사람들과 소통하기 위한 가상육체라고 할 수 있다. 디지털 세상의 장점은 현실에서 이루기 어려운 일들이 가능하다는 점과 물리적, 사회적, 경제적 제한 없이도 현실 속 자아는 디지털 세상 속 제2의 자아로 색다른 인생을 살아갈 수도 있다.

우리가 잘 알고 있는 대표적인 디지털 소통 플랫폼으로 페이스북(Facebook)을 들 수 있다. 예전부터 구 페이스북의 핵심 키워드는 연결을 통한 사람들과의 만남, 친밀한 관계형성의 방법을 비젼으로 제시하고 다양한 플랫폼들을 통해 사람들 간의 소통관계를 형성해 왔다.

[그림. 55]을 살펴보면 우선 2022년을 기준으로 페이스북 관련 플랫폼을 통해 37억 명의 유저들이 다양한 플랫폼들을 이용해 활동하고 있다. 메타의 마크 저커버그는 메타버스(Metaverse)를 차세대 인터넷이면서 '인바디 인터넷' 즉 가상공간 속으로 유저의 신체가 들어가 버리는 몰입형 가상공간이라고 설명한다. 메타버스(Metaverse)는 크레이터가 만들어 둔 창의적인

가상공간속에서 유저들이 자신의 아이덴티티를 가진 다양한 형태의 아바타(디지털 캐릭터)를 통해 연결된다. 유저들은 몰입형 디바이스 기술을 이용해 실감나는 신체적 활동을 인식할 수 있는 것이다.

페이스메신저 전세계메신저 –Whatsapp

[그림. 55] 메타의 다양한 SNS플랫폼

이 공간 속에서 아바타는 유저들 자신을 표현하는 독립적인 매개체로 매우 중요한 도구 역할을 한다. 최근 MZ세대로 불리는 10대들은 아바타를 통해 서로 소통하고 현실에서는 표현할 수 없는 자신들만의 감정들을 표현하는 대상으로 아바타를 통해 대리만족하고 있다.

메타버스(Metaverse)에 대한 투자는 아바타를 중심으로 크리에이팅, NFT 수익화등 다양화된 경제 주체로 집중되고 있다. 이제 아바타는 메타버스

(Metaverse)에서 활동하는 이용자의 아이덴티티로써의 단순한 의미를 넘어서 크리에이터 이코노미를 중심으로 자리 메김하며 메타버스(Metaverse) 경제체제의 핵심이 되고 있다. 더 샌드박스(Sandbox)나 크래프톤의 경우도 크리에이터가 자신의 창작물로 돈을 벌 수 있는 메타버스(Metaverse) 환경을 구축 중인데 가장 기본적인 경제모델 중 하나가 아바타 커스텀이다.

[그림. 56]는 최근 국내 메타버스(Metaverse) 플랫폼인 제페토의 대표적인 커스텀 작업 사례이다. 최근의 재미있는 현상은 10대들이 자신의 아바타를 이쁘고 멋지게 만들기 위해 비용을 지불하고 대신 성형해 주는 '대리 커스텀'이 유행이다. 일정한 비용과 아이디, 비번을 넘겨주고 자신이 원하는 스타일을 메시지로 보내면 전문적인 기술을 가진 친구들이 아바타를 대신 꾸며준다.

[그림. 56] 제페토 커스텀 작업

한편, 제페토에서는 얼굴형, 눈, 의상, 포즈등 기본적인 템플릿을 활용해서 자신의 아바타를 만들거나 커스텀 기능을 이용해 자신만의 독창적인 아바타를 디자인하는 창작자들이 있다. 또한, 창작자들은 직접 제페토에 탑재된 아이템이나 빌드 잇 기능과 포토샵이나 유니티를 활용해 아바타, 옷, 안경, 악세서리, 무대 등 개성적인 디자인을 통해 디지털 창작물을 제작하고 이를 NFT로 수익화하는 '예술의 상업화'를 구현하고 있다. 실제로 국내에서도 다수의 NFT 크리에이터들이 활동하고 있으며, 더 샌드박스(Sandbox)는 NFT 크리에이터 양성을 위한 메타버스(Metaverse) 크리에이터 양성 과정을 지원, 관련 펀드도 운영하고 있다.

이처럼 메타버스(Metaverse) 공간은 우리의 새로운 경험과 경제원리가 구성될 수 있고 이러한 관련 기업과 기술들이 모두 함께 연결되는 공간이라 할 수 있다. 또한, 메타버스(Metaverse)는 단순히 VR형식으로만 존재하는 것은 아니다. VR이 가지는 강력한 메타버스(Metaverse)형 몰입감의 특성외에도 다양한 방식으로 메타버스(Metaverse)는 존재하고 있다. 메타가 발표한 [그림. 57] 아바타의 특성을 살펴보면 디자인적인 형식에서도 메타는 '인간형', '로봇형'등 다양한 유형으로 공존하고 있다. 어쩌면 메타가 추구하는 가상세계의 스토리텔링 공간속에서 인간은 모두가 평등할 수 있을 것 같다.

[그림. 57] '메타가 발표한 아바타 유형'

메타는 [그림. 58] '메타 아바타 스토어'를 통해 자신의 취향에 맞는 아바타의 의상을 선택하거나 만들 수도 있다. 또한 아바타를 활용하는 것뿐만이 아니라 유명 업체인 발렌시아, 톰브라운등 시그니쳐 디지털 의상도 구매해서 캐릭터에 입혀 사용할 수도 있다.

Meta Avatars Store

[그림. 58] '메타 아바타 스토어'

최근 아바타를 중심으로 증강현실(AR) 메타버스(Metaverse)를 제작하는 미국 스타트업계인 자두(Jadu)사는 자체 메타버스(Metaverse)인 [그림. 59] '미러버스(Mirrorverse)'안에서 2023년까지 주요 3D 대체불가능토큰(NFT) 시리즈의 캐릭터들을 아바타화해 탑재하기로 발표하였다. 또한 올해 중 약 25만 개 이상의 아바타를 출시한다는 목표를 제시하며 게임업계의 위메이드(대표장현국)와 컴투스(대표 송재준, 이주환)가 함께 미국 스타트업(startup) 자두에 전략적으로 투자했다. 이용자들은 해당 아바타를 직접 커스터마이징(Customizing)할 수 있다. 또한, 직접적인 컨트롤을 통해 게임과 이벤트 등을 열 수 있는 플랫폼이다.

[그림. 59] '미러버스' 관련 이미지
출처: https://news.nate.com/view/20220527n29345 [사진=JADU 홈페이지 갈무리]

메타버스(Metaverse)가 가상현실(VR), AR, 웹 버전 등으로 표현방식이 다각화되면서 아바타의 유행도 3D 상체 아바타와 전신 아바타 등으로 플랫폼에 따라 차이를 보인다. 메타의 VR 메타버스(Metaverse) 플랫폼 '호라이즌 월드'나 마이크로소프트(MS)가 공개한 회의 솔루션 마이크로소프트 팀즈용 메시(Mesh for Microsoft Teams)는 '상체 위주'의 아바타를 사용한다. 일반적으로 "AR, VR 환경에서는 몰입형 디바이스기기를 쓰고 있거나 앉아서 작업하는 경우가 많아 상체만 시야각에 들어와 하체가 불필요했지만 웹 기반에서는 더 자유로운 자기표현을 위해 전신 아바타를 구현하는 추세이다. 최근 영국의 Institute of Digital Fashion사에 따르면 메타버스(Metaverse) 사용자중 30%는 일상으로부터의 도피를 위해 게임을 한다고 한다. 또한 다인종 국가인 미국의 경우에서, 특히 Z세대 메타버스(Metaverse) 사용자들 중에서는 단순한 성별 구분이나 이미 정해져있는 사회적 조건을 초월한 다양한 유형의 아바타를 선호한다. 체형과 신체적 특성, 종교적 배경, 신체장애 여부 등을 고려하여 아바타를 구성하고 색다른 인생 스토리텔링을 대리 체험하고픈 욕구가 큰 것으로 나타났다. 페이스북사, 마이크로소프트(Microsoft)사, 스페이셜(Spatial)사, 레디플레이어미(Ready Player Me)사, DNABlock(SoftBank 투자)사 등은 이러한 Z세대 메타버스(Metaverse) 사용자들의 니즈(Needs)를 고려해 최고의 3D 아바타 개발을 위한 메타버스(Metaverse) 기술 경쟁을 하고 있다.

연습문제

1. 과거 게임 플랫폼이 가지고 있던 형식과는 다른 완벽한 메타버스(metaverse) 공간을 형성하기 위해 다음의 7가지 요소들이 구축되어야 한다. 이중 오픈 월드(Open World)의 예시에 대하여 설명하시오.

2. 과거 게임 플랫폼이 가지고 있던 형식과는 다른 완벽한 메타버스(metaverse) 공간을 형성하기 위해 다음의 7가지 요소들이 구축되어야 한다. 이중 오드박스(Sandbox)의 예시에 대하여 설명하시오.

3. 과거 게임 플랫폼이 가지고 있던 형식과는 다른 완벽한 메타버스(metaverse) 공간을 형성하기 위해 다음의 7가지 요소들이 구축되어야 한다. 이중 탈 중앙화(Decentralization)의 예시에 대하여 설명하시오.

4. 과거 게임 플랫폼이 가지고 있던 형식과는 다른 완벽한 메타버스(metaverse) 공간을 형성하기 위해 다음의 7가지 요소들이 구축되어야 한다. 이중 크리에이터 이코노미(Creator Economy)의 예시에 대하여 설명하시오.

5. 과거 게임 플랫폼이 가지고 있던 형식과는 다른 완벽한 메타버스(metaverse) 공간을 형성하기 위해 다음의 7가지 요소들이 구축되어야 한다. 이중 NFT(Non-Fungible Token)의 예시에 대하여 설명하시오.

6. 과거 게임 플랫폼이 가지고 있던 형식과는 다른 완벽한 메타버스 (metaverse) 공간을 형성하기 위해 다음의 7가지 요소들이 구축되어야 한다. 이중 상호작용성(Interactivity)의 예시에 대하여 설명하시오.

7. 과거 게임 플랫폼이 가지고 있던 형식과는 다른 완벽한 메타버스 (metaverse) 공간을 형성하기 위해 다음의 7가지 요소들이 구축되어야 한다. 이중 아바타(Avatar)의 예시에 대하여 설명하시오.

3 Web의 발전과 메타버스(Metaverse)

1. Web의 출현과 진화

기본적으로 메타버스(Metaverse)라는 플랫폼은 가상 사이버 공간으로써 인터넷의 발전과정을 이해하는 것은 가장 기본적이며 필수적인 과정이다. 21세기 디지털 시대를 사는 우리들에게 삶의 연장선으로써 즐겨 사용하고 있는 인터넷 공간은 절대 없어서는 안 되는 가상세계의 공간인 것이다. 따라서 메타버스(Metaverse)의 개념을 이해하기 위해서는 Web의 출현에서부터 Web 1.0/2.0의 발전 과정과 시기별 특성들을 이해해야만 진정 메타버스(Metaverse)의 세상을 이해한다고 할 수 있다. 최근 메타버스(Metaverse) 이슈와 함께 관심이 되고 있는 Web 3.0은 메타버스(Metaverse)형 사이버 공간이라고 한다. 따라서 Web을 이해하는 과정을 통해 앞으로의 메타버스 플랫폼을 형성하는 방안을 제시할 수 있다. 따라서 본 장에서는 Web의 출현과 발전과정을 살펴 보고자 한다.

World Wide Web(WWW)의 역사를 살펴보면 유럽 입자 물리학 연구소(CERN)의 영국 과학자 팀 버너스리가 최초로 발명하였다 [그림. 60]. 영국 Oxford 대학교와 미국 매사추세츠 공과대학교(MIT) (겸직) 버너스 리(Tim Berners-Lee) 교수(2016년 튜링상 수상)는 1990년 10월 웹페이지 편집기를 만들었고, 1990년 11월에 세계 최초의 웹 브라우저(Web Browser)와 월드 와이드 웹(World Wide Web)을 만들었다. 1990년 12월 24일 마침내 웹서버를 완성하고 'info.cern.ch' 라는 도메인 네임을 부여했다.

"유럽 입자 물리학 연구소(CERN)는 아주 복잡한 물리, 엔지니어링, 정보처리 관련 프로젝트를 같이 진행하는 100개 이상의 국가에서 온 10,000명 이상의 과학자들이 모이는 곳으로 본국의 대학과 연구소 간 서로 정보공유를 위해 신뢰할 수 있는 커뮤니케이션 도구로 월드와이드웹(WWW)이 만들어 졌다."

[그림. 60] World Wide Web(WWW)의 탄생
출처:https://velog.io/@sui3422/WEB-%EC%9D%98-%EC%97%AD%EC%82%AC

WWW(World Wide Web)가 가지는 기본적인 아이디어는 컴퓨터(Computer), 네트워크(Network), 하이퍼텍스트(HyperText)의 진화하는 기술로써 강력하고 사용하기 쉽게 "글로벌" 정보 시스템으로 통합하는 것에서 출발하였다." 1993년에 WWW(World Wide Web)라는 인터넷 표준이 만들어졌고 넷스케이프(Netscape)와 같은 인터넷 접속 프로그램의 개발로 인터넷의 발전은 급성장하게 된다. OECD(2020) 39개 국가를 대상으로 Individuals using the Internet 통계 조사를 한 결과[표. 4]를 살펴보면 인터넷은 전 세계적인 소통공간으로써 우리의 삶과 밀접하게 자리 잡고 있음을 알 수 있다. 관련하여 인터넷 보급과 활용 범위의 확장에 관한 연구사례에서도 인터넷은 인간 생활의 주요 도구로써 새로운 생활공간을 만들어 내고 있고 새로운 사회적 공동체를 형성한다고 하였다.

또한, 인터넷 공간을 통해 개인들이 자신의 정체성을 표현하는 사회활동의 공간으로도 활용 된다고 한다.

[표. 4] OECD 39개 국가의 Individuals using the Internet 통계

Island	Danmark	Luxembourg	Norge	England	Sweden	Finland	Korea
99.5	98.7	98.5	97.6	97.3	97.1	97.0	96.5
Germany	Netherlands	Spain	Belgium	Ireland	Slovakia	Estonia	Latvia
94.3	94.0	93.2	91.5	91.0	89.9	89.1	88.9

출처: OECD(2020), Individuals using the Internet

한편, 인터넷 관련 연구사례에 따르면 사람들이 실재 면대면 상황과 사이버 공간에서의 정서적 태도의 차이를 분석한 연구결과가 있다. 연구 결과에 따르면 사람들이 처음에 나타나는 반응으로는 사이버 공간이 면대면 상황에서 보다는 격식에 얽매이거나 냉정한 태도로 대한다는 느낌이 약간 높았다고 한다. 하지만 시간이 지날수록 그 차이는 현저하게 줄어들면서 오히려 사이버 공간에서 상대방과 자신이 더욱 정서적으로 편안한 태도로 대한다는 연구 결과가 있다. 이러한 결과는 "컴퓨터 매개 커뮤니케이션(Computer Mediated Communication)이 편리하게 정보를 전달하는 수단으로서 뿐만 아니라, 다른 사람들과의 사회 정서적인 교류를 통하여 대인 관계를 형성하는데도 널리 이용되고 있다"라는 의미로 이해 할 수 있다.

월드와이드웹(WWW:World Wide Web)은 수십억 명의 사람들이 인터넷을 통해 다른 사람들과 서로 상호 작용하기 위해 정보를 공유, 읽고, 쓰기 위해 사용하는 기본적인 도구라고 할 수 있다. 월드와이드웹(WWW:World Wide Web) 출현 이후 웹 1.0(Web 1.0)과 웹 2.0(Web 2.0)을 지나 웹 3.0(Web 3.0)을 향해가고 있고 '메타버스(Metaverse)'라는 개념도 웹 3.0(Web 3.0)의 주요 키워드라고 할 수 있다 [그림. 61]. 즉 메타버스(Metaverse)는 기존의 가상현실(VR: Virtual Reality)이나 증강현실(AR: Augmented Reality), 혼합현실(MR: Mixed Reality), 확장현실(XR: Extended Reality) 등의 연장 선상에 있는 표현인 것이다.

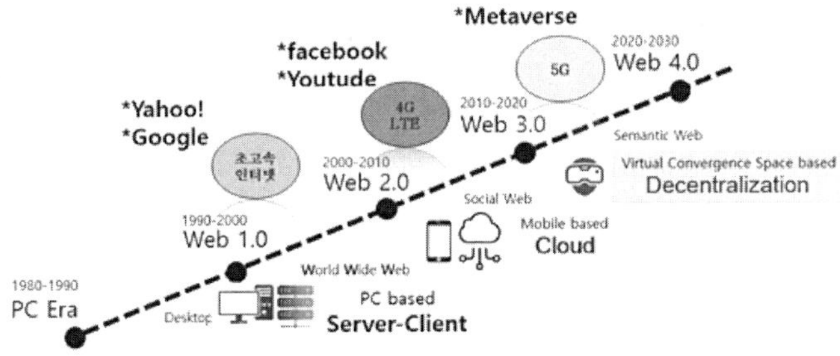

[그림. 61] Web의 출현과 진화

2. 웹 1.0(Web 1.0)

웹(Web)의 첫 번째인 웹 1.0(Web 1.0) 버전은 1990년~2000년을 '웹 1.0 시대'라고 구분한다. 시맨틱 웹(Syntactic web) 또는 Read only web이라고도 하며 HTTP 기술이 등장하며 인터넷을 사용할 수 있게 된 초창기 형태이다. Web 1.0의 특징은 [그림. 62]와 같이 기본적으로 오로지 '읽기'만 가능했고 데이터가 사용자들의 개별 PC에 쌓이는 개방형 구조이며 정보의 양과 종류도 제한적인 웹페이지였다.

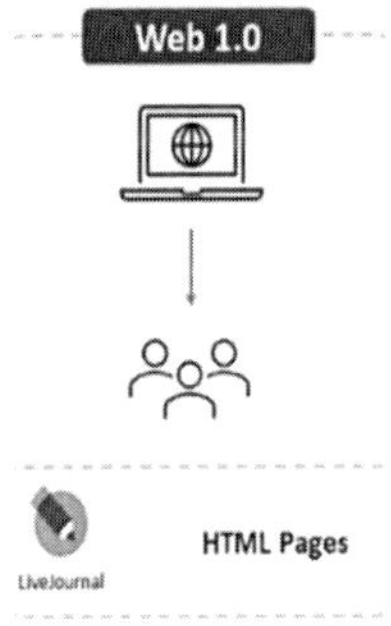

[그림. 62] Web 1.0 - 콘텐츠
출처: https://www.mobiinside.co.kr/2022/05/30/web-3-0/

기본적으로 웹 1.0(Web 1.0)은 PC기반으로써 인터넷 사업자들이 모든 콘텐츠를 보유하고 이용자들은 포털 등을 통해 단지 서비스만을 제공받는 서버-클라이언트 방식(Server-Client Method)이었다. 일명 "디렉토리 검색"이라고도 할 수 있다. 따라서 웹 1.0(Web 1.0)은 콘텐츠(Contents)의 생산자와 이용자가 정확히 구별되어 있으며 이용자는 일방적으로 만들어진 콘텐츠만을 소비한다는 원리이다.

다양한 콘텐츠(Contents)들은 생산자에 의해 체계적으로 자료가 분류되어 있으며 이용자들은 자료를 찾고 활용만 하는 중앙관리형 일방통행 방식이다. 즉 사업자로써 정보를 제공하고 서비스 및 작업을 수행하는 컴퓨터 시스템 역할의 서버(Server)와 서버 시스템과 연결하여 작업을 진행하고 정보를 요청하고 결과를 돌려받는 컴퓨터 시스템, 네트워크 서버에 연결된 이용자인 것이다.

3. 웹 2.0(Web 2.0)

2000년부터 2020년을 '웹 2.0' 시대로 구분하는데 스마트폰(Smart Phone)의 대중화로 인터넷 보급은 급격하게 확산되었다. 현재 우리가 사용하는 인터넷 체계로써 '쌍방향성'이 웹 2.0(Web 2.0)의 가장 큰 특징이며 소셜 웹(Social Web) 또는 읽기-쓰기 웹(Read-Write Web)이라고도 한다[그림. 63]. 웹 1.0에 비하여 스마트폰의 보급으로 콘텐츠 생산과 공유, 소통 등 적극적인 참여가 일어나며 웹 2.0(Web 2.0)은 한 차례 더 진화한다. 즉 웹이 플랫폼의 형태로 발전한 웹 2.0(Web 2.0)은 지속적 공유와 재생산을 통한 콘텐츠 성장과 역동적 상호작용이 가능해졌다. 인터넷(Internet) 이용자들은 언제 어디서나 스마트폰을 통해 접속이 가능해졌고 기업에서 제공하는 플랫폼(Platform)을 이용해 서비스를 마음대로 공유할 수 있게 되었다. 시스템 측면에서 보았을 때 플랫폼(Platform)이 이용자 데이터를 활용하여 광고 또는 수수료 수익 등의 비즈니스가 탄생하였고 자연스럽게 소수의 사업자들이 웹 생태계를 주도하는 디지털 플랫폼 중심 생태계가 형성된다. 따라서 데이터 수집 경쟁'은 갈수록 심화되었다.

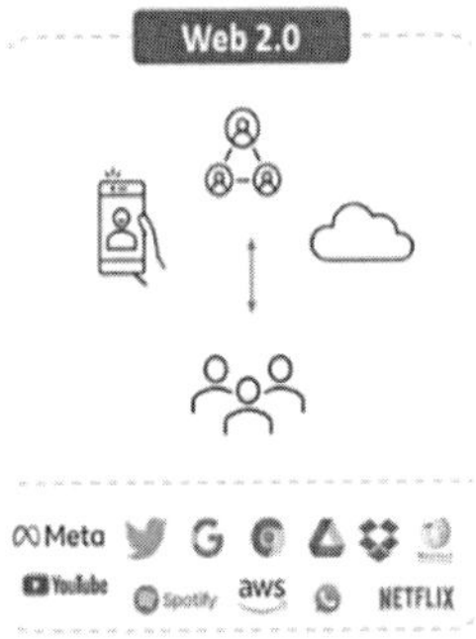

[그림. 63] 웹 2.0 플랫폼
출처: https://www.mobiinside.co.kr/2022/05/30/web-3-0/

미국 메타(Meta)사 구 페이스북(Facebook), 미국 구글(Google)사의 유튜브(Youtube), 미국 야후(Yahoo)사의 플리커(Flickr), 트위터(Twitter) 등의 플랫폼 사업자들은 간단한 회원 가입만으로 각종 서비스(Service)를 무료로 제공하도록 하였고 이용자들은 이러한 서비스를 적극 활용하여 서로 활발히 소통하고 수많은 데이터를 생산하기 시작했다. Web 2.0은 디바이스가 PC에서 스마트폰으로 바뀌면서 양방향 소통방식으로 변화된 환경이다. 따라서 게시판, 블로그(Blog) 등을 통해 이용자가 글을 작성하거나 보내는 등 직접 콘텐츠를 만들 수 있는 모바일 인터넷 환경이 형성된 것이다. 이는 고속 통신망 보급의 영향이며 네티즌(Netizen)이라고 불리는 인터넷 플랫폼 이용자들은 서로 다양한 정보를 만들고 공유하면서 사회적인 네트워크를 강화시키게 되었다. 하지만 디바이스와 환경이 바뀌었을 뿐 여전히 콘텐츠 사업자들이 생산한 콘텐츠를 이용자들이 소비하는 일방 통행식 방식이었다.

4. Web 2.5 - 웹의 진화

웹 2.5는 웹 2.0과 3.0 사이로 볼 수 있는데 현재 2010-2020년 시대로 볼 수 있으며 실질적이고 실제적인 진화를 설명하기 위해 세분화한 개념이다. 국내 인터넷 업계는 국내 서비스 경쟁의 결과로 웹 2.5세대를 경험하고 있다. 한편, 미국 아마존(Amazon)사, 미국 구글(Google)사, 미국 세일즈포스(Salesforce)사 등의 일부 플레이어(Player)는 사용자가 시간, 장소, 기기에 관계없이 언제든지 연결할 수 있는 웹 애플리케이션 개발을 위해 클라우드 컴퓨팅 서비스(Cloud Computing Service)의 몇가지 종류를 제공한다. 한편, 클라우드 컴퓨팅 서비스 종류(Cloud Computing Service)들로는 SaaS, PaaS, IaaS 3가지로 나눌수 있다.

먼저 SaaS(Software as a Serviece)는 인터넷, 클라우드 등 네트워크를 통해서 애플리케이션의 기능을 이용할 수 있는 서비스이며 - 철저한 소비(Consume)를 목적으로 최상위 계층에 해당하는 서비스이다, 대표적으로는 미국 세일즈포스(Salesforce)사의 CRM SFA 시스템 CRM(Customer Relationship Management, 고객 관계 관리)가 있다.

둘째로는 PaaS(Platform as a Service)는 개발자가 어플리케이션(Application: APP)을 개발하고 서비스하기 위해 사용 가능한 서비스(윈도우, 리눅스와 같은 운영체제)와 기능(개발 환경도 플랫폼)들이 제공되는 클라우드 서비스(Cloud Service)이다. PaaS 서비스를 제공하기 위해서는 개발 기술을 모듈화, 기반에 최적화해 설치하는 기술력, 표준화하는 능력, 지원력 등의 기술요건이 필요하다.

마지막으로 IaaS(infrastructure as a Service)는 인프라스트럭쳐 레벨을 제공하는 서비스를 의미하며 특히 기업에서 많이하는 서비스이다. 서버, 스토리지, 네트워크를 가상화 환경으로 만들어서 필요에 따라 자원을 사용할 수 있게 해주는 서비스라 볼 수 있다. IaaS 서비스 제공을 위해 대규모 데이터센터의 서버 구축 및 운용 능력, 자본력, 넓은 대지, 풍부한 전력 환경 등이 필요하다. 대표적은 예시로는 아마존 EC2와 S3, 가비아에서 서비스하는 클라우드 호스팅이다.

2010년대 Web 2.0 후반부터는 데이터를 인터넷과 연결된 중앙컴퓨터에 저장하고 인터넷에 접속하기만 하면 언제 어디서든 데이터를 이용할 수 있게 되었다. 즉 클라우드 기반으로써 스마트폰 기술의 발달과 대중화에 힘입어 다양한 플랫폼이 등장하게 된다.

또한, 플랫폼 기반의 창의적 경제개념으로써 크리에이터이코노미가 생성되기 시작하는 시기이다. 이 개념은 이용자들이 콘텐츠를 직접 만들 수 있는 환경이 조성되고 나아가 이용자가 생산한 콘텐츠들이 콘텐츠 사업자들이 생산한 것을 능가하는 상황으로까지 발전되면서 형성된 경제개념이다.

대표적인 플랫폼으로 유튜브를 들 수 있는데 이용자가 제작한 콘텐츠가 콘텐츠 사업자의 생산을 능가하는 현상을 우리는 탈 중앙화(Decentralization)라고 한다. 즉 중앙의 누군가가 생산한 콘텐츠를 이용자들이 일방적으로 소비하던 예전의 중앙집권적 폐쇄형 방식이 아니라 다른 이용자들 간에 서로 만든 콘텐츠를 양방향으로 소비하는 형식이다. 또한 이용자들도 다시 생산할 수 있는 자유경쟁 방식의 탈 중앙화(Decentralization) 구조로 변화하게 되었다. 또한 Web 2.0의 문제제기가 사회적 인식을 강화하면서 그 변화는 가속화 되고 있다.

웹 2.0에 대한 문제제기

"웹 2.0 플랫폼 사업자들은 폭 넓고 질 좋은 웹 환경을 제공하는 대가로 이용자 데이터와 그 소유권을 가져갔다. 사용자에게 서비스를 무료로 제공하는 대가로 사용자의 데이터 수집에 주력하고, 이를 통해 수익을 창출(광고 중심 수익모델)하면서 회사가 해당 이익의 대부분을 차지하는 문제가 제기. 계속 쌓여가는 데이터는 기업의 거대 자산이 되었고 그 결과, 웹 2.0의 중앙 집중화되고 폐쇄적인 플랫폼은 이용자를 쥐락펴락 할 수 있는 무소불위의 권력을 갖게 되었다. 그 와중에 미국 메타사(구 페이스북사)의 대규모 개인정보 유출 사건 등이 터지면서 소수의 플랫폼이 수집, 관리하는 개인 정보의 가치와 중요성, 보안에 대한 사회적 인식이 강화되는 추세에 있다."

일반적으로 모바일 컴퓨팅의 중요한 역할은 Mobile Web 앱 뿐만 아니라 Native 앱을 통해 더 많은 고객을 끌어들이는데 있다. Mobile Web 앱은 모바일 웹과 네이티브 앱을 결합한 것으로 모바일 웹의 특징을 가지면서 네이티브 앱의 장점도 가지고 있다. 이러한 특징에서 Web 2.5를 Social 웹과 Semantic 웹의 융합이라고 부를 수 있다. 웹 2.5의 핵심은 모바일 컴퓨팅과 모바일 기술의 진화에 있다고 할 수 있다. 따라서 모바일 사용자를 대상으로 앱이 점점 더 많이 발견된다. 그러한 의미에서 Progressive Web Apps(PWA), Accelerated Mobile Pages(AMP) 등이 있는 이 시대에 기술의 개념적 정의를 명확히 할 필요가 있다.

5. Web 3.0 – Semantic Web

웹 3.0은 '시맨틱 웹(Semantic Web)'이라고 불리며 1998년 팀 버너스리가 제안한 개념이 그 시작이다. 시맨틱 웹(Semantic Web)은 [그림. 64]와 [그림. 65] 같이 컴퓨터가 웹페이지에 담긴 내용을 이해하고 개인 맞춤형 정보를 제공하는 지능형 웹 기술로 '의미론적인 웹'또는 '인공지능(AI) 웹'이라고 볼 수 있다.

웹 2.0에 대한 문제 제기와 함께 떠오르기 시작한 웹 3.0은 '시맨틱 웹(Semantic Web)'과 '탈 중앙화(Decentralization) 된 웹', 그리고 프로토콜 경제를 근간으로 하는 메타버스(Metaverse)를 포함하게 된다. 따라서 지금의 웹 3.0은 시맨틱 기술을 활용해 개인 맞춤형 정보를 제공하고 블록체인 시스템을 통한 탈 중앙화(Decentralization)와 데이터 암호화에 기반한 '개인의 데이터 소유'가 가능해진 새로운 형태의 웹 생태계를 의미한다고 할 수 있다.

시맨틱 웹
웹 2.0의 키워드 검색 기능은 사용자가 원하는 정보를 찾기 위해 많게는 수십 페이지까지 넘겨야 하는 수고로움이 있었지만 웹 3.0의 시맨틱 웹(Semantic Web)은 필요 없는 정보를 제거하고 사용자의 성향과 검색 목적에 따른 개인 맞춤형 정보를 신속하게 도출할 수 있다. 웹 3.0은 2세대 웹의 특징에서 벗어나기 위한 기술이 핵심이다.

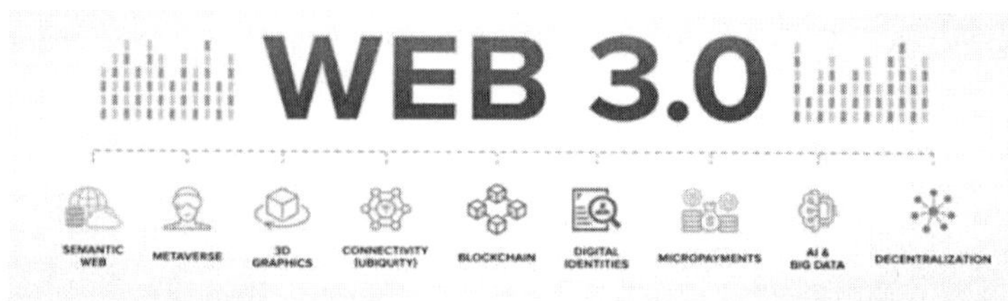

[그림. 64] Web 3.0 - 플랫폼
출처: https://www.mobiinside.co.kr/2022/05/30/web-3-0/

웹 2.0은 사용자가 생산한 콘텐츠(Contents)의 소유권은 사실 해당 플랫폼(Platform)에게 있다. 또한, 개인 정보가 해당 플랫폼(Platform)에 제공돼서 그 정보를 활용하여 광고 수익을 얻지만, 사용자는 보상을 받지 않는다. 그래서 웹 3.0은 사용자가 만든 데이터는 기업이 보유한 중앙 서버에 저장하지 않고 내가 갖는다는 탈 중앙화(Decentralization) 특성이 있다. 결국 3세대 웹(Web)은 분산화, 탈 중앙화(Decentralization)에 기반을 둔 사용자 맞춤 정보 제공이라고 정리할 수 있다.

웹 3.0은 시맨틱 웹(Semantic Web) 또는 읽기(Read)-쓰기(Write)-실행(Execute)이라고도 하며 웹의 미래를 가리키는 시대(2010년 이상)이다. 이 시대에 컴퓨터는 인공지능과 기계 학습을 통해 사람처럼 정보를 해석할 수 있다. 사용자의 특정 요구에 맞춘 유용한 콘텐츠를 지능적으로 생성하고 배포하는 데 도움이 된다.

예를 들면

What if computers can understand meaning behind information ?
: 컴퓨터가 정보 뒤에 숨겨진 의미를 이해할 수 있다면 ?

What if they can learn “What we are interested in”.
: 만약 그들이 “우리가 관심 있는 것”을 배울 수 있다면 어떨까?

Then they can help us find what we want.

: 그러면 그들은 우리가 원하는 것을 찾는 것을 도울 수 있다.

It can recognise People, Place, Events, Companies, Product, Movies etc.,

: 사람, 장소, 이벤트, 회사, 제품, 영화 등을 인식할 수 있다.

It can understand the relationship between things.

: 그것은 사물들 사이의 관계를 이해할 수 있다.

웹 3.0의 예로는 미국 애플(Apple)사의 시리(Siri), Google Cloud API, Wolfram Alpha가 있다.

■ Web 1.0, 2.0, 3.0의 기능별 차이점

구분	Web 1.0	Web 2.0	Web 3.0
상호작용	읽기 전용	읽기-쓰기	읽기-쓰기-소유
매체(Medium)	정적인 텍스트	인터랙티브 콘텐츠	가상 경제
조직 형태	기업	플랫폼	네트워크
인프라	PC	클라우드 및 모바일	블록체인 클라우드
통제(Control) 방식	탈중앙화	중앙집권적	탈중앙화

자료 : Grayscale

■ Web 2.0의 주요 기업과 Web 3.0의 주요 프로토콜

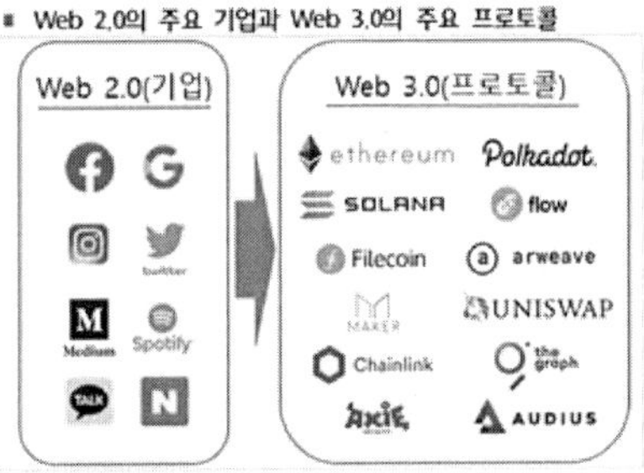

자료 : 하나금융경영연구소

[그림. 65] Web의 특성과 주요 프로토콜

연습문제

1. Web 1.0에 대하여 설명하시오.

2. Web 2.0에 대하여 설명하시오.

3. Web 2.5에 대하여 설명하시오.

4. Web 3.0에 대하여 설명하시오.

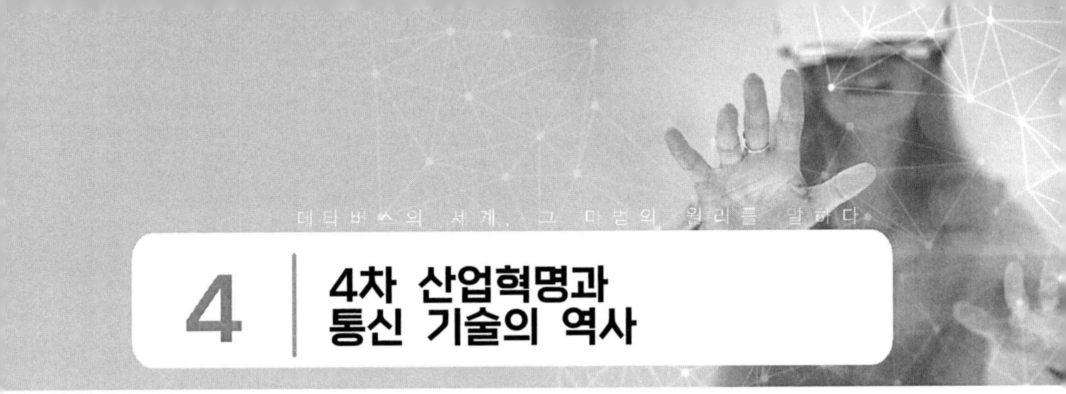

4 4차 산업혁명과 통신 기술의 역사

메타버스(Metaverse)를 이해하는데 4차 산업혁명(Industry 4.0)을 통한 통신 기술은 주요한 의미가 있다. 그 이유는 메타버스(Metaverse)의 핵심 기술인 디지털 기술과 5G의 원리가 모두 4차 산업기술과 통신기술을 바탕으로 형성되었기 때문이다. 본 장에서는 18세기 초기 시작된 1차 산업 혁명 이후 네 번째로 맞이하는 중요한 사회변화로써 제4차 산업 혁명이 정보통신 기술의 융합으로 이루어지는 차세대 디지털 산업 혁명임을 논하고자 한다.

4차 산업혁명(Industry 4.0)을 간단하게 정의하자면 인공지능(Artificial Intelligence: AI), 사물 인터넷(Internet of Things: IoT), 빅데이터(Big Data), 클라우드 컴퓨팅(Cloud Computing) 그리고 모바일 기기등 지능정보통신기술을 바탕으로 기존의 경제와 산업, 사회 전반에 융합됨으로써 혁신적인 변화를 형성하는 차세대 산업혁명을 말한다. 따라서 본 장에서는 4차 산업혁명과 통신 기술의 역사와 특성 연구를 통해 메타버스(Metaverse)를 설명해 보고자 한다.

1. 4차 산업혁명(Industry 4.0)의 시작

1.1. 독일의 'Industry 4.0'

Industry 4.0을 설명하자면 정보통신기술(ICT)과 제조업의 융합을 통해 생산투입 인력을 최소화하고 자동 생산 체계를 구축하고자 하는 차세대 산업혁명을 말한다. 이에 독일의 '산업 4.0'은 정보통신기술을 활용한 산업

부문의 디지털 전환 전략으로써 산업용 장비와 공정을 네트워크화 하는 핵심이라고 할 수 있다.

독일의 제조업 역량은 세계 최고 수준을 자랑했었다. 하지만 중국과 대한민국등 후발 국가의 기술 추격과 더불어 빠른 고령화 사회진입이라는 사회현상은 생산 인구 부족이라는 위기로 다가왔다. 독일은 이를 극복하기 위해 자국 제조업의 경쟁력을 강화하면서 세계의 주도권을 이어가기 위한 전략을 구상하게 된다.

최근 독일은 '19.4월 독일 하노버 산업박람회에서 "Industry 4.0 2030 비전(2030 Vision for Industry 4.0)"을 발표하고 디지털 전환(Digital Transformation)을 위한 4차 산업혁명의 주요 핵심기술 [그림. 66] 혁신을 통한 국가 경쟁력을 확보하고자 한다.

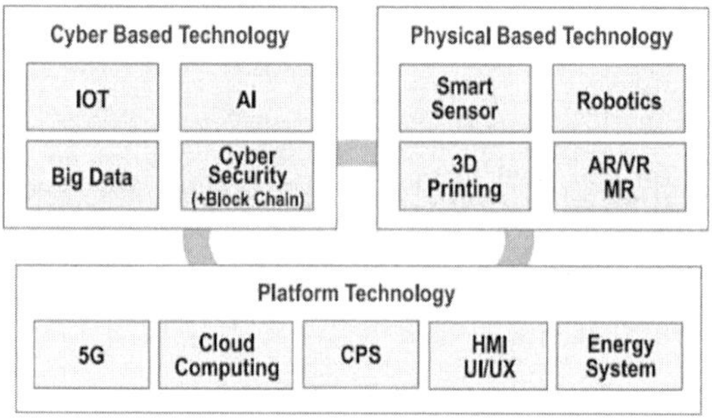

[그림. 66] 디지털 전환을 위한 핵심기술

1.2. 4차 산업혁명이란

18세기 후반 영국에서 시작된 산업혁명은 18~19세기 사이에 유럽과 북미로 차츰 확산되게 되었다. 산업혁명이라는 변화의 바람은 획기적인 변화로써 사회·경제적 구조로까지 이어졌고 급격한 산업 생산력의 증대라는 결과를 일으켰다. 4차 산업혁명은 세계경제포럼 회장인 클라우스 슈바프가 2016년 1월에 스위스에서 열린 다보스포럼 기조연설에서 지칭하였다. 독일의 '산업 4.0'에 의해 탄생한 디지털 전환을 통한 자동화 기술의 확산이 제조업을 넘어 경제 전반의 생산과 사회 구조의 변동을 가져온 현상으로 디지털 혁명 또는 지식정보혁명이라고 정의된다. 이러한 개념에서 슈바프는 4차 산업혁명을 "3차 산업혁명을 기반으로 하는 '디지털', '바이오', '물리학' 사이의 모든 경계가 무너지고 서로 융합하는 기술의 혁명"이라고 정의하였다. 또한, 정치·경제·사회의 변화 과정에서 새로운 시대적 패러다임으로 제시하였다.

4차 산업 혁명을 이해하기 위해서는 1차 산업 혁명에서 부터 2차, 3차 산업혁명으로 이어지는 산업의 변화 과정들을 알아볼 필요가 있다. 그 변화의 특징들 속에서 4차 산업혁명이 가지는 의미와 가치를 논의해 보고자 한다 [표. 5].

*산업혁명이라는 용어의 어원은 영구 역사학자이며 문명비평가인 고 아놀드 조셉 토인비(Arnold joseph Toynbee, 1889~1975)가 처음 사용하였다.

1차 산업혁명은 18세기 증기기관 기반의 생산성 혁신을 가져왔던 기계화의 혁명이다. 영국의 섬유공장이 거대산업화 되었다.

2차 산업혁명은 19~20세기 초 전기 에너지 기반의 전자제품의 발명 및 대량생산의 혁명이다. 공장에 전력이 공급되고 벨트 컨베이어를 사용해 대량생산이 가능해졌다.

3차 산업혁명은 20세기 후반 컴퓨터와 인터넷 및 스마트 폰 기반의 지식정보 혁명 시대이다. 인터넷과 스마트 혁명으로 불리며 미국주도 IT기업의 급부상 하였다.

[표. 5] 1차~3차 산업혁명의 변화와 특징분석

특성	1차 -기계화 혁명-	2차 -대량생산혁명-	3차 -디지털지식정보혁명-
관련 이미지			
연도	18세기(1784년)	19-20세기 초(1870년)	20세기 후반(1969년)
주도 국가	영국	독일, 미국	미국, 일본
핵심 발명품	증기 기관, 방적기	전기, 전동기(모터)	컴퓨터, 반도체
핵심 산업	면방직 산업	자동차, 중화학, 철강	인터넷, 컴퓨터, 반도체
경제 구조의 변화	• 증기 기관 기반 기계화 혁명 • 공업 중심 경제로 전환 • 지속적 경제 성장 진입	• 전기 에너지 기반 대량 생산 혁명 • 대기업 중심의 경제 성장 • 후발 공업국의 산업화	• 컴퓨터, 인터넷 기반 지식 정보 혁명 • 벤처 기업이 혁신의 주체로 등장 • 세계 경제의 글로벌화
사회 구조의 변화	• 노동자 계급 성장 • 자유 민주주의 체제 형성 • 증기 기관의 발명- 기계적인 장치에서 제품생산	• 자본가 영향력 증대 • 기술 의존도 심화 • 전동기의 발명- 대량 생산 가능, 노동력 절약	• 생활 편의 향상 • 신지식인 그룹 등장 • 정보통신 기술 발달, 생산 라인 자동화 • 사람은 생산 라인 점검 및 관리를 수행

출처:https://www.kyongbuk.co.kr/news/userArticlePhoto.html

4차 산업혁명은 인공지능, 사물인터넷(IoT), 사이버-물리 시스템(Cyber-Physical Systems; CPS)등에 기반한 디지털 혁명 또는 지식혁명이다. 공간, 사물, 디바이스, 사람들을 초연결성, 초지능화, 융합화에 기반하여 모든 것이 연결되고, 현실과 가상이 융합되며 보다 지능화된 사회로 변화한다[표. 6].

[표. 6] 4차 산업혁명의 변화와 특징분석

특성	**4차 –디지털 혁명 또는 지식정보혁명–**
관련이미지	
연도	21세기 초반(2015년)
주도 국가	독일
핵심 발명품	사물 인터넷(IoT), 로봇 공학, 3D 프린팅, 빅데이터, 인공지능(AI)
핵심 산업	디지털 기술,바이오 기술,물리학 기술
경제 구조의 변화	인공지능, 바이오기반 CPS 혁명 *CPS(Cyber-Physical System): 가상 세계와 현실 세계가 통합되는 가상 물리 시스템
사회 구조의 변화	인공지능, 빅데이터 등 4차 산업혁명의 핵심 기술들은 정보를 자동으로 데이터화하고 분석하여 현실과 가상의 세계를 하나로 연결한 O2O(Online-To-Offline) 체계를 구축

출처:https://www.kyongbuk.co.kr/news/userArticlePhoto.html

1.3. 산업혁명의 변화과정

앞서 제시한 산업혁명의 전개 과정을 살펴보면 각 단계를 구분하는 방법에서 있어서 경제·사회 구조의 변혁을 촉진했던 핵심 발명품의 등장 시기가 있다. 지금까지 살펴보았을 때 4차 산업혁명이 등장하기까지에는 총 3번의 산업혁명이 발생하였다.

변화과정을 순차적으로 살펴보면 첫 번째로 1차 산업혁명의 특징으로 증기 기관을 기반으로 한 '기계화의 혁명'이다. 두 번째 2차 산업혁명의 특징은 전기를 기반으로 한 '대량 생산 혁명'이다. 세 번째 3차 산업혁명의 특성은 컴퓨터를 기반으로 한 '지식정보혁명'이다. 끝으로 제4차 산업혁명의 가장 큰 특징은 3차 산업혁명을 기반으로 수학, 물리학, 생물학 등의 기초과학과

정보통신기술(ICT) 융합으로 이루어지는 디지털 혁명, 지식혁명 시대로 정의할 수 있다. 세계경제포럼의 창시자인 클라우스 슈바프(Klaus Schwab)가 2015년에 포린 어페어의 기고글을 통해 주장한 개념이다. 또한, 2016년 1월 20일 스위스 다보스에서 열린 세계경제포럼(WEF)에서도 슈바프 스스로가 키워드로 제시하여 퍼져 나갔다.

4차 산업혁명의 특징으로는 5G(세대)통신과 사물인터넷, VR(가상현실), AR(증강현실), 센서 등 사람과 사물, 사물과 사물이 인터넷으로 연결되는 초연결성(Hyper-connected Society), 과 그 초연결성으로부터 파생된 인공지능, 빅데이터, 로봇, 자율차 등 막대한 데이터를 분석하고, 그 분석을 통해 일정 패턴을 파악해 내는 초지능성(Superintelligence), 이다. 그리고 마지막으로 분석결과를 토대로 인간의 행동을 예측해 내는 '예측가능성(Predictability)'이라 할 수 있다. 또한 4차 산업혁명은 '초연결성', '초지능화',를 비롯하여 '융합화'에 기반 한다. '모든 것이 상호 연결되고 보다 지능화된 사회로 변화'한다는 특징이 있다 [표. 7].

인공지능, 빅데이터 등 4차 산업혁명의 핵심 기술들은 정보를 자동으로 데이터화하고 분석하여 현실과 가상의 세계를 하나로 연결한 O2O(Online-To-Offline) 체계를 구축하였다. 4차 산업혁명은 자동으로 처리된 오프라인과 온라인상의 정보를 바탕으로 개인별 맞춤형생산을 촉진한다는 점에서 정보를 수동적으로 온라인에 입력해야 했던 3차 산업혁명과 구별된다.

4차 산업혁명은 인류가 전혀 경험하지 못할 만큼 빠른 속도로 획기적인 기술의 진보와 전 산업 분야의 혁신적인 개편을 불러일으킬 것이다.

[표. 7] 4차 산업혁명의 특징

초연결성	CT를 기반의 사물 인터넷(IoT) 및 만물 인터넷(IoE; Internet of Everything)의 진화를 통한 인간-인간, 인간-사물, 사물-사물을 대상으로 한 초연결성 확대
초지능성	인공지능(AI)과 빅데이터의 결합 · 연계를 통한 기술과 산업 구조의 초지능화 강화
예측가능성	분석결과를 토대로 인간의 행동을 예측
융합화	초연결성', '초지능화'에 기반한 기술간, 산업간, 사물-인간 간의 경계가 사라지는 '대 융합'의 시대 전망

2. 4차 산업혁명 주요기술

2.1. 4차 산업과 메타버스(Metaverse)

코로나 이후 시공간 제약이 없는 게임 산업의 발달은 가속화되고 4차 산업의 기술 흐름은 메타버스(Metaverse)라는 가상 플렛폼 시장으로 확장되고 있다. 로블록스(Roblox)나 마인크레프트(Minecraft)가 해외 메타버스(Metaverse) 대표 플랫폼으로 인기를 얻으면서 국내에서도 제페토가 큰 관심을 받게 되었다.

한편, 미국의 메타(Meta)사의 CEO 마크 저커버그(Mark Zuckerberg)는 메타버스(Metaverse) 시장의 미래를 확신하며 전력을 다하는 분위기다. 로블록스(Roblox), 마인크레프트(Minecraft), 네이버의 제페토, 아크버스를 비롯한 국내 정부정책에서도 K-콘텐츠 산업 육성의 일환으로 메타버스(metaverse) 육성계획을 추진하고 있다. 핵심 기술로써 블록체인 기반의 NFT(Non-Fungible Token) 정책을 통해 메타버스(metaverse) 시장의 성장을 가속화시키고 있다. 전형적이었던 게임방식과 운영면에서도 아바타를 활용한 가상세계인 오픈 월드(Open World)나 가상세계 속에서 무엇이든 생성하고 소멸시킬 수 있는 자유로운 창작 플랫폼으로써 샌드박스(Sandbox) 방식의 탈 중앙화(Decentralization)라는 운영적인 변화도 큰 특징이라고 할 수 있다.

한편, 2022년 1월 20일 대한민국 정부는 경제부총리주재 제53차 비상경제 중앙대책본부회의를 통해 가상융합세계(이하, 메타버스)진흥 대책을 발표했다[1]. 기본적인 내용은 2026년까지 글로벌 메타버스(Metaverse) 선점 시장점유율 5위(현재 12위 추정)목표, 메타버스(Metaverse) 전문가 4만명 이상 양성, 매출액 50억원 이상달성, 메타버스(Metaverse) 공급기업 220곳 육성달성, 사회적 가치 서비스 발굴을 통한 메타버스(Metaverse) 모범사례 50건 발굴 등을 [그림. 67]과 같이 '메타버스(Metaverse) 신산업 선도전략'으로 제시했다.

[그림. 67] 메타버스(Metaverse) 신산업 선도전략 (출처: 과학기술정보통신부)

한편, 2022년 ICT산업전망 콘퍼런스에서는 올해(2023년)에 조망해야하는 ICT산업 10대 이슈 중 사실감과 몰입감을 극대화한 서비스를 중점으로 개발하고 초 실감 형태로 진화하는 기술로써 홀로그램(Hologram), 증강현실(Augmented Reality: AR), 가상현실(Virtual Reality:VR)등이다.[2] 즉 실재감테크(Extended Presence Technology)로써 언택트(Untact)가 일상으로 자리 잡은 시대, 시공간의 물리적 한계를 극복하고 완전한 실재감을 느낄 수 있게 만드는 기술개발을 말한다.

1 https://m.post.naver.com/viewer/postView.naver?volumeNo=33159800&memberNo=11193038
2 https://blog.naver.com/etripr/222572985768

2.2. 4차 산업혁명 핵심 기술

4차 산업혁명(Industry 4.0)의 가치를 살펴보면 첨단기술 간 융합을 통해 생산성은 높아지고, 생산 및 유통 비용은 낮아질 것이다. 따라서 우리의 소득은 증가하고 삶의 질은 향상되며 경제 및 산업구조, 노동시장 등 다양한 분야에서 발전적 영향력이 나타날 것으로 예상된다. 하지만 부정적 영향도 예상된다. 즉 사회적 불평등과 빈부격차가 가속화되며 기계가 사람을 대체하면서 노동시장의 급 변화와 기존 시장 구조의 붕괴가 예상된다. 이러한 노동 시장의 큰 변화는 고기술-고임금'과 '저기술-저임금' 간의 격차로 빈부격차를 야기하고 그 간극이 커지면서 일자리의 양분화로 중산층의 지위가 크게 축소될 가능성이 있다.

4차 산업혁명(Industry 4.0)은 '기술 혁명'으로써 3차 산업혁명의 기반이었던 디지털, 생물학, 물리학 등의 경계가 사라지고 '융합'의 형태로 발전하는 것을 의미한다. 주요 3대 핵심기술로 '디지털 기술', '바이오 기술', '물리학 기술'을 중심으로 발전이 예상되며 기본적으로 여러 분야의 기술이 '융합'되어 새로운 기술 혁신으로 발전할 것으로 기대된다. 주요 핵심기술의 특성을 살펴보면 다음과 같다.

1) 디지털 기술(Digital Technology: DT): 숫자로 정보를 처리하고 저장 및 전송하는 장치를 연구하고 개발하는 것에 관한 기술이다. 자료의 디지털화를 통한 복합적인 분석을 의미이다.

① 사물인터넷(IoT) : Internet of Things라고 부르며 물리적 객체(사물)의 네트워크로 사람, 사물, 공간 등 모든 것이 인터넷으로 연결되어 정보가 생성·수집·공유·활용되는 초연결망을 의미한다.

② 인공지능(AI): 인공지능(Artificial Intelligence: AI) 기술은 학습, 문제 해결, 패턴 인식 등 인간의 지적 능력을 컴퓨팅 환경에 맞게 알고리즘생성,

적용, 구현하는 기술로 기계가 인간의 언어를 알아듣고, 사람처럼 지각 하고 판단하는 기능을 갖는 기술이다.

③ 빅데이터(Big Data): 방대한 데이터를 활용해 기업은 고객 소비 패턴을 데이터로 축적, 분석하여 데이터로부터 가치추출 및 결과를 분석하는 기술로 상품 추천 서비스나 신제품 개발 등 활용가능성이 높다.

④ 공유플랫폼: 교육적 활용이 가능한 콘텐츠를 다양한 공급원을 통해 공유하는 시스템으로 '여러가지 상품의 생산과 소비를 위해 형성된 경제 활동의 토대'라 할 수 있다.

2) 바이오 기술(Bio Technology: BT): 살아있는 유기체나 생물 시스템 사용한다. 특정 부품, 제품, 프로세스를 만드는 기술로 생물학 정보의 분석 및 기술 정밀화를 통한 건강 증진의 변화가 예상한다.

① 유전공학, 합성 생물학, 바이오 프린팅 등이 포함된 생물학적 기술이다. 4차 산업혁명을 이끌어나갈 대표적 기술로 부상한다.

② 사물인터넷(Internet of Things: IoT), 빅데이터(Big Data), 인공지능(Artificial Intelligence: AI), 기술 플랫폼 등이 바이오 및 의료 산업과 융합하여 새로운 패러다임(Paradigm)의 변화가 예상된다.

3) 물리학 기술(Physics Technology: PT): 현실공간, 가상공간의 연계하며, 가상 물리 시스템 구축을 통해 새로운 부가가치를 창출한다.

① 첨단로봇공학, 무인운송, 3D 프린팅, 나노 신소재, 대체에너지 등이 있다.

② 3D프린팅과 유전공학 결합하여 생체조직 프린팅이 발명 되었다.

③ 물리학적, 디지털, 생물학적 기술이 사이버물리시스템으로 연결되어 새로운 부가가치를 창출한다.

2.3. 4차 산업혁명의 미래사회

다가 올 미래사회 변화를 예측해 보면 4차 산업혁명 속에서 기본적으로 미래사회의 교육, 경제, 산업구조, 노동시장, 가치 등 다양한 분야에 많은 영향을 미칠 것으로 예상된다. 우리는 기술 발전과 트렌드 변화를 관찰하고 [그림. 68]와 같이 인공지능(Artificial Intelligence: AI)을 활용한 노동시장의 변화와 교육방법등을 상상해 볼 수 있다. 4차 산업혁명(Industry 4.0) 시대에는 인류의 일자리와 산업, 경제 영역에서 자동화, 지능화가 가속화될 것이다. 그리고 인공지능(Artificial Intelligence: AI), 빅데이터(Big Data)등을 통한 신산업군이 획기적으로 늘어날 것으로 보인다. 신산업형 일자리 사례로는 ① 금융 분야의 핀테크(FinTech), ② 교육 분야의 에듀테크(EduTech), ③ 법률 분야의 리걸테크(LegalTech), ④ 부동산 영역의 프롭테크(PropTech) 등을 들 수 있다.

[그림. 68] 인공지능 활용 산업
출처:
https://www.hdec.kr/kr/newsroom/news_view.aspx?NewsSeq=35&NewsType=BRAND&NewsListType=news_clist#.Y-2jhXZBxPY

미래사회 변화의 사례로 인공지능의 발달은 인간의 노동시장에서 부터 상당한 부분을 차지할 것이다. 즉 인공지능형 기계가 반복적이거나 데이터 수집(Data Collection)을 필요로 하는 단순 작업 형태의 노동시장을 대부분 대체

할 것이다. 데이터, 정보 및 지식의 축적과 발달 속도의 상승은 인공지능 기술 및 첨단 IT 기술을 바탕으로 인간의 삶 속에 풍부한 지식과 빠른 정보 습득을 가능하게 할 것이다. 의료, 복지, 행정 등 공공서비스 분야에서도 인공지능 기술도입 확대, 공장의 스마트 팩토리 시스템을 통한 생산력 증가가 예상된다. 행정, 교육 분야에서는 빅데이터, 인공지능, ICT 기술의 발달로 인공지능과 함께 살아가야 하는 디지털 융합 스마트 시대로 변화하고 초지능화가 가속화될 것이다. 네트워크(Network) 기반의 초연결 사회가 일상이 되어 새로운 사이버 공유가치를 형성하게 될 것이다. 가상세계 플랫폼의 '접속'과 디지털 사회의 '공유'라는 새로운 개념은 리스(Lease), 멤버십(Membership), 렌탈(Rental), 카셰어링(Car Sharing) 등 공유경제(Sharing Economy), 공유사회 문화가 형성될 것으로 보인다. 초연결사회로의 진화를 가속화하는 동시에 가상현실(Virtual Rcality: VR), 증강현실(Augmented Reality: AR) 기술의 고도화로 사물인터넷(Internet of Things: IoT)을 통한 간접 가상체험이 가능하게 된다. 즉 최첨단 스마트 실감 디바이스를 통해 현실보다 더 현실 같은 가상체험이 가능하다. 사물인터넷(Internet of Things: IoT) 기술과 실감형 디바이스 기술 부분에서도 재택업무(Teleworking), 원격교육(Teleeducation), 원격진료(Telemedicine) 등이 일상화되고 공간 제약 없이 집에 앉아서 쇼핑, 물품거래, 병원진료를 받으며, 학교에 가지 않고도 실감있는 온라인 원격학습이 가능하게 된다.

3. 통신기술의 변화

2007년 미국 애플(Apple)사 아이폰(iPhone) 스마트폰(Smartphone)이 처음 나왔을 때 스마트폰(Smartphone)을 이용하여 쇼핑을 한다는 것은 굉장히 무서운 일(보안상 취약, 데이터 비용의 부담)이라고 생각했던 사람들이 많았다. 그러나 걸어 다니는 컴퓨터라고 불리는 스마트폰(Smartphone)의 등장은 우리의 일상과 시각적 문화 체험속도 및 삶의 체험방식을 완전히 바꿔 놓았다. 지금은

PC나 스마트폰을 이용한 온라인 쇼핑(Online Shopping)은 일상이 되었고 코로나-19(COVID-19) 시기에는 필수적인 상황으로 일상화 되었다. 이는 전통시장, 대형마트, 백화점의 소비자들이 네이버(Naver)사, 카카오(Cacao)사, 쿠팡(Coupang)사 등와 같은 플랫폼 기업(Platform Company)의 사용자로 변화하게 되었고 최근 입지가 좋지 않았던 대형마트와 백화점이 문을 닫는 현상 볼 수 있다..

스마트폰(Smartphone)은 단순한 소통 수단을 넘어 어디에서든 게임(Game)을 즐기고, 걸어 다니면서 문화 활동을 예약하고, 실시간으로 은행 거래를 진행하며, 스마트폰(Smartphone)으로 영화를 관람할 수 있다. 사진은 물론 고해상도의 영상을 실시간으로 다운로드(Download) 받고 어플리케이션(Application: App)을 통한 경제활동이 가능하며 관련 수익을 발생시키는 등 이제는 없어서는 안 되는 현대인의 필수도구이다. 그리고 스마트폰(Smartphone) 속에는 현대인에 일상의 기록과 자신의 모든 것이 담겨있는 삶의 중요한 부분으로 자리 잡았다.

메타버스(Metaverse)는 결국 가상세계 속에서 형성되는 디지털 사회관계라고 할 수 있다. 스마트폰의 가장 큰 장점은 이동이 가능한 편리한 휴대성이다. 활동을 통해 이동을 하거나 장소를 옮겨 다녀도 다른 누군가와 쉽게 소통이 가능하고 쇼핑, 은행 업무등을 장소에 구애받지 않고 할 수 있기 때문이다. 이 모든 것이 가능한 이유는 네트워크 기술의 발달 때문이다. 따라서 앞으로 펼쳐질 AR/VR/MR/XR등 실감형 콘텐츠 디바이스 기술의 핵심에는 네트워크(Network) 기술, 즉 통신기술이 매우 중요한 역할을 차지하고 있다.

결국은 메타버스(Metaverse) 공간에 얼마나 많은 사람들이 실시간으로 함께 소통하고 공유하며 문화를 함께 만들어 가는가는 통신기술의 발전과 밀접한 관계가 있다. 따라서 [그림. 69]에서 처럼 통신 기술의 발전과 변화의 특징을 이해하는 것은 앞으로 다가올 메타버스(Metaverse) 세상을 이해하는 필수 과정이라고 본다.

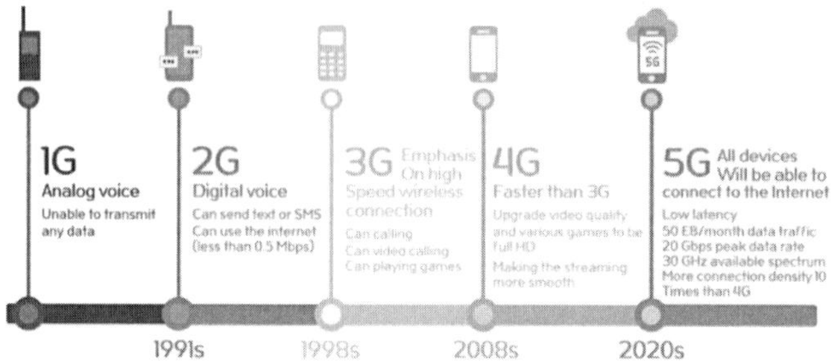

[그림. 69] 통신기술의 변화와 이해

출처: https://ddol2freedom.tistory.com/363

3.1. 이동통신의 발전과정

휴대전화 서비스는 1983년, 첫 번째 1세대 아날로그 이동통신인 미국 모토로라(Motorola)사 다이나택 8000x(DynaTAC 8000x)가 시작이다 [그림. 70]. 대한민국은 1988년 7월1일 본 미국 모토로라(Motorola)사 다이나텍 8000x로 한국이동통신이 아날로그 방식의 이동통신 서비스가 대한민국에서 처음 서비스 되었다. 이동통신의 서비스로 기본적인 가능 서비스는 음성이었다. 아날로그 셀룰러 방식(Analog Cellular Method)의 이동통신으로 할당된 주파수를 여러 개의 채널로 잘게 분할하여 사용하는 방식이었다. 가격은 당시 240만원대로 통화만 가능했으며, 아날로그 방식(Analog Method)으로 목소리(Voice)를 전기신호로 전달하고 문자메시지 같은 부가 기능은 없었으며, 잡음(Noise)이 심하고 혼선이 자주 발생했다.

미국 모토로라 다이나텍 8000X (출처: 모토로라)　　대한민국 삼성전자 SH-100 (출처: 삼성전자)

[그림. 70] 1세대(G) 이동통신
출처: https://news.samsungdisplay.com/21060

1991년 유럽은 GSM(Global System for Mobile Communications)으로 불리는 시분할 다중접속 TDMA(Time Division Multiple Access)방식의 이동통신을 채택하지만 1996년 대한민국은 세계 최초로 'CDMA(Code Division Multipie Access)기술'을 채택하고 [그림. 71]과 같이 2세대(2G)의 이동통신 시대의 시작을 알린다. 통화 품질 개선과 함께 문자메시지 같은 데이터(Data)전송이 가능 해졌고, 문자문화가 확산된다. 휴대폰이 가장 크게 진화했던 시기이며 통신사 마다 앞 번호(011, 016, 017, 019 등)가 달랐으며 통화 품질이 통신사의 중요한 선택 기준이었다.

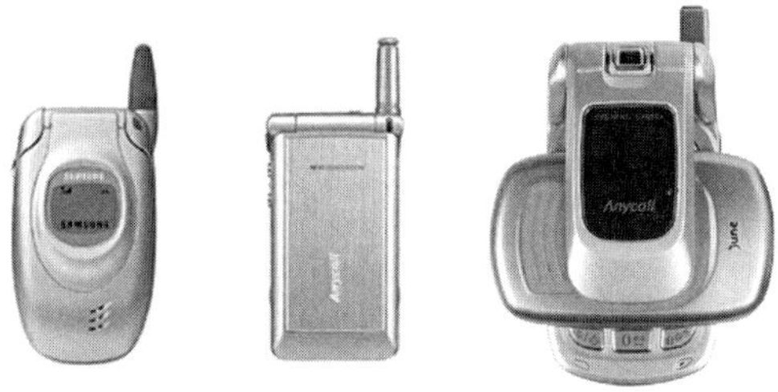

대한민국 삼성전자 SCH-A100, SGH-T100, SGH-V500

[그림. 71] 2세대(G) 이동통신
출처: https://news.samsungdisplay.com/21060

따라서 통신사들은 경쟁적으로 안정적인 주파수(Frequency)를 공급하기 위해 전국에 다량의 안테나(Antenna)를 세우기 시작한다. 2세대와 3세대에 걸쳐 있는 CDMA(Code Division Multiple Access)방식을 중심으로 1세대 아날로그와 2세대 디지털로 불리던 이동통신은 3세대부터 뒤에 제네레이션이란 의미가 있는 G가 붙어 분류된다. 2000년대 초 3세대(3G) 이동통신의 등장은 음성과 문자 서비스는 물론 영상을 제공하게 된다. 즉 스마트폰의 등장은 우리의 삶에 큰 변화의 바람을 일으키는 발명이었다. 3세대의 GSM을 기반으로 개선한 W-CDMA를 기반하고 있으며 CDMA 2000이 상용화되고 USIM 칩을 대한민국에 처음 선보인 기술로 본격적인 데이터의 유통시대가 된다.

2000년대 3세대[그림. 72], 2010년대 4세대[그림. 73]로 기술된다. 이러한 무선 접속 네트워크(Radio Access Network)기술의 발전은 최근 2020년대에는 5세대로 향하고 있다. 무선전송기술은 크게는 1세대 아날로그 FDMA (Frequency Division Multiple Access), 2세대 TDMA(Time Division Multiple Access), 2세대와 3세대에 걸쳐있는 CDMA(Code Division Multiple Access), 4세대의 OFDMA(Orthogonal Frequency Division Multiple Access) 기술을 들 수 있다.

휴대전화 사용자가 많아지면서 기존 주파수의 지원에 한계가 나타났다. 그리고 1세대 아날로그 FDMA(Frequency Division Multiple Access) 방식에서 나타나는 문제의 해결책으로 '하나의 셀에 다중의 사용자가 접속할 수 있게 하는 기술'인 'CDMA(Code Division Multipie Access)기술'이 개발되게 된다. 이 기술을 코드분할 다중접속방식이라고 한다.

USIM

SAMSUNG Galaxy S

[그림. 72] 3세대(3G) 이동통신
출처: https://news.samsungdisplay.com/21060

스마트폰 변화

[그림. 73] 4세대(4G) 이동통신
출처: https://news.samsungdisplay.com/21060

본격적인 데이터의 유통이 시작되는 시기로 컴퓨터와 휴대폰의 경계가 무너지기 시작한다. 즉 걸어 다니는 컴퓨터로 불리면서 휴대폰기기를 통해 인터넷과 연결되고 데이터 저장 기술을 통해 음악이나 영화를 다운로드 받거나 온라인 게임을 즐기기도 한다. 따라서 데이터의 전송속도가 중요한 개념으로 등장한다. 즉 bps(bit per second)라는 디지털 개념이 등장한다. 이것은 디지털 통신 속도의 단위로, 1초 동안 전송할 수 있는 모든 비트의 수를 뜻한다.

3세대(3G) 이동통신의 등장으로 Kbps의 개념에서 Mbps의 개념으로 확장되었고 데이터 저장을 통한 휴대폰의 스마트화는 새로운 스마트폰 문화의 정착을 형성하기 시작한다. 이후 4세대(4G) 이동통신에서는 [그림. 73]와 같이 Gbps로 기존보다 전송속도가 100배 이상 빨라지게 된다. USIM(Universal Subscriber Identity Module)탑재를 통한 용량의 개념이 확장되면서 사용자 인증(User Authentication)과 글로벌 로밍(Global Roaming), 전자상거래(Electronic Commerce: E-Commerce) 등 다양한 기능을 카드 한 장에 구현하게 되었다.

2010년대 LTE(Long-Term Evolution)로 대표되는 4세대(4G) 이동통신의 특징은 영상, 음성, 문자, 데이터 저장기능은 물론 1Gbps까지 지원하는 다운로드 속도(Download Speed)가 특징이다. 스마트폰(Smartphone) 이용자와 데이터 사용의 폭발적으로 증가로 CDMA방식의 한계를 극복하기 위한 LTE, LTE-A 방식의 변화로 한계를 극복하고자 하였다. 4세대(4G) 이동통신은 전 세계 70%가 사용하고 있으며 W-CDMA 후속 기술을 활용한다. 3G통신망과 연결이 용이하며 고화질 영상과 네트워크 게임, 사물인터넷(IoT: Internet of Things)과 연결할 수 있는 환경 조건을 갖추고 있다. 그리고 스마트폰을 통한 연결, 소비, 생산이라는 경제적 관념이 형성된다.

3.2. 5세대(5G) 이동통신의 미래

5G 이동통신 상용화의 시작은 2019년, 지금의 시점에서 스마트폰이 일상이 되고 있고 초고속, 초저지연, 초연결성을 특성으로 세계에서 가장 먼저 상용화 하였다. 5세대(5G) 이동통신은 모바일 네트워크(Mobile Network)를 의미한다. 기존의 4G LTE(Long Term Evolution) 셀룰러 네트워크(Cellular Network)를 보강하거나 완전히 교체할 목적으로 설계되었다고 할 수 있다. [그림. 74]와 같이 각 세대는 사용된 기술과 신호 송수신 사이의 시간(대기 시간), 네트워크(Network)로 연결된 장치 간의 데이터 전송 속도를 비롯한 여러 요소로 정의한다. 즉 5G는 더 높은 데이터 속도와 더 짧은 지연 시간 및 더 많은 사용자를 확보하고 디바이스(Device)를 통한 첨단 서비스를 지원하는 동시에 네트워크(Network) 효율성을 향상 시키도록 설계되었다.

IMT-2020 - 5세대 이동통신(5G)

[그림. 74] 5세대(G) 이동통신
출처: https://1boonsisa.tistory.com/358

5G의 5G 다운로드 속도는 현재 이동통신 속도인 300Mbps에 비해 70배 이상 빠르고, 일반 LTE에 비해선 280배 빠른 수준이다. 그리고 5G는 10분의 1 수준인 지연시간(초저지연), 100배 높은 전송 트래픽, 단위면적(1km²)당 접속 가능 기기 100만개(초연결)가 특징이다.

5G 시대는 향상된 네트워크(Network) 성능과 속도를 넘어 사용자에게 혁신적인 새롭고 향상된 연결 환경을 제공할 것이다. [그림. 75]와 같이 5G는 증강현실 어플리케이션(Augmented Reality Application), 가상현실 어플리케이션(Virtual Reality Application), 혼합현실 어플리케이션(Mixed Reality Application), 화상회의(Video Conference), 자율주행자동차(Self Driving Car/Autonomous Car) 등의 분야에서 새로운 사용자 경험과 서비스를 가능하게 하는 동시에 비즈니스 어플리케이션(Business Application) 성능을 향상할 수 있다.

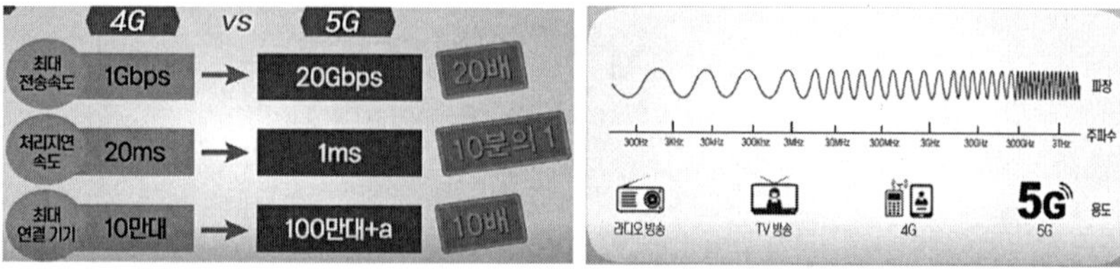

[그림. 75] 5세대(5G) 이동통신의 특성

3.3. 5세대(5G) 이동통신의 특징과 기술

대한민국은 2018년 12월 1일 세계 최초로 5G 보급의 상용화를 시작으로 4차 산업혁명이 본격화되었다. 반면 중국은 2019년 9월 1일 상용화를 선포하려 하였으나 이동통신 3사는 5G시대 상용화 연기를 발표한다. 그 이유는 광대한 영토에 안테나(Antenna)를 설치하는데 자금 문제로 비용이 너무 많이 들고, 네트워크 커버 범위가 너무 넓으며 기술 난이도 등의 문제로 5G 구축 시기를 늦춘 상황이다. 2020년 중국 디지털 경제 규모는 40조 위안(한화 약 7,600조 원)으로 추산되며, 미국에 이어 세계 2위 시장으로 성장하였다. 중국은 코로나-19 팬데믹의 영향과 5G 기술의 발전으로 인하여 빠르게 성장하고 있으나, 주요한 영역인 산업용 소프트웨어는 고부가 가치 제품의 중국화율이 낮고, 대외 기술 의존도가 높은 특징을 보인다.

일반적으로 5G의 특성을 살펴보면 3G, 4G와는 체계가 완전히 다르며 자율 사물들과의 연결, 다양한 정보 소통, 빠른 속도가 필수적으로 필요하다. 따라서 다운로드 속도가 최대로 20Gbps(4G의 5배~40배)까지 늘어난다. 그럼으로 [그림. 76]에서처럼 고주파이면서 직진성이 강한 주파수를 사용해야만 한다. 즉 6GHz 이하, 또는 24GHz~100GHz의 대역폭이 큰 고주파수를 사용해야 한다.

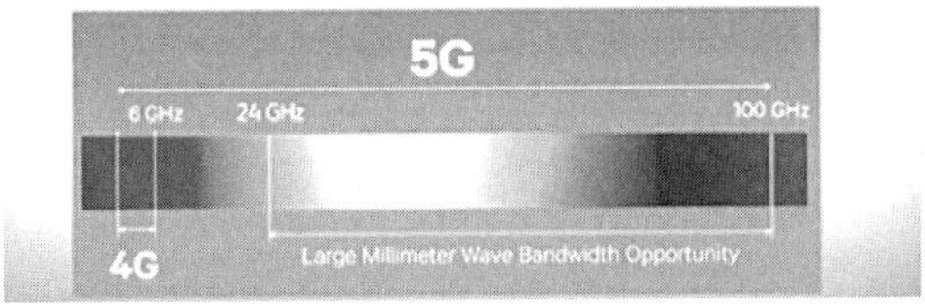

[그림. 76] 5세대(G) 고주파수 대역

주파수란 전파가 공간을 이동할 때 1초 동안에 진동하는 횟수를 말한다. 또 대역폭의 크기란 데이터가 오고가는 직접적인 통로로써 넓을수록 더 많은 데이터를 전송할 수 있다고 이해하면 된다. 따라서 기본적인 기능인 1G, 2G는 전화나 문자만을 사용하기 때문에 대역폭이 작은(쉽게 말해서 국도 같은 정도) 저주파를 사용해도 되는 것이다.

진동횟수가 많으면 전파의 파장이 짧고 진동 회수가 적으면 전파의 파장이 길어진다. 3G, 4G는 같은 개념에서 보면 파장 길이가 수십cm에서 최대 50Km-150Km거리를 커버한다. 다시말해 고속도로 정도의 넓이라고 할 수 있다. 하지만 5G는 비행기 활주로와 같은 넓이로써 파장 길이가 수mm에서 250-300m의 거리만 커버한다. 즉 중간에서 변질의 위험이 높아 기지국이 많이 필요한 이유이다. 그리고 [그림. 77]에서 보여지듯이 5G는 콘크리트 벽을 뚫고 지나가지 못하는 단점이 있다. 왜냐하면 5G는 직진성 밀리미터 파(Millimeter Wave)로써 장애물이 있을 때 충돌 및 분산되는 특성으로 변질 위험이 있기 때문이다.

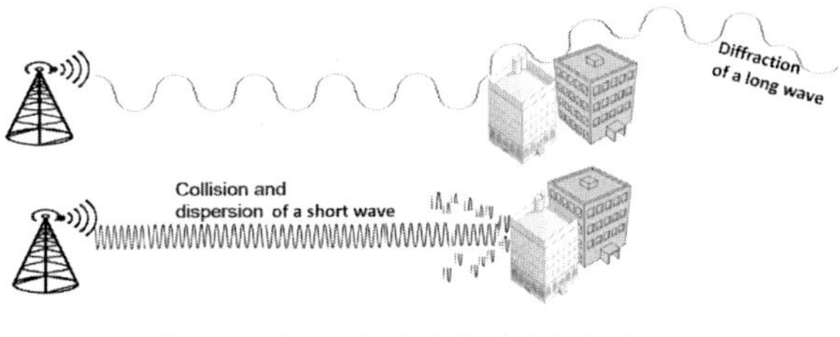

[그림. 77] 5G의 직진성 밀리미터 파

이러한 특성 때문에 건물 내 또는 지하공간에 5G를 사용하고자 할 경우에는 별도의 개별 셀 타워가 필요하다. [그림. 78]을 살펴보면 4G 모바일 베이스 스테이션(4G Mobile Base Station)과 5G 셀 스테이션(5G Cell Station)의 구조를 알 수 있다.

5G는 특히 비가 오는 날에 문제가 많이 발생한다. 그 이유는 GPS(Global Positioning System) 및 고주파 위성통신 시스템의 공통된 문제점으로 고주파를 사용하는 위성통신들이 특히나 비가 오면 밀리미터 파(Millimeter Wave) 신호의 강도가 저하되는 현상이 발생하여 속도가 느려지고 연결 문제가 발생하게 되는 것이다. 따라서 이러한 문제점들을 데이터 손상 없이 해결하면서도 속도를 높이는 가장 효율적인 방안으로 몇 가지 방법을 활용하고 있다.

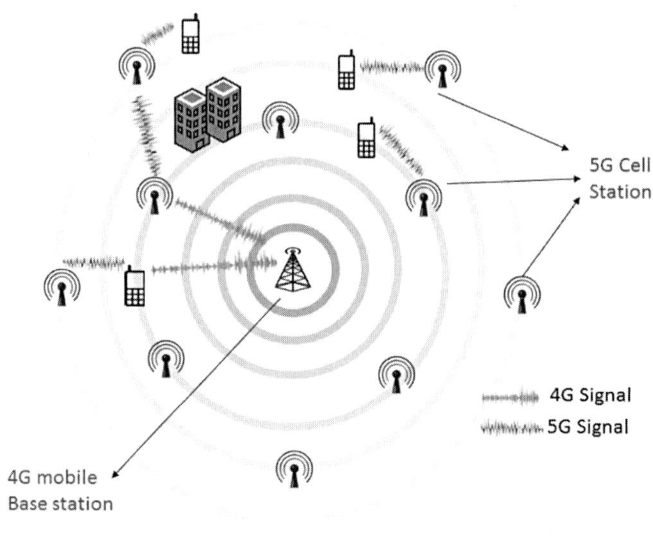

[그림. 78] 4G mobile Base station and 5G Cell station

첫 번째는 가장 명확한 방법으로 그냥 단순히 더 많은 5G 셀 스테이션(5G Cell Station)을 구축하면 되는 것이다. 결국 거리가 짧은 만큼 연결 지점을 많이 만들면 해결되는 것이다. 두 번째는 4G와 Wi-Fi 등을 겸용으로 사용해야 한다. 실질적으로도 5G는 4G기지국을 기본으로 사용하면서 지역별로 5G 셀 스테이션(Cell Station)을 추가적으로 구축해서 연결하는 방식이 새로운 방식으로 활용되고 있다. 다음으로 추가적인 기술로써 5G 무선통신을 더 효율적이고 원활하게 하고 데이터 손상없이 속도를 높이는 효율적인 2가지 기술의 방법을 설명하고자 한다. 빔 포밍(Beam Forming) 기술과 다중 MIMO 시스템(massive MIMO System) 기술로 전파를 특정 방향으로 쏴주어 송수신을 가능하게 하는 빔 포밍(Beam Forming) 기술과 [그림. 79] 처럼 기지국과 단말기에 여러 개의 안테나(massive MIMO System)를 사용해 기지국 용량을 향상시키는 다중 MIMO기술(Massive MIMO)이 있다.

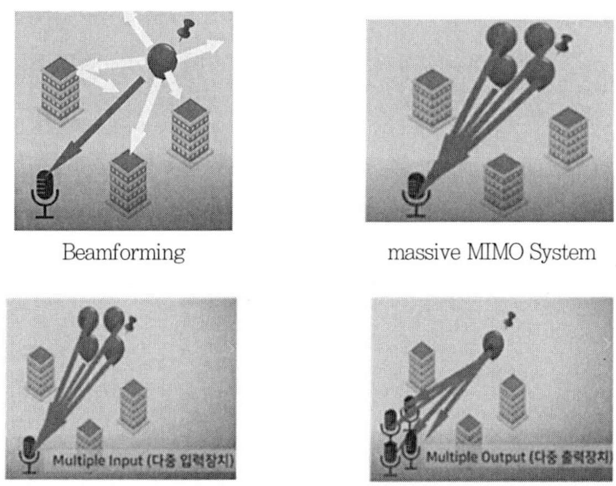

[그림. 79] MIMO(Multiple–Input Mutiple–Output) 기술

5G 무선통신 기술에서 쓰이는 빔포밍(Beam Forming)은 스마트 안테나(Smart Antenna)의 한 방식으로 안테나의 빔을 특정한 단말기(수신기기)에 집중시키는 기술이다. 전파들 중에서 주파수가 높은 신호들은 빛처럼 직진성이 강하다. 따라서 한 방향으로 보내지 않으면 신호 송수신이 잘 되지 않는 특성이

있다. 이러한 특성들 때문에 대용량 MIMO 시스템의 안테나를 통해 3D 빔포밍(3D Beam Forming)의 형태를 갖추게 된다. 3차원이기 때문에 단말의 위치를 더 정확히 파악할 수 있고 서로 네트워크(Network)로 피드백(Feedback)을 보낼 수 있기 때문에 특정방향으로 전파를 몰아주고 필요 없는 전파는 상쇄시키면서 어디서든 쉽게 찾을 수 있다. 사용자가 길을 걸어가는 중이나 건물 내 이동을 하더라도 단말이 움직이는 대로 따라 움직이게 하는 기술 요건을 충족하며 하나 하나의 단말기를 목표로 하는 주파수를 수신하여 빔 트래킹(Beam Tracking)이라 부른다.

다중 MIMO(Massive MIMO) 기술이란 데이터 전송량을 높이는 기술로써 수백 개의 안테나를 사용해서 서로 주고받도록 다중입력-다중인출(Multiple-Input and Mutiple-Output)을 설정한다. 스마트 안테나(Smart Antenna)는 효율성을 높이기 위해 다수의 안테나를 이용해 구현될 수 있으며 다중 MIMO(Massive MIMO)가 있어야 빔포밍 기술을 실현할 수 있다. 이처럼 다수의 안테나를 송신기와 수신기 모두에 구현한 경우를 MIMO(Multiple-Input Mutiple-Output)라고 한다.

연습문제

1. 4차 산업혁명의 정의하시오.

2. 산업혁명의 전개 과정을 설명하시오.

3. 4차 산업혁명과 미래사회에 대하여 논하시오.

4. 통신 기술의 전개 과정을 설명하시오.

5. 5세대(5G) 이동통신의 미래에 대하여 논하시오.

6. 5세대(5G) 이동통신의 특징과 기술에 대하여 설명하시오.

5 메타버스(Metaverse)와 인문학

메타버스(Metaverse)를 정의하기 위해서는 우선 인간의 시각체계를 이해해야 한다. 인간은 욕망이라는 관점에서 오감을 통한 몰입감(Immersion)을 매우 중요한 삶의 요소로 여겨왔다. 그 중에서도 시각(Vision)은 인간의 신체 감각 중 가장 중요한 기관이며, 기본적인 감각기관이다. 따라서 인간의 시선을 통해 나타나는 시각체계가 인문학적 관점에서 어떤 사회적, 문화적, 기술적 변화로 나티니는지 알아보겠다.

시 지각 체계와 프레임

시각 체계를 알아본다는 것은 현대 사회와 역사, 문화의 전반적인 맥락을 알아야 한다는 의미이다. 왜냐하면 시각 매체가 발달하고 영상 문화가 폭증하고 있는 지금의 디지털 문화에서 시각 이미지가 수행하는 사회적 역할, 역사적 위치도 변화하고 있기 때문이다. 이러한 관점에서 시각체계는 생리학적 관점에서의 시각(Vision)과 사회 문화적 트랜드(Trend)로써의 시각성(Visuality)으로 분류해서 이해할 필요가 있다.

1. 할 포스터 교수의 시각과 시각성

미국 미술 대가이자 비평가, 역사가인 미국 프린스턴 대학교(Princeton University) 할 포스터(Hal Foster) 교수는 시각(Vision)과 시각성(Visuality)을 다음과 같은 의미로 구분한다. 그는 시각을 신체적 작용인 시선(Sight)으로 규정하고 시각성은 사회적 사실로써의 담론적 시선으로 규정한다. 즉 시각과 시각성의 차이를 포스터는 시선의 메커니즘 속에서 나타나는 역사적인 테크닉들과의 관계에서 등장하는 차이로 본다[그림. 80]. 할 포스터(Hal Foster) 교수가 정의하는 시각은 우리의 시선을 통해 보여지는 가시적인 이미지로써 물리적인 관점으로 이해할 수 있다. 반면 시각성은 시대별 특징을 알 수 있는 일종의 패러다임으로써 인지적 관점에서 이해할 수 있다는 것이다.

"시각(vision) 또는 시각성(visuality)에 관한 논의는 생리적인 과정으로서의 시선(sight)인 동시에 역사적인 과정으로써 자연과 문화가 만들어낸 공동작품"

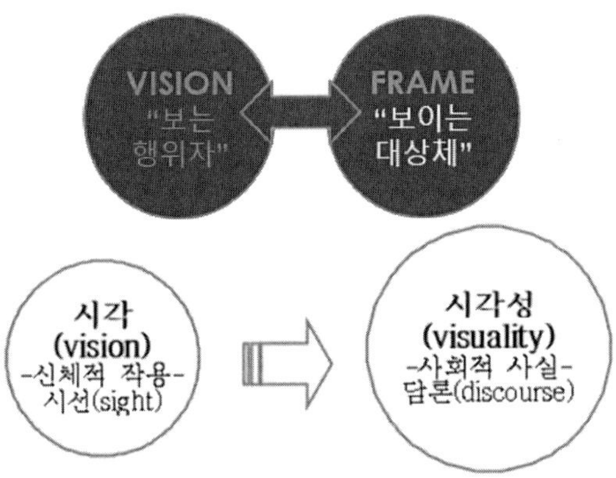

[그림. 80] 할 포스터 교수의 시각과 시각성의 정의

일반적으로 우리가 무언가를 본다는 것에는 보는 주체가 있고 보이는 대상뿐만 아니라 그것들이 위치하는 사회적 관계와 역사, 문화적 맥락, 특히 어떠한 권력의 시각으로 형성되어있는 시각 체계에 관여하고 있다고 본다. 따라서 시각 즉, 대상을 본다는 것은 우선 대상을 구조적인 관점에서 파악하고, 그것에 관한 직접적인 지각 경험에 의해서 새로운 의미를 발견하게 되는 과정을 의미한다.

1.1. 시 지각(視 知覺)이론

시 지각(視 知覺)이란 인간이 사물을 지각함에 있어서 형(形)에 의하여 지각된 감각들이 집합(Patterned Set Sensations)자극과 대립되는 자극들의 집합(Stimulus vs. Set of Stimulus)을 뜻하는 말이다. 즉 시 지각은 시각과 시각성을 통해 현대적 매체를 이해하는 원리로써 중요한 요소이며 전통적인 시각을 이해하는 관점과는 다른 의미로써 해석되어 진다.

이러한 관점에서 고 존 피터 버거(John Peter Berger)는 '본다'라는 시각에 관해 다음과 같이 논의하였다. 우리가 한 사물에 시선을 준다는 것은 대상과 우리 자신의 관계를 바라다보는 것이다. 인간의 시선은 끊임없이 살아 움직이기 때문에 사물을 그것 하나로 인식하는 것이 아니라 그것을 둘러싸고 있는 주변 대상과 관세 시움으로써 인식하게 된다는 것이다.

1.2. '인식'의 정의

시 지각은 정상적인 상태에서 사물을 인지하는 작용 중 우리가 외부로 부터 얻는 정보의 70% 정도가 시각(Vision)을 통해서이며, 20%가 청각(Hearing), 나머지가 촉각(Touch)에 의해 받아들여진다. 기본적으로 우리가 일상에서 느끼는 감각들의 정보전달 방식은

[그림. 81]에서처럼 오감을 통해서이다. 그렇다면 보고(Vision), 듣고(Hearing), 냄새 맡고(Smell), 만지고(Touch), 맛보는(Taste) 모든 감각들은 과연 실제일까? 아니면 우리의 뇌가 그려내는 가공의 이미지일까? 생리학적으로 볼 때 우리의 뇌는 인간의 모든 감각에 관여한다. 가령, 우리는 촉감이 손끝이나 피부, 신체 부위를 통해 직접적으로 체감된다고 생각하지만 실제로는 그렇지 않다. 생리학적인 관점에서 보면 외부로부터 받은 신체적 자극은 전기신호로 변환되어 뇌로 전달되며 뇌는 그 전기신호를 가공해서 우리가

어떻게 느껴야 하는지를 다시 알려준다. 그것이 바로 '인식'이다.

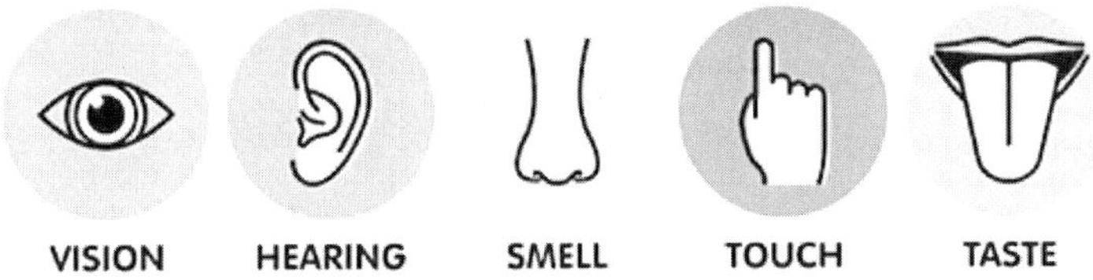

[그림. 81] 인간의 기본 오감

2. 근대적 시각체계

일반적으로 서양에서 근대(Modern Period)라는 시대적 용어의 기준은 15~16세기경부터 20세기 초중반을 의미한다. 1517년 종교개혁(Reformation)을 통한 중세 권위의 해체는 사상적 자유와 함께 시민 사회가 성립되었다. 이로 인해 사회적 자유가 형성되면서 사람들은 개인의 권리가 중요하다는 인식을 가지게 되는 계몽시기이다. 근대의 이러한 현상은 과학의 발달과 함께 불합리하거나 낡은 제도나 권위 타파에 기여한 시기이기도 하다.

2.1. 원근법적 시각체계

15세기 원근법의 유래를 살펴보면 건축가 고 필립포 브루넬스키(Filippo Brunelleschi)의 실험을 통한 기하학적 원근법에서 비롯되었다. 현실 재현을 중요하게 생각했던 당시의 시민들 눈에 보여지는 원근법에 관한 실험은 리얼리즘(Realism) 효과로서 아마 마법과도 같아 보였다. 그러나 원근법적 시각체계로써 본격적으로 논의된 것은 알베르티의 회화론(르네상스 최고와 최초의 체계적인 미술 이론서)에서 체계화되었다. 환영주의(Illusionism)의 원근법은 그림에 있어서 르네상스 시대 절대적인 옹호자들로 대변되며 알베르티의 회화론(르네상스 최고와 최초의 체계적인 미술 이론서)의 고 조토 디 본도네(Giotto di Bondone)에서부터 원근법을 전면으로 활용하기 시작해 고 레오나르도 다 빈치(Leonardo da Vinci)에 이르기까지 현전성을 중심으로 한 재현의 역사로 볼 수 있다.

원근법의 시각체계는 알베르티에 의해 논의 되었는데 그 특징은 다음과 같다.

첫 번째,

- 하나의 대상이 빛을 받아 인간의 눈에 인식되는 과정을 통해 파악되는 것이다.
- 빛을 통해 사람의 눈이나 카메라가 사물을 기록, 빛의 파장은 어떤 물체 혹은 어떤 표면에 닿게 되는가에 따라 다양하게 색이 변화이다.

두 번째,

- 평면 안에서 하나의 소실점은 2차원의 평면에서도 3차원의 입체성을 획득하는 것과 연결된다. 즉 대상과 시각사이의 중심점을 통해 피라미드의 시각적 도해가 형성되고 그것은 소실점과 연결되면서 관람자의 위치가 상정된다.
- 소실점은 광선과 더불어 평면에서 입체감을 획득하기 위한 중요한 요소이다.

세 번째,

- 알베르티의 '투명한 창'에 관한 논의는 몰입의 과정으로 볼 수 있다. 원근법의 화면은 관람자가 대상을 파악하는 '창'으로 여기게 된다.

이러한 시각체계의 특성을 라깡이 제시한 '응시'라는 개념적 이미지인 시선도해로 '원근법적 시각체계'를 표현해 보면 [그림. 82]와 같다.

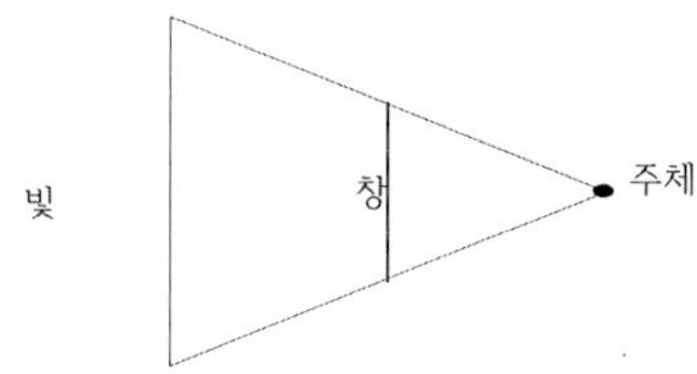

[그림. 82] 원근법의 시선도해

2.2. 카메라 옵스큐라적 시각체계

카메라 옵스큐라는(라틴어: Camera Obscura, '어두운 방'이란 뜻) 또는 암상(한자 : 暗箱)은 그림 등을 그리기 위해 만든 광학 장치로, 사진술의 전신이다. 카메라 옵스큐라의 기본원리는 [그림. 83]에서 보듯이 어두운 방의 한 벽에 작은 구멍을 뚫으면, 빛이 그 반대편 벽면에 전도된 이미지로서 외부세계의 상이 거꾸로 맺히는 것을 응용하여 만든 사생도구였다.

고 유클리드(Euclidean)와 아리스토텔레스(Aristotle), 로저 베이컨(Roger Bacon)과 레오나르도 다 빈치(Leonardo Da Vinci) 등 다양한 사상가들이 시대의 변화에 따라 언급했으며 기술발달에 따른 다양한 시각매체들은 자신의 특성을 드러내는 것과 동시에 원근법적 시각을 매개하는데 카메라 옵스큐라(라틴어: Camera Obscura)는 그러한 관점에서 원근법적 시각을 재매개화 하는 것이다.

1500년대 후반에서 부터 1700년대 말까지 거의 200년이란 기간 동안 사진기술의 전신인 카메라 옵스큐라(라틴어: Camera Obscura)는 인간의 시각을 설명하고 외부세계에 대한 인지자의 관계와 지식 주체의 위치를 지배적 패러다임으로 재현해 내는 가장 널리 사용된 모델이다. 원근법이 이론화 되어 많은 사람들에게 전파 될 수 있었던 15세기 이후, 즉 17~18세기의 예술가들은 정확하게 그리는 것에 집중했다.

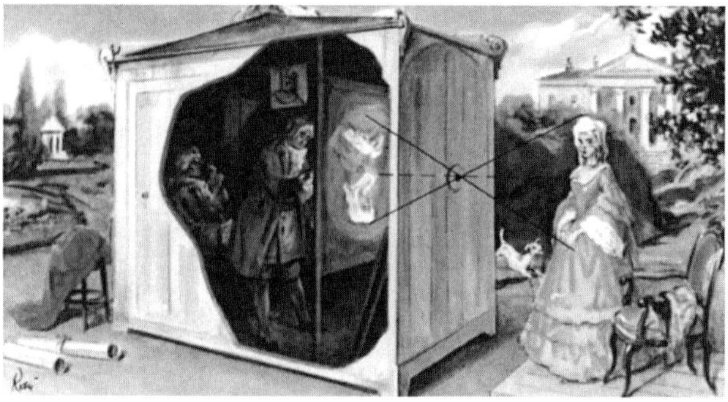

[그림. 83] 카메라 옵스큐라(라틴어: Camera Obscura)
출처: https://cepojyze.tistory.com/1

고 데카르트(Descartes)는 옵스큐라(Obscura) 장치를 통해 인간의 시각이 가지는 불확실성에서 벗어나 인간의 인식세계에 대한 순수하고 객관적인 관찰을 가능하게 만들기 위한 의도를 보여 준다고 했다. 이를 위해 기계적이고 한 개의 구멍만이 뚫린 단안(Monocular)의 장치인 옵스큐라(Obscura)가 사용되고 신체에 의존된 감각적인 경험들이 무시되고 거부되었다. 그것은 육체적 확장으로서 여타 감각에 휘둘리거나 생리학적 지배를 받지 않는 탈 육화된 응시, 형이상학적 시각을 상정하는 일이다. 옵스큐라적 특성은 하나의 구멍(Peephole)을 통해 들여다보는 단안의 고정된 눈으로 불규칙하고 단속적인(Saccadic) 움직임들로써 하나의 초점에서 다른 초점으로 옮겨 다니는 동적인 눈이 아니다[3]. 깜빡임이 없는 정적인 눈이며 기계를 통하여 보아야하고 외부의 이미지를 단안을 통해 확장시켜준다. 어둠속에서 재현되는 평면적인 빛의 재현은 관람자로 하여금 신체의 감각적 경험들은 무시되고 거부된다. 이러한 시각체계의 특징을 라깡의 시선도해에 관한 도판[4]을 통해 이해해 보면 다음 [그림. 84]과 같다.

3 핼 포스트, p. 30.
4 도판 응시도판1 Lacan, Jacques, [세미나11], 자크라깡, 맹정현, 이수련 옮김, 새물결, 2008, p.144

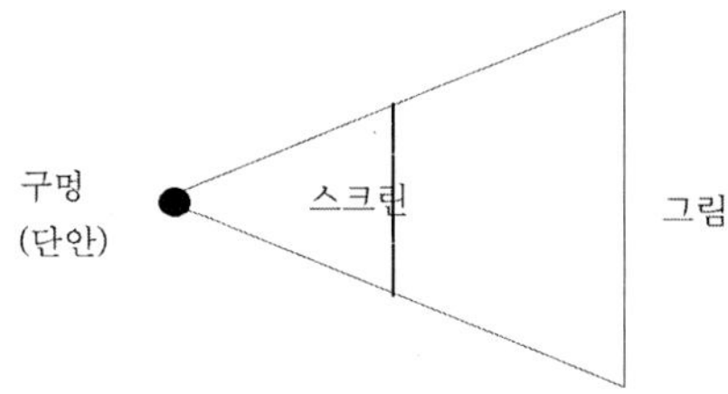

[그림. 84] 카메라 옵스큐라의 시선도해

2.3. 파노라마적 시각체계

앞서 밝혔던 카메라 옵스큐라(라틴어: Camera Obscura)의 시각체계 이후, 기술적인 재현의 효과로 발전된 방식은 파노라마적 시각체계이다. 파노라마적 시각은 프레스코(Fresco) 벽화를 비롯하여 스크린(Screen) 영상작업에서도 작용되는 시각체계라고 할 수 있다. 파노라마(Panorama)는 3차원의 입체감을 제공해 주는데 탁월한 방식의 도구 중 하나라고 할 수 있으며 스스로를 자신의 시각 축을 중심으로 회전시킴으로써 그림들의 총체를 구성한다.[5] 관람자가 한 시각의 중심축에서 그림에 빠져들기 위한 프레스코화의 경험으로 비롯된 360도의 3차원 공간의 구현 역시 단지 새로운 매체의 등장으로 인한 새로운 경험이 아니다. 이는 앞에서 살펴보았던 원근법과 카메라 옵스큐라(라틴어: Camera Obscura)의 시각이 재매개화 되어있다. 다시 말해, 3차원의 사실적인 공간에 대한 추구는 과거에서부터 현재까지 지속되고 있는 행위라 할 수 있을 것이다. 따라서 동굴벽화를 비롯한 많은 밀폐된 공간의 벽화로 인한 파노라마적 수용은, 바로 가상현실(Virtual Reality: VR)이 추구하는 역할을 이미 수행하고 있는 것이다.[6] 은 그러한 파노라마의 시각성을 고 라캉(Lacan)의 시선도해에 적용하여 설명하였다.

---

5 Norbert Bolz, 『구텐베르크-은하계끝에서(Am Ende der Gutenberg-Galaxis)』, 윤종석 옮김, 문학과지성사, 2000, pp. 136~137

6 Oliver Grau, Virtual Art: From Illusion to Immersion, London, MIT Press, 2003, p. 13.

3. 몰입감(Immersion)

일반적으로 몰입감(Immersion)이란 단어적 의미는 주변 요소를 배제하고 내부의식에 모든 것을 모아두는 것으로 삶이 고조되는 순간에 물 흐르듯이 행동이 자연스럽게 이뤄지는 느낌을 표현한다. 대표적인 능동적 몰입경험으로 게임을 들 수 있다. 우리가 게임을 할 때 원하는 목표를 달성하기 위해서 머릿속에서 목표만을 생각하고 게임을 이기기 위해 분석을 하게 되는데 이로 인해 게임을 하는 동안에는 [그림. 85]과 같이 집중 상태에 들어가게 된다. 이러한 몰입경험 상태에서 목표가 가까워지면 가까워질수록 더 강력한 몰입 상태에 빠지게 된다.

[그림. 85] 몰입감

출처: https://www.econovill.com/news/articleView.html?idxno=363189

가상환경에서의 몰입 경험(Immersive Experience)은 현실에서의 실제적인 경험과 비교할 때 분명한 물리적인 차이가 있다. 그러한 현실세계와 가상세계의 이질감을 줄이고 현실속의 이용자가 가상세계 속에서도 현실과 같은 활동을 할 수 있도록 환경을 만들어 동일한 감각을 느낄 때 우리는 몰입감이 높다고 한다. 인간의 몰입감은 다양한 방식으로 적용되는데 기본적으로 신체적인 감각으로써 오감의 몰입이 가장 중요한 요소로 이해된다.

메타버스(Metaverse) 세상속에서 현실과 동일한 인간의 삶이 유지되려면 오감을 만족하는 몰입요소가 필수적으로 필요하다. 따라서 다양한 오감 사례를 통해 메타버스(Metaverse)에서 필요한 몰입요소를 알아보고자 한다.

3.1. 인간의 5가지 감각과 몰입요소

온라인 게임시장에서 유저들의 폭발적인 증가세와 게임(Game)사들의 급성장은 세계적인 펜데믹(Pandemic) 상황과 더불어 글로벌 게임시장으로의 성장을 부축기고 있다. 게임(Game)사들의 성장 배경에는 다양한 브랜드 회사들이 자신들의 제품을 게임 유저(Game User)들에게 홍보하기 위해 전략적으로 온라인 게임을 활용하였다. 이러한 분위기는 다양한 헬스케어 분야에서도 나타나는데 의료 기관에서 온라인 게임을 통한 건강한 신체활동 장려정책을 펼쳤다.

게임 산업의 성장과 더불어 수많은 게임(Game)들이 쏟아져 나오고 있지만, 사실상 꾸준한 인기를 끌고 있는 게임(Game)은 한정적이다. 게임은 여러 형태의 모니터와 디바이스를 이용하는 비대면 놀이문화의 일종으로 신체활동을 이용해 인간의 시지각적 감각을 자극한다. 인기 게임들은 그만큼 게임에 몰입할 수 있도록 하는 시각적 자극이 강할 것이며, 그 외 다른 여러 가지 몰입요소가 내재되어 있을 것이다.

게임(Game)사들에게 있어서는 기본적인 목표는 더 많은 글로벌 이용자들을 모으는 것이다. 따라서 자신들의 게임에 완전히 몰입하게 하기 위한 다양한 전략적 방안이 필요하다.

우선 게임 몰입감 분석(Game Immersion Analysis)에 관한 연구와 그들의 플랫폼(Platform) 이탈을 막기 위한 노력들이 매우 중요할 것이다. 이러한 요구로 인해 인기 게임 요인분석에 관한 이용자 몰입요소 연구나 실감형 디바이스

알고리즘 연구를 통한 몰입감 요소분석이 필요하다. 같은 맥락에서 게임 가입과 이탈에 관한 원인분석 연구나 XR콘텐츠 체험시 멀미감 감소방법, 피로도에 미치는 영향 연구등도 중요한 연구 사례가 되고 있다. 한편, 신체의 오감을 중심으로 시각체계 특성과의 관련성 연구나 웹 3.0(Web 3.0) 시대를 맞아 인터넷 환경에서 나타나는 인간관계의 확장성과 연계성에 관한 연구 등 다양한 분야에서 기술적, 인문학적 접근이 필요한 이유이다.

다양한 연구 사례 중에서 오감을 통한 몰입감 연구에는 디바이스(Device)를 활용한 연구들이 활발히 진행되고 있다. 가장 일반적인 '시각'체험과 '청각'체험을 넘어서 더욱 리얼한 체험을 위해 '촉각'과 '후각' '미각'을 통한 연구사례들도 있다.

[그림. 86]는 시각/청삭 분야의 대표적인 몰입형 디바이스로 ① 메타(Meta)사의 오큘러스 퀘스트 2(Oculus Quest 2)와 ② 마이크로소프트(Microsoft)사의 홀로랜즈 2를 들 수 있다. 가장 대표적이라 할 수 있는 메타의 오큘러스 퀘스트 2(Quest 2)는 HMD기반 VR방식의 디바이스로 최근 대중적인 가격(한화 50만원)을 제시하며 매출이 가장 높게 나타나는 제품이다. 반면 홀로랜즈 2는 MR방식의 디바이스로 현실과 가상의 이미지를 동시에 볼 수 있어 가장 효과적인 디바이스라고 할 수 있지만 아직은 가격적인 부담(한화 400만원)과 시각 프레임이 좁은 단점으로 대중적으로 상용화되기에는 어려움이 있다. 하지만 마이크로소프트(Microsoft)사의 지속적인 연구로 앞으로 확장 가능성은 매우 높다고 판단된다. 끝으로 일본 파나소닉(Panasonic)사의 자회사이자 사물인터넷(IoT) 하드웨어 기기를 개발하는 시프톨(Shiftall)이 가벼운 VR 헤드셋으로 시장 진입을 노린다. 무게는 약 250g으로 오큘러스 퀘스트 2(Quest 2)의 무게인 503g의 절반 수준이다.

① 오큘러스 퀘스트(quest) 2

② 홀로랜즈2

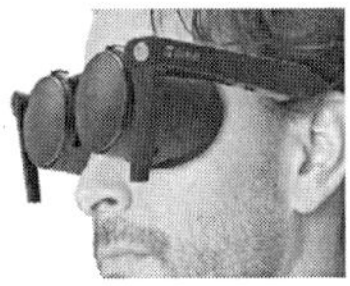

③MeganeX

[그림. 86] 시각/청각 몰입형 디바이스

[그림. 87]은 센스기술과 촉각분야에서 나타나는 디바이스로 최근 전신 트래킹을 돕는 ④ 하리토라X(HaritoraX)는 별도의 카메라 없이 몸에 장착해 사용하고 전신 트래킹 기기로 가슴, 허벅지, 발목을 추적해 이용자의 정확한 움직임을 인식한다. 다음으로 ⑤ 비햅틱스 라는 회사의 '택트슈트 X40'을 출시했다. 햅틱슈트는 가상공간에서 일어나는 다양한 반응을 실제 몸이 느낄 수 있도록 진동을 통해 전달하는 장치이다. '햅틱(haptic)'은 오감 중 촉각과 힘, 운동감을 중심으로 감각을 느끼게 해주는 기술이라고 이해하면 된다. 또한 비햅틱스는 조끼 형태의 햅틱슈트인 택트슈트(TactSuit)를 공개했다. ⑥ 미국 HaptX사에서는 'HaptX Gloves'가 발표되었는데 촉각의 세밀화에 초점을 맞춘 통합형 글러브이다. 사용자가 글러브를 장착하고 VR의 가상 객체에 닿으면 글러브 내부의 수백 개의 작은 공기 주머니가 있어서 팽창과 수축 작용한다. 그러한 효과를 통해 가상 사물의 모양을 느낄 수 있게 하고 움직임에서부터 질감과 온도까지도 느낄 수 있다고 한다.

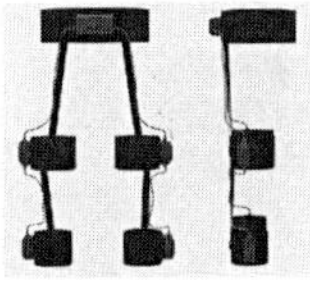

④하리토라X(HaritoraX)
https://www.inven.co.kr/webzine/news/?news=266809&iskin=lor

⑤ 비햅틱스의 '택트슈트 X40과 택트슈트 X16'
https://techg.kr/29077/

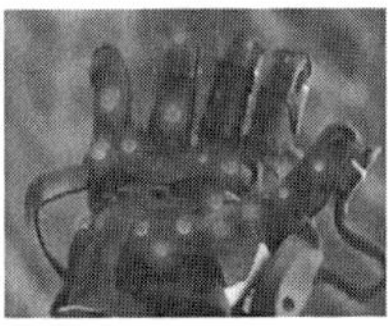

⑥ 미국 HaptX사의 'HaptX Gloves'
https://stonebc.com/archives/16508

[그림. 87] 센스기술/촉각 몰입형 디바이스

사람의 몸은 기본적으로 사물을 인지할 때 다양한 감각에 의해 복합적으로 의존한다. VR 기술의 발달로 사람은 가상의 공간 속에서도 시각과 청각을 활용한 대략적인 상황인식이 가능해졌다. '햅틱' 기술은 여기서 더 나아가, 시각과 청각은 물론 촉각을 넘어서 후각과 미각을 활용한 더욱 사실적인 가상 콘텐츠 경험을 가능케 하고 있다.

[그림. 88]은 ⑦ VAQSO사가 개발한 후각분야에서 나타나는 디바이스로 후각VR장치인 'VAQSO VR'이다. 무선으로 냄새가 나오도록 타이밍을 설정하는데 유니티 엔진으로 제작된 프로그램이다. 분사되는 기기는 가로 120mm X 세로 35mm X 너비 15mm로 초코바 정도의 크기이며 가상현실 헤드셋에 자석을 이용해 부착하고 블루투스로 스마트폰과 연결된다. 향기는 기기에 내장되어 있는 카트리지에 여러 향을 넣은 후 분사하는 방식이다. 오큘러스 리프트, PS VR, HTC 바이브 등 기존 VR 헤드셋 아래 부분에 장착이 가능하다. 1회 충전으로 약 2시간 사용이 가능하며 카트리지는 하루 한 시간씩 약 1개월 사용한다.

⑦ VAQSO개발 후각VR장치 'VAQSO VR'
https://it.chosun.com/site/data/html_dir/2017/06/30/2017063085010.html

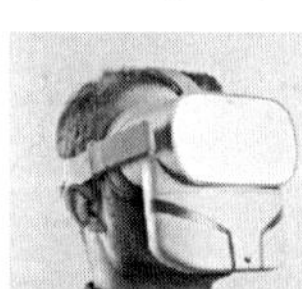

⑧ 4D 마스크 '필리얼(FeelReal)
https://m.blog.naver.com/PostView.naver?isHttpsRedirect=true&blogId=sunggyu1028&logNo=221428803609

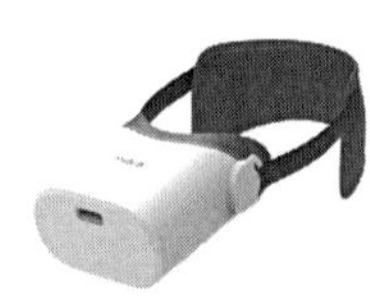

⑨뮤토크(Mutalk)
https://www.inven.co.kr/webzine/news/?news=266809&iskin=lor

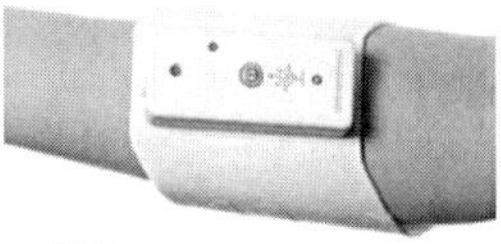

⑩ '언리미티드 핸드라이트'
https://www.gamemeca.com/view.php?gid=1414435

⑪싱가포르 국립대학 인공미각 시뮬레이터 기기 'Taste+'
https://www.gamemeca.com/view.php?gid=1414435

[그림. 88] 촉각/후각 몰입형 디바이스

또한, ⑧ 2015년 미국에서는 VR마스크인 4D 마스크 '필리얼(FeelReal)'이 출시했다. 이 제품 역시 기존 VR 헤드셋에 추가적으로 장착하는 액세서리로 사용하며 가상현실에 각종 냄새, 습기, 바람, 진동 등의 후각은 물론이고 안면 촉각까지 구현한 효과를 제공한다. 인공 제작된 냄새 카트리지를 꽂아서 더욱더 현실감 있는 경험을 제공하며 정글, 고무 타는 냄새, 꽃향기, 바다냄새, 불, 화약 등의 인공 향을 제공한 사례가 있다. ⑨ 뮤토크(Mutalk)는 스트랩을 착용하면 얼굴에 고정시키고 이용자가 낸 소리를 외부로 새지 않도록 막아준다. 동시에 주변 소음을 차단하고 음성 채팅 시 사용하는 기기는 시끄러운 야외 공간에서도 목소리가 온전히 전달될 수 있도록 도우며 손을 대지 않고 사용할 수 있다.

⑩ 일본 기업 H2L이 개발한 '언리미티드 핸드라이트(Unlimited HandLite)'는 세계 최초 VR 가상 촉감 컨트롤러로 사용자 손의 움직임을 인식하는 입력과 게임 속 촉감을 손에 전달해주는 출력 기능 두가지로 나눠진다. 즉 VR에서 느끼는 '촉감'을 실제로 느끼게 해 주는 출력 기능이다. ⑪싱가포르 국립대학의 인공미각 시뮬레이터 기기인 'Taste+'는 니메샤 나라싱게 교수가 인공미각 시뮬레이터 기기로 'Taste+'를 개발하고 있는 사례이다. 이 장치는 숟가락과 컵 형태로 이뤄져 있다. 장치에서 흐르는 미세한 전류가 혀에 있는 미각 감지 세포들을 자극해 다양한 맛을 느끼게 하는 원리이다. 즉 특정한 맛이

설정된 기기에 혀를 대면 그 맛을 실제로 경험한 듯한 착각을 불러일으키는 것이다.

3.2. 디바이스를 이용한 상호작용과 몰입요소

스크린 디바이스(Screen Device)와 사용자의 관점에서 몰입의 방식을 생각해 보면 특징적인 변화들이 나타난다. 즉 전통적인 미디어 시대의 4각 프레임은 전형적인 이미지의 상징과도 같다. 다양한 형태로 변화한 스크린 디바이스(Screen Device) 시대인 21세기 디지털 영상시대에서 스크린 디바이스(Screen Device)와 관람자의 관계를 간단한 이미지 도식화로 표현하면 다음 [그림. 89]와 같다. 도식화된 이미지를 통해서 알 수 있듯이 과거 전통회화의 고정적이었던 4각의 스크린(Screen)과 관람자의 관계는 스크린(Screen)의 물리적 크기 변화의 확장으로 이어졌다. 그리고 영상 기술의 발전은 점점 더 크지는 스크린(Screen) 영상에서부터 좀 더 가까운 TV를 지나 더 가까운 스마트폰으로 넘었다. 이제 컴퓨터를 활용한 센스기술이 접목되었고 컴퓨터 스크린의 변화는 몸에 장착해서 직접적으로 볼 수 있는 웨어러블 방식으로 변화합니다. 최근에는 VR, AR, MR, XR, 피지컬 컴퓨팅 등 기본적으로 스크린이라는 형태에 이동성까지 더해지며 그 영역이 확장되고 있음을 알 수 있습니다.

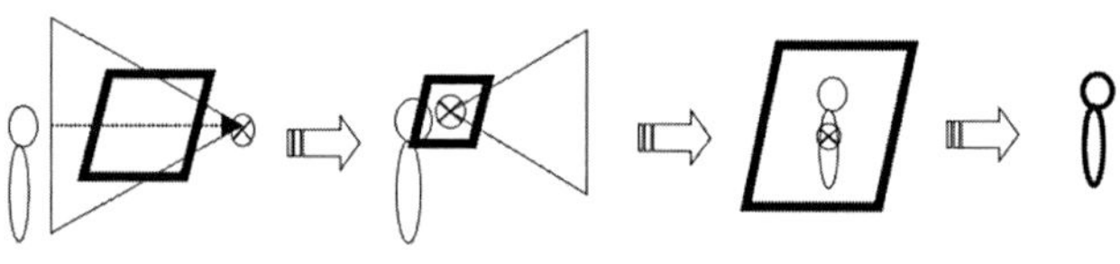

[그림. 89] 스크린 디바이스와 관찰자의 관계도

바라만 보던 스크린(Screen)은 관람자 신체의 움직임을 통한 인터랙션(Interaction)을 통해 상호작용(Interaction) 한다. 결국엔 관람자의 신체는 인터넷을 활용한 가상공간(Virtual Space) 속으로 들어가게 된다. 즉 [그림. 90]에서처럼 새로운 아바타의 모습으로 가상공간 속 대체 자아로 형성되고 가상의 공간 속에서 현실의 관람자가 함께 인지하는 것이다. 결국 관람자는 현실의 육체와 인터넷상의 디지털 데이터(Digital Data)인 아바타의 모습으로 이분화되는 것이다. 이것이 우리가 논의하고 있는 메타버스(Metaverse)라는 가상 플랫폼(Virtual Platform)의 가치이며 그 속에서 관람자는 새롭게 존재한다. 이제 관람자는 인터넷이라는 가상의 메타버스 공간속에서 완전한 디지털 형태인 비트(Bit)로 존재한다는 의미한다.

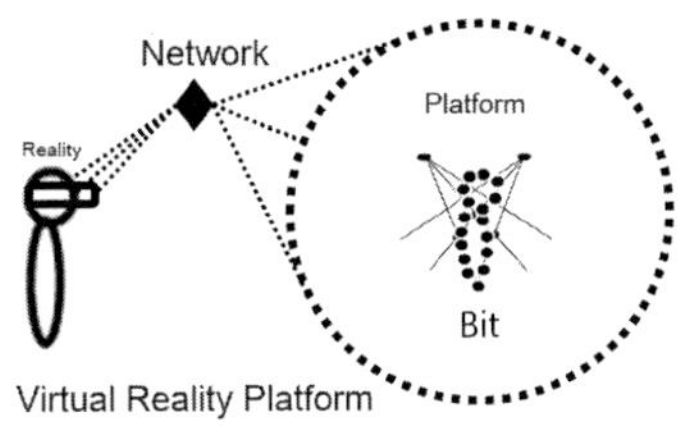

[그림. 90] 가상공간 속 대체 자아

우리가 논의하고 있는 인터렉션 즉 상호작용이란 우선 디바이스를 활용해야 가능한 체험이라고 할 수 있다. 흔히 우리가 사용하고 있는 게임 디바이스의 상호작용 특성들을 살펴보면 일반적으로 전통적인 게임 방식에서 차츰 다양한 방식으로 변화하고 있음을 알 수 있다. 대표적으로 게임 UI의 변화와 컨트롤러의 사용방법에서도 그 변화의 특성이 나타난다. [표. 2]에서 시대별로 특징적인 게임을 소개하고 맵 이동경로의 변화와 컨트롤러의 활용 방향을 직관적으로 살펴보았다. 우선 1981. Arcade Game Gallag는 1) X Axis에서는 1985년 Video Game인 Super Mario는 2) X Axis-Y Axis 으로 변화하였다. 1995년 Shooting Game인 Strikers 는 3) Y Axis-X Axis 로 변화 하였다. 한편, 2014년 MMORPG Game인 Lost Arc는 4) X Axis-Y Axis-Z Axis 으로 확장되고 있음을 알 수 있다.

[표. 2] 시대별 게임 맵 이동경로변화

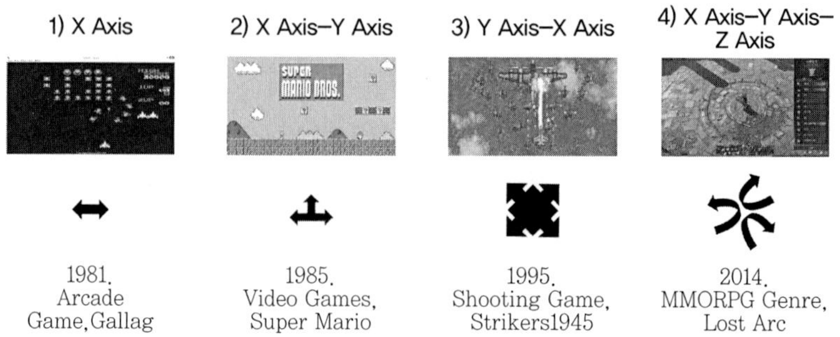

최근 게임 환경에서 디바이스(Device)의 특성은 모바일 기기에서 온라인 PC를 넘어 실감형 디바이스로 전환되는 추세이다. 대부분의 게임 플랫폼은 디바이스를 통해 새로운 체험을 경험한다. 온라인 게임 속의 광고나 가상 커뮤니티를 이용한 상호 작용은 대부분 디바이스를 통해서 유저들의 일상을 공유한다. 그리고 게임을 통해 서로간의 호의적인 태도나 행동을 선택하도록 심리적인 설득을 유도하고 있다. 하지만 다양한 기업에서 생산하고 있는 가상현실 게임 디바이스에 대한 여전히 관련 UI/UX에 관한 표준화된 기준이나 평가 툴조차 마련되어 있지 않다. 따라서 수없이 쏟아져 나오는 AR/VR/MR/XR 등 실감콘텐츠 디바이스의 사용성 평가와 몰입요소 분석을 통한 표준화 작업이 필요해 보인다.

현재의 메타버스(Metaverse)는 대부분 모바일을 기반으로 활용되고 있다. 따라서 아직은 몰입감 부분에서 한계가 있으며 그러한 한계를 VR을 통해 극복하고자 한다. 하지만 VR 또한 고품질 그래픽 부족, 이동성 부족이라는 문제점을 안고 있으며 완전한 메타버스(Metaverse) 공간을 위해서는 높은 렌더링 속도와 이미지 품질이 필요하다.

3.3. 스토리텔링과 몰입요소

메타버스(Metaverse) 관련 콘텐츠는 탈중앙화(Decentralization)의 관점으로 제작되어 자유도가 높은 플랫폼이다. 따라서 메타버스(Metaverse) 플랫폼과 관련한 콘텐츠의 특성상 스토리텔링(Storytelling)의 개념이 중요하다고 생각된다. 일반적으로 스토리텔링에서 나타나는 개념은 서사를 바탕으로 한다. 신화, 전설, 우화, 설화, 단편 소설, 역사, 비극, 서스펜스, 코미디, 판토마임, 회화, 영화, 지역 뉴스, 대화 등 서사 구조는 다양한 형태로 사람들의 삶 속에 존재한다. 이러한 특성은 디지털 시대에 와서 영상 매체물, VR콘텐츠, 게임 역시 서사를 통해 스토리텔링 방식으로 표현하고 있다. 즉 서사는 스토리텔링을 의미하며 디지털 영상 및 시각 매체들의 이야기 양식을 포괄하는 개념으로 이해되고 있다.

최근에 와서는 게임을 비롯한 다양한 콘텐츠 분야에서 스토리텔링의 중요성이 부각되고 있다. 특히 메타버스(Metaverse)형 콘텐츠 관련 스토리텔링에 관한연구가 필요해 보인다. 왜냐하면 게임 사용자들의 지속적인 플랫폼 방문을 유도하고 MZ세대들에게 콘텐츠의 가치를 내포하는 것은 중요한 몰입요소이기 때문이다. 따라서 게임처럼 단순한 재미를 넘어선 스토리텔링 기반의 몰입요소 분석과 다양한 콘텐츠와 관련한 평가 툴 개발에 관한 연구의 필요성이 대두되고 있다. 기본적으로 디바이스를 활용한 실감형 콘텐츠는 몰입감이 매우 중요하며 기존의 다양한 미디어들 중에서도 [그림. 91]와 같이 시각적인 생생함과 상호작용 기술을 통한 몰입요소가 디바이스를 활용하면서 중요한 몰입요소로 발전되고 있다.

[그림. 91] 미디어 기술의 생생함과 상호작용성

따라서 생생함을 위한 그래픽 기술의 발전과 센스기반 인터렉션 기술을 이용한 상호작용의 적용은 몰입감을 강화하고 메타버스(Metaverse) 플랫폼을 구축하기 위한 중요한 기준으로 판단된다.

3.4. 메타버스 플랫폼과 몰입요소

지금까지 메타버스(Metaverse) 플랫폼 환경에 필요한 다양한 조건들을 살펴본 결과 다양한 조건들이 갖추어졌을 때 비로소 완전한 몰입감을 형성한다는 것을 알 수 있었다. 그렇다면 완전한 몰입감을 형성시켜 줄 메타버스(Metaverse) 시대의 환경적인 조건이란 어떤 것일까?

이러한 질문 속에서 웹3.0 인터넷 환경은 어쩌면 필수적으로 만들어져야 할 디지털 환경이라고 생각된다. 왜냐하면 인터넷이라는 출입문을 통해 우리는 현실의 공간에서 가상의 세계로 넘나들며 다양한 사회, 문화, 경제활동들을 할 수 있기 때문이다. 따라서 그러한 인터넷 활동이 자연스럽게 실현되려면 5G 이상의 아니 6G, 7G로 확장되어 형성된 네트워크 환경이 필수적일 것이다. 또한, 탈중앙화(Decentralization)를 중심으로 자유도가 높은 오픈 월드(Open World) 형식과 샌드박스(Sandbox)형 공간도 필수적이라고 본다. 다음으로 실감형 디바이스를 활용해 사용자의 아이덴티티(Identity)를 책임질 아바타(Avatar)의 생성도 중요한 요소이다. 그리고 어쩌면 가장 중요할 수도 있는 경제활동을 이어 갈 핵심요소로 NFT의 안정화 정책도 중요한 요인으로 작용된다. 이처럼 메타버스(Metaverse) 환경에 필요한 몰입요소를 순차적으로 정리해 보면 [표. 3]의 6가지로 정의 된다.

[표. 3] 웹3.0 메타버스(Metaverse) 환경 조건

1.	웹3.0 환경 속 5G이상의 네트워크 구축, VR/AR/XR디바이스를 활용한 몰입감이 높은 3D공간으로 운영.
2.	누구나 쉽게 사용 가능한 콘텐츠 제작 플렛폼 자체 툴 제공.
3.	탈 중앙화(Decentralization)형 오픈 월드(Open World)로 이용자의 자유도 상승, 창작을 위한 샌드박스(Sandbox)형 공간이 필요.
4.	아바타간 감정전달, 의사 소통을 위한 기능강화, 언어장벽이 없어야 한다.
5.	블록체인 기술을 기반 NFT생성-가상화폐의 안정적인 활용이 가능.
6.	이용자들간의 자유로운 생산과 소비활동의 보장 – 가상과 현실이 공존하는 경제활동의 법적보호.

지금까지 살펴본 메타버스(Metaverse)의 특성을 고려해 볼 때 완전한 메타버스(Metaverse)로써의 몰입형 공간을 구축하려면 앞서 제시한 6가지 환경적인 특징 외에 추가적인 10가지 몰입요소가 필요해 보인다.

또한, 6가지 환경적인 특징을 실현시켜 줄 기술적인 제안이 필요해 보인다.

우선 환경적인 관점에서

① 웹3.0 기반의 5G이상의 네트워크 기술이 바탕이 되어야 한다. 개인별로 고사양의 컴퓨터 디바이스를 구축하기는 사실상 어려운 부분이 있다. 따라서 네트워크 기술을 고도화해서 스트리밍 방식으로 데이터를 전송하는 방식이 필요하다.

② 앞으로 생성될 다양한 메타버스(Metaverse) 플랫폼들은 자체 개발한 콘텐츠 제작 툴이 필요하다. 또한 이용자들에게 쉽게 작업할 수 있는

사용자 인터페이스(User Interface: UI)를 제공해야만 활발한 콘텐츠 생산 경제가 형성된다.

③ 기본적으로 운영방식은 탈 중앙화(Decentralization) 방식으로 진행하며 어디든지 이용자의 의지대로 갈 수 있는 자율성과 넓은 공간이 확보되어야한다. 또한, 생산과 소비가 자유로운 샌드박스(Sandbox) 방식을 구축해야한다. 하지만 좀 더 자율성을 부여하자면 누구나 일정한 파일 포맷만 맞춰주면 어떤 콘텐츠든지 직접 만들고 올릴 수 있는 크리에이터 프리 에디터(Creator Free Editor) 방식이 필요하다.

④ 아바타(캐릭터)는 이용자를 대신하는 존재로 확립되며 안면 미러기술을 이용해 이용자가 자신의 카메라 앞에서 보여주는 표정변화를 인식하고 감정을 아바타를 통해 전달하는 기술을 디바이스에 상용화해야 한다.

⑤ 가상화페 경제구조의 활성화를 위한 블록체인 기술의 법제화와 규범정립 등이 필수적이다. 이 부분에서는 탈 중앙화(Decentralization) 정책의 어려움이 예상되며 부분적인 중앙관리 시스템이 필요해 보인다.

⑥ 가상화폐의 현물화는 가상화폐의 법제화 만큼이나 중요한 부분이라고 본다. 즉 가상공간에서 벌어들인 화폐를 현실에서 사용 가능하게 하는 경제구조나 시스템 구축이 필요하다.

디바이스 부분에서는

⑦ 지금의 2D기반 컨트롤러 방식에서 실감형 콘텐츠 디바이스로의 확장이 유력해 보인다. 문제는 디바이스의 금액인데 현재 오큘러스 퀘스트(Quest)가 국내에서 50만원 정도로 판매되고 있다는 점을 볼 때 가격문제는 시간이 해결해 줄 수 있을 것으로 본다. 중요한 몰입요소 부분에서는 신체와의 접촉방식인데 실재감은 결국 이용자의 신체활동과 얼마나 직접적으로 연결되어 있는가의 문제이기 때문에 인터랙션(Interaction)이 많을수록 몰입감은 높을 것이다.

⑧ 앞으로 전 세계적인 플랫폼 전쟁이 예상된다. 어떤 플랫폼이 더 많은 이용자들을 유입하는가가 메타버스(Metaverse)의 성공을 결정 짓는다. 게임이 그러하듯이 인기가 유저수를 결정한다고 볼 때 스토리텔링을 기반으로 컨셉이 명확한 플랫폼이 성공할 것은 당연하다.

⑨ 디바이스의 신체적 만족도는 매우 중요하다. 실감형 디바이스는 현실과 가상을 연결하는 중간매체로써 꼭 필요한 도구이다. 인간의 신체 몰입감은 시각적, 청각적 그리고 촉각적인 만족을 넘어 후각과 미각을 포함한 오감을 만족시켜야 한다.

⑩ 디바이스 상호작용 범위로는 2D기반의 X-Y축에서 3D기반의 X-Y-Z축으로 확장되고 있다.

⑪ FOV(Focus of View)는 완전한 몰입으로서의 확장된 공간개념으로써 360°현실공간과 일치해야 한다.

⑫ 프레임의 몰입 방식에서는 앞서 언급한 Humanoid in the Media 방식이 예상되며 신체가 미디어 속에서 완전히 융합된 형태로 나타나야 한다.

⑬ 디바이스 사용자의 Eyes, Ear, Hands, Foot, Body을 전부 활용할 수 있는 디바이스일 때 몰입감은 현실과 같아진다.

⑭ 디바이스와의 상호작용면에서도 Eyes, Ear, Hands, Foot, Body을 통해 완전한 몰입방식이 요구된다.

⑮ 디바이스의 이동성 문제는 매우 중요한 인터렉션 부분으로 이용자가 디바이스를 장착하고도 움직임이 자유로울 때 몰입감이 높아진다. 이 부분은 앞으로 해결해야할 기술적인 문제가 많이 남아있지만 시간이 지나면 해결될 부분이다.

⑯ 시간과 공간의 제한이 없는 신체의 자율성 부분도 지금은 다소 기술적인 아쉬움이 많지만 홀로그램 연구가 지속적으로 이어지고 있다는 점에서 해결 가능성을 예측할 수 있다.

연습문제

1. 시각(vision)과 시각성(visuality)에 대하여 설명하세요.

2. 근대적 시각체계에 대하여 설명하세요.

3. 파노라마적 시각체계에 대하여 설명하세요.

4. 몰입감(Immersion)에 대하여 설명하세요.

5. 메타버스 환경에 필요한 몰입요소에 대하여 설명하세요.

6 미디어와 가상현실

가상현실 기술(Virtual Reality Technology)의 핵심은 현실에서 이룰 수 없는 경험이나 다양한 상상을 현실화하는 과정일 것이다. 인간의 상상과 가상실현의 욕망은 과거에서부터 지금까지 이어져오는 인간고유의 욕구일 것이다. 그 중심에는 신체의 몰입감(Immersion)이 중요한 성취요소이면서 그 욕구의 충족도구로 미디어가 큰 역할을 하고 있다. 미디어의 역할은 과학기술 이전의 시대에서부터 우리의 삶속에서 자연스럽게 변화되어 왔다. 따라서 인간의 의사 소통방식과 욕구실현의 연결 고리인 미디어의 역사를 이해한다는 것은 가상현실을 이해하는 단추가 될 것이다. 나아가 새로운 가상세계인 메타버스(Metaverse)로 나아가야 하는 근본적인 이유를 설명해 줄 것이라 생각된다.

1. 미디어의 역사

미디어(Media)의 역사는 기술을 기반으로 한 인간의 삶과 밀접하게 연결되어 있다. 그 이유는 미디어(Media)의 역사가 문화의 출현에서부터 시작되기 때문이다. 원시시대의 신앙을 바탕으로 시작되어 문자의 탄생과 숫자의 등장, 그리고 사회적 인식의 변화과정을 겪으면서 전자미디어의 발달로 이어진다. 즉 미디어 기술의 발전은 산업혁명을 기반으로 그 성장을 가속화 시켰고 컴퓨터의 등장은 인간과 인간의 소통에서 시작하여 인간과 미디어, 미디어와 미디어로 이어지는 기술의 융합화로 나아가고 있다. 따라서 미디어의 역사를 이해한다는 것은 곧 기술의 변화를 알아가는 과정이면서 우리에 삶의 변화를 이해하는 것과 같다. 대중심리와 인식의 변화과정은 결국 시대적 패러다임의 변화를 이해한다는 것으로 설명할 수 있다.

1.1. 이미지의 주술성과 상징성

미디어(Media)란 정보를 전송하는 수단인 매체를 의미한다. 따라서 문자가 없었던 원시시대는 동굴벽화나 조각품등이 당시 사람들의 문화와 인식을 대변하는 역할을 했던 것이다. 특히 무속신앙을 중심으로 형성된 구석기 시대 ① 빌랜도르프의 비너스는 임신한 여성을 상징하며 과장된 여성성을 통하여 풍요와 다산을 기원하기도 하였다. ② 라스코 동굴벽화에서 나타나는 동물 그림과 사냥하는 그림은 당시 사람들의 정보전달의 역할 뿐 아니라 사냥에 대한 기대와 공포의 주술적 기원으로 이해할 수 있다. ③ 알타미라 동굴벽화에 그려진 동물 그림은 현대적인 관점에서는 당시의 현실성도 전달되지만 어떤 면에선 예술적인 감성과 표현의 창의적인 면까지도 느껴진다.

인간의 삶에서 신앙은 보이지 않는 대상에 대한 기대와 성취의 욕구에서 시작된다. 현실에서 해결할 수 없는 상황과 욕구에 대한 기대로 우리는 신앙의 힘을 빌려 위로받고 이해하려고 한 것이다. 이러한 현실과 가상세계의 구분은 우리의 문화가 시작될 때부터 자연스럽게 우리의 삶 속에서 형성되고 있었다.

	① 빌렌도르프의 비너스 *후기 구석기 시대에는 수렵 및 채집 생활을 하였다. 기원전 24000년~22000년 전으로 추정된다. 유럽 산악지역 여러 곳에서 발견되고 있다. *특징 : 높이는 약 11센티 이다. : 임신한 여성, 과장된 여성성을 보여주는 작품으로 풍요, 다산기원을 담고 있을 것으로 추정된다.  국내발견-울산 신암리 여성상, 4500년 전으로 추정되고 높이는 3.6센티이다.
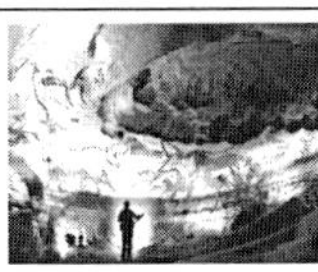	② 라스코 동굴벽화  구석기시대: 사냥은 공포 주술적 기원이 필요하다.
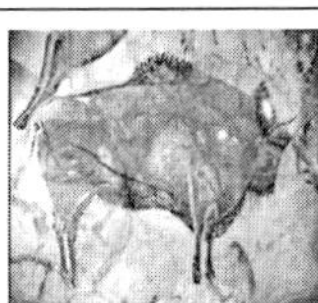	③ 알타미라 동굴벽화  알타미라 동굴(Altamira Cave) 15000년쯤 된 것으로 추정된다. 스페인 북부의 산탄데르 지방에 있는 선사시대 동굴유적이다. 스페인어로 Altamira 는 "High view"라는 뜻이다. 메인 부분인 천정화는 최초 안료 사용, 지형을 살린 입체감이 특징이다.

키프로스 공화국의 전설적인 인물로 알려진 피그말리온은 오비디우스의 [변신이야기]에 등장 하며 그리스 신화 속 일화인 ④ 피그말리온의 여자로

유명하다. 자신이 만든 조각상 갈라테이아와 사랑에 빠진다는 내용의 피그말리온의 신화는 후대에 들어와서도 많은 다양한 사랑 이야기의 소재가 되기도 하였다. 현실 관계에서 고립되어 자신의 원망을 투사한 가상의 이상적 존재에 탐닉하는 것을 가리킬 때 피그말리오니즘이란 말을 사용한다. 교육 심리학에서는 무언가에 대한 사람의 믿음, 기대, 예측이 실제적으로 기대만큼 일어나는 경향을 의미하는 피그말리온 효과로도 불린다.

⑤ 이카로스 전설은 이카로스와 이카로스의 아버지 다이달로스가 크레타를 탈출할 때 다이달로스의 충고를 무시하고 욕망에 빠져 무모한 행동을 한 이카로스가 떨어져 죽게 되는 전설이다. 이 전설은 이후 많은 이들에게 절제와 자기조절에 관한 교훈으로 해석되면서 다양한 평가가 이뤄졌다. 이처럼 우리는 전설을 통해 삶의 교훈을 배우기도 하고 담겨진 스토리와 이미지를 통해 현실과 비교해서 해석하기도 한다. 결국 가상세계는 현실을 기반으로 형성된 상상의 공간인 것이다.

④ 피그말리온의 여자(갈라테이아)

1. 피그말리온 효과: 무언가에 대한 사람의 믿음, 기대, 예측이 실제적으로 일어나는 경향을 말하며 1964년 미국의 교육심리학자 로버트 로젠탈에 의해 실험되었다.

⑤ 이카로스 전설 – 이야기를 상징적으로 그렸다.

1.2. 문자의 등장

문자(Character)는 언어를 기록하기 위한 상징체계라 말할 수 있다. 따라서 문자의 구성을 살펴보면 각 각의 글자들은 대부분 다양한 동물이나 사물의 모양 또는 신체의 모습을 본뜬 형태를 가지고 있다. 그리고 거의 대부분 음성 언어를 기록하기 위해 생겨나거나 생성되었다. 이러한 관점에서 글자들은 일반적으로 3가지로 분류할 수 있다고 한다.

"첫 번째는 소리 글자인데 그 모습과는 상관없이 단어의 소리인 구어(口語)로 나타내는 데 쓰인다. "

"두 번째는 의미 글자(Determinatives)이다. 이것은 소리 글자로 이루어진 단어의 맨 뒤에 붙어 그 단어의 뜻을 결정한다고 한다."

"세 번째는 소리-의미 글자(Ideograms)가 있다. 그 자체로써 소리와 의미를 모두 가진다고 한다."

문자는 단순히 의사소통을 위해 만들어 진 것만은 아니다. 그 보다는 역사적 사건의 보존이나 집단의 생각과 느낌을 보존하기 위한 방안일 것이다. 따라서 공식적인 메시지를 전달하기 위해 문자와 구어는 둘 다 유용하지만, 문자의 경우는 정보의 저장과 전달을 신뢰할 수 있다는 점에서 큰 차이가 있다.

인류가 최초로 사용한 문자는 기원전 3천 년 경의 쐐기 문자와 신성문자가 함께 각 지역에서 동시다발적으로 발전된 것으로 알려져 있다. 이처럼 문자의 발달은 정보를 전달하고 시각화하는 과정을 통해 기록하고 공유하며 공감하는 형태로 발전하게 된다. 따라서 미디어의 역할로써 문자가 가지는 전달력은 인간의 생각과 삶의 방식이라는 추상적인 요소를 시각화하여 현실적인 이미지로 구체화하는 과정이라고 보고있다.

⑥ 문자의 등장
이집트 상형문자(신성문자)으로 보고 있다.

쐐기 문자(Cuneiform)또는 설형 문자(楔形文字)는 수메르인들이 기원전 3000년경부터 사용했던 상형문자로, 현재 기록/발굴 중 가장 최초의 문자이다. 시간이 지나면서 상형 문자적인 요소는 줄어들고 점점 추상화되었다.

⑦ 계산기의 등장
라이프니츠 계산기– 덧셈과 뺄셈만이 가능했던 파스칼린과는 달리 덧셈과 곱셈과 나눗셈의 기능까지 갖춘 단계형 계산기(Stepped Reckoner)이다.

블레즈 파스칼은 1642년 세계 최초의 기계식 수동 계산기인 파스칼린(Pascaline)을 발명하였다.

라이프니츠

⑧ 자연의 수학화
명확한 공간과 수치개념이 생겼다.

1.3. 숫자의 등장과 계산기

일반적으로 우리가 사용하는 숫자(Number)는 아라비아 숫자(Arabic Number)를 말한다. 숫자의 등장 원리는 기본적으로 각의 개수에서 만들어 졌다고 한다. 1은 쓸 때 위에 꺾는 각이 하나이고 2는 각이 두 개여야 하는 이유이기도 하다. 인간의 삶에서 물건을 팔거나, 인원을 파악할 때 등 여러 가지 셈을 해야 할 때가 있다. 이때가 숫자의 역할이 중요해지는 상황이다. 이러한 계산을 빠르게 하도록 도와주는 도구가 계산기이다. 초기에는 기원전 2000년에 중국에서 주판이 있었다고 볼 수 있지만, 가감산이 가능한 최초의 계산기는 1642년 고 블레즈 파스칼(Blaise Pascal)이 만든 '파스칼린(Pascaline)'일 것이다 [그림. 92]. 프랑스 출신의 수학자이며 철학자인 고 블레스 파스칼(Blaise Pascal)은 톱니바퀴를 이용한 수동계산기를 발명 하였으며, 입력 다이얼(Dial)을 사용하여 덧셈과 뺄셈이 가능한 계산기를 발명했다. 한편, [그림. 93]는 프랑스 파리에 있는 고 블레스 파스칼(Blaise Pascal)의 동상이다.

[그림. 92] 블레즈 파스칼(Blaise Pascal)의 파스칼린(Pascaline)

한편, 약 50년 이후 고트프리트 빌헬름 라이프니츠(Gottfried Wilhelm Leibniz)는 덧셈과 뺄셈만이 가능했던 '파스칼린'과는 달리 덧셈과 곱셈과 나눗셈의 기능까지 갖춘 단계형 계산기(Stepped reckoner)를 발명한다.

고트프리트 빌헬름 라이프니츠(Gottfried Wilhelm Leibniz)는 독일의 철학자이자 수학자이며 그는 철학과 수학의 역사에서 중요한 위치를 차지한다. 또한, 고트프리트 빌헬름 라이프니츠(Gottfried Wilhelm Leibniz)는 기계적 계산기 분야에서 가장 많은 발명을 한 사람 중 한 명이기도 하다.

그는 블레스 파스칼(Blaise Pascal)의 계산기에 자동 곱셈과 나눗셈 기능을 추가했고, 모든 디지털 컴퓨터의 기반이 되는 이진법 수 체계를 다듬었다.

[그림. 93] 프랑스 파리에 있는 Blaise Pascal의 동상

그리고 그는 라그랑주 다항식과 알고리즘 정보 이론을 예견했다. 고트프리트 빌헬름 라이프니츠(Gottfried Wilhelm Leibniz)의 논리 계산학은 임의의 튜링 기계가 임의의 입력으로 연산하게 되는 만능 튜링 기계의 발명을 앞당겼다.

고트프리트 빌헬름 라이프니츠(Gottfried Wilhelm Leibniz)는 1671년에 사칙연산을 수행할 수 있는 기계를 발명하기 시작했고, 수 년에 걸쳐 발전시켜 나갔다. '단계 계산기'라고 불린 이 발명품 [그림. 94]은 상당한 관심을 끌었고 라이프니츠가 1673년 왕립 협회에 선출되는 계기가 되었다.

[그림. 94] 고트프리트 빌헬름 라이프니츠의 단계 계산기

숫자의 등장은 단순한 계산상의 결과도출을 넘어 자연을 수학화하는 과정으로 이어진다. 이러한 개념은 추상적일 수 있는 공간상황에 대한 구체적인 설명이나 공간설계에서 명확한 거리를 설정하고 수치화 할 수 있는 개념이 생겨나게 된 것이다.

한편, 사이버네틱스 이론의 창시자인 미국 MIT 공과대학 고 노버트 위너(Norbert Wiener) 교수는 라이프니츠의 저술에서 사이버네틱스(Cybernetics) 이론의 기반인 피드백 개념을 찾았다고 1934년에 말한 바 있다.

한편, IEEE 저널중 IEEE Transactions on Cybernetics는 현재 2023년 2월 현재 인용 지수(IF)가 19.118로 컴퓨터 인공지능 분야에서 높은 학술지이며 최신 인공지능 및 고가용성 컴퓨팅 이론들이 출판되고 있다.

1.4. 사진기의 등장

초창기 사진용 카메라의 기원은 카메라 옵스큐라(Camera Obscura)에서 찾을 수 있다. 이후 1839년 쉬스 프레르의 다게레오타입(Daguerreotypes)이나 1840년 칼로타입(Calotypes), 1851년 습판(Wet plates), 1855년 건판(Dry plates)으로 이어졌다. 사진 필름(Film)은 조지 이스트만(George Eastman)이 1885년 종이 필름을 제작하기 시작하였고 1889년 셀룰로이드(Celluloid)로 전환했다. 디지털카메라(Digital cameras)는 1991년 미국의 코닥에서는 최초로 디지털 SLR 카메라 'DSC 100'을 출시하면서 다양한 기술로 변화를 계속해왔다[그림. 95].

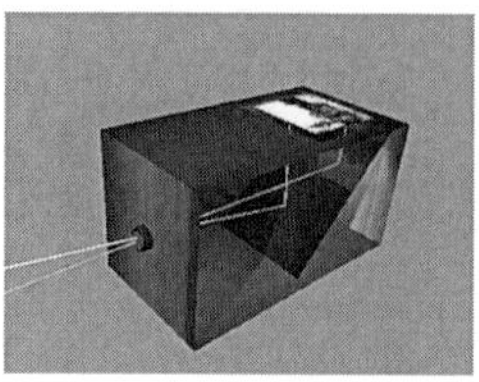

카메라 옵스큐라

다게레오 타입

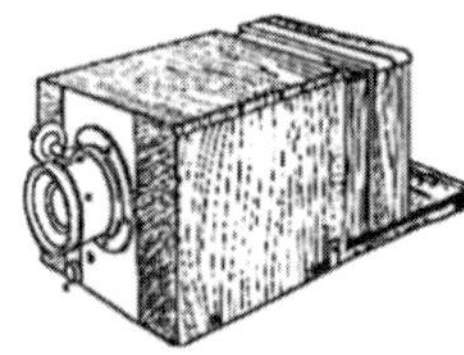

칼로 타입

습판

건판

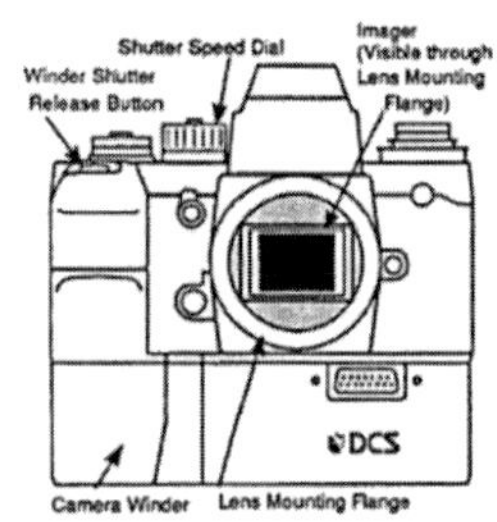

DSC 100

[그림. 95] 카메라의 역사

출처: https://m.blog.naver.com/pxp4444/221322625409

사진기의 등장은 당시 전통회화의 작가들에게는 큰 충격과도 같았다. 자신의 일자리를 잃어버린 상황이었으며 기존의 작품 제작방식에 대한 새로운 대안이 필요한 시점이었다. 세상을 있는 모습을 그대로 복제해 버리는 카메라의 등장은 오리지널이라고 할 수 있는 원작의 개념인 전통적 아우라가 사라지게 된 것이다.

15세기 르네상스 이후 서구의 예술문화는 자연의 모방, 생생한 모사가 중요한 관점이었다. 따라서 회화의 근본적인 목표는 현실의 재현이었고 똑같이 그리기가 중요한 표현원리였다.

한편, 원근법, 해부학, 비례도 등의 도입은 이러한 현실의 재현을 추구하기 위한 기술적 방법이었다. 이러한 관점에서 20세기 회화는 기본적으로 이미 널리 받아들여져 있거나 쉽게 인지가 가능한 대상과 연관된 행동, 물체, 개념을 표현하는 그림 이미지인 도상적 성격이 강하다고 할 수 있다.

[그림. 96]은 최초의 사진 이미지로 1826년 프랑스 중부에 살고 있던 발명가 고 조제프 니세포르 니엡스(Joseph Nicephore Niepce)가 그의 집 안뜰에 있는 건물 지붕에서 카메라 옵스큐라(라틴어 Camera Obscura: 어두운 방)로 찍은 것으로 헬리오그래피(Heliography)라는 방식으로 제작했다.

[그림. 96] 그라의 집 창 밖 풍경, 1826년경, 헬리오그래피

초기 사진의 등장은 정체성과 제작방식에 있어서 다양한 논쟁을 가져왔고 표현방식에 관한 고민을 하게 된다. 초창기 사진사들은 사진을 찍는 대상과 방식에 있어서 회화주의를 추구하게 된다. 즉 정물화를 그리는 구도로 사물의 사진을 찍거나 풍경화도 회화의 구도를 따르게 되는 것이다. 즉 [그림. 97]과 같이 회화가 걸어간 길을 사진도 따라가게 된다.

[그림. 97] 초기 사진의 구도와 대상물

사진이 발명된 후로 오랜 세월 '사진이 예술이다! 아니다! 의 논쟁은 계속 되었다. 문화비평가 발터 벤야민은 '사진이 예술인가 아닌가는 중요하지 않다. 그 전에 사진의 발명 이후 예술의 전반적인 변화가 어떻게 진화했는지를 생각해 바야한다'라고 평하였다. 이러한 논쟁을 무마하려는 시도일까? 픽토리얼리즘이라고 불리는 장르가 사진작가들에 의해 시도된다. 회화주의 사진을 말하며 전통적인 정물화의 포맷에 따라 구도에 맞게 배치하고 블러효과나 노출 과다를 통해 회화주의를 추구한다. 출력을 캔퍼스 천에 하거나 여러 장의 사진을 붙여서 회화작품의 한 장면을 연출하기도 한다.

사진기의 등장으로 많은 작가들이 절망에 빠지기도 했지만 사진을 이용해 작업을 하는 사진사로 직업을 바꾸는 작가들과 카메라가 할 수 없는 표현방식을 연구하는 작가들이 생겨난다. 그들은 카메라가 못하는 걸로 작품의 표형방식을 변화시켜 가기 시작했고 구상회화에서 추상회화로 발전하게 된다.

1.5. 현대인의 심리변화

사회적 변화는 기술의 발전을 바탕으로 하며 인간의 삶의 방식을 변화시킨다. 따라서 현대를 살아가는 인간들에 삶의 패러다임은 시각과 시각성을 바탕으로 변화하고 발전되는 것이다.

① 현대인의 심리를 이해하기 위한 방법으로 "도스토엡스키"는 러시아를 대표하는 대문호 중 한 명이다. 그의 문학 작품은 19세기 러시아의 불안한 정치, 사회, 영적 분위기에서 인간의 심리를 탐구하며, 다양한 현실적인 철학과 종교적인 주제를 다루고 있다. 그의 작품과 사상은 당대의 내로라하는 지성인들에게 큰 영향을 끼쳤고 많은 인물들에게 천재 또는 위대한 작가, 사상가라는 평가를 받고 있다. 그는 당시 사람들의 정신적인 지주였다.

과거 우리는 책을 통해서 세상을 배우기도하고 지식을 얻기도 하는 시대가 있었다. 당시대에는 그것만이 지식과 정보를 얻을 수 있는 유일한 방법이었고 지성인이라는 것은 권력과도 같았다. 하지만 현대로 접어들면서 책뿐만이 아니라 다양한 매체나 영상 등이 수많은 정보를 쏟아내고 있다. 현대인의 심리는 [그림. 98]에서 처럼 기술의 발전과 정보의 다양성을 통해 의식이 변화하기 시작한다. 절대적이라고 믿었던 정책과 개념들은 의문점과 질문으로 돌아오고 대중의 지식수준이 향상되면서 반론되고 비판되기 시작한다. 이제 누군가의 책 한권은 그냥 다양한 생각들 중 하나가 되었고 절대적인 가치가 되지는 않는다.

① 현대인의 심리 이해 "도스토엡스키"

② 컴퓨터의 등장

③ 비트 - 디지털 이미지

[그림. 98] 현대인의 심리변화와 기술의 발전

현대인의 심리변화는 기술의 발전이 큰 영향을 주었다고 생각한다. 서로의 생각을 공유하고 정보를 얻을 수 없었던 시대에는 누군가의 절대적 지식이 유일한 정보였고 절대적인 가치였을 것이다. 하지만 ② 컴퓨터의 등장은 그러한 정보의 단절과 소통문제를 해결하기 시작한다. 단순한 정보의 저장을 목적으로 했던 컴퓨터의 역할은 사람과 사람을 이어주는 매개체로 진화한다. 수많은 정보의 저장은 다양한 생각들을 공유할 수 있는 방법을 제공하고 디지털 기술은 그러한 정보의 이해도를 이미지와 영상이라는 형태로 진화시킨다. 현실에서의 소통방식은 컴퓨터(Computer)라는 가상세계로의 문턱을 두드리게 되고 그 속에서 즐기기 시작한다. 디지털 기술의 발전은 ③ 비트라는 개념을 통해 현실보다 더 현실 같은 이미지를 형성시키고 현실과 가상의 경계는 모호해지기 시작한다.

1.6. 컴퓨터의 등장

21세기 현대인에 삶의 가장 큰 변화를 주도하고 인류의 소통방식을 급 변화 시킨 발명품 중 컴퓨터(Computer)의 등장은 획기적인 일이다. 세계 최초의 컴퓨터라고 불리는 에니악의 등장 이후 다양한 형태의 컴퓨터들이 개발되면서 우리의 일상은 급변하게 된다. [그림. 99]컴퓨터의 변천사을 통하여 기술의 발전을 이해하고 다가올 인지컴퓨팅 세상을 이해하게 될 것이다.

① 주판

② 파스칼의 계산기

③ 라이프니츠의 계산기

④ 배비지의 차분기관과 해석기관

⑤ 천공카드 컴퓨터

⑥ 마크-I
(Mark-I)

⑦ 1946년 에니악, 세계 최초 컴퓨터의 등장

[그림. 99] 컴퓨터의 변천사

① 주판은 기원 전 26세기경 중국에서 활용되었고 계산을 통해 숫자의 개념을 형성하게 되는 최초의 도구라고 볼 수도 있다.

② 파스칼의 계산기는 1642년 서양에서 개발되었고 톱니바퀴를 사용해 덧셈과 뺄셈이 가능한 최초의 기계식 계산기이다.

③ 라이프니츠의 계산기는 1671년 파스칼의 계산기를 계량해 만든 것으로 곱셈과 나눗셈도 가능하게 만들었다.

④ 배비지가 1820 ~ 1830년대에 걸쳐 만든 차분기관(1823)과 해석기관(1834)으로 제어, 연산, 기억 입출력 등이 가능한 컴퓨터를 설계하였다.

⑤ 홀러리스의 천공카드 컴퓨터는 1889년도에 개발한 천동카드 시스템으로 종이 카드에 구멍을 뚫어 자료를 처리하는 방식이며 인구조사 통계에 활용되었다.

⑥ 마크-I(Mark-I)은 1944년 미국 하버드 대학의 에이컨 교수가 전기 기계식 계산기인 마크-I을 개발하였다.

⑦ 에니악(ENIAC)은 1946년 전쟁을 위해 개발되었다. 진공관을 사용하였고 엄청남 크기로 제작된 세계 최초의 컴퓨터로 인정받는 개발품이다.

컴퓨터의 발전 과정을 제시된 사진자료 [그림. 100]를 통해 변화의 특징들을 알아보고자 한다. ① 1964년 IBM이 발표한 대표적인 3세대 컴퓨터와 ② 1977년 고 스티브 잡스(Steve Jobs)와 스티브 워즈니악(Steve Wozniak) 이 설립한 애플에서 출시한 개인용 컴퓨터로 Apple Computer가 등장하였고 애플-II는 사용자가 직접 응용 프로그램을 만들 수 있었다. ③ IBM PC(IBM Personal Computer)는 1981년 IBM에서 개인용 컴퓨터로 출시하였다. 이 컴퓨터의 운영체제는 마이크로소프트(Microsoft)사의 MS-DOS로 유명하다. ④ 1990년대 인터넷(Internet)이 시작되었고 World Wide Web이 탄생하며 마이크로소프트(Microsoft)사의 윈도우(Window) 시대가 시작되었다.

① 1964년 IBM 360 등장

② 1970년 인텔 (Intel)사 마이크로 프로세스 개발
Apple Computer 등장

③ 1980년 IBM PC 등장

④ 1990년 Internet, World Wide Web탄생,
Microsoft 윈도우 시대 시작

[그림. 100] 컴퓨터의 발전 과정

2007년 스마트폰(Smart Phone)의 등장으로 인터넷의 대중화가 가속화되고 걸어 다니는 컴퓨터라고 불리는 스마트폰을 통해 인터넷을 검색하거나 동영상과 사진을 촬영하고 편집할 수 도 있다. 어플리케이션(Application)을 설치하고 활용할 수도 있게 되었다.

연습문제

1. 미디어의 역사에 대하여 설명하세요.

2. 사진기의 역사에 대하여 설명하세요.

3. 현대인의 심리변화에 대하여 설명하세요.

4. 컴퓨터의 역사에 대하여 설명하세요.

2. 프레임(Frame)

2.1. 회화 프레임

'프레임(Frame)'은 라틴어의 'Quadratum'에서 유래되었고 정사각형(Carré)을 의미한다. 프레임에 관한 어원은 프레임이 어떤 물체로 개념화되기 전에 추상적이면서 기하학적인 형태(이미지 표면을 둘러싸는 형태)로서 개념화되었음을 나타낸다[7]. 이처럼 우리의 일상 속 이미지들은 다양한 형태의 프레임을 형성하고 있고 그것들은 현대에 와서 더욱더 다양화되고 융합화 되고 있다.

프레임에 관한 정의를 보드웰의 두 가지 관점을 바탕으로 설명한다. 첫째, 형태적, 물리적, 공간적 범주로서의 프레임과 둘째, 사물을 '바라본다 '라는 관점의 심리적, 인지직 관점의 프레임으로 다음 [그림. 101]과 같이 정의 한다.

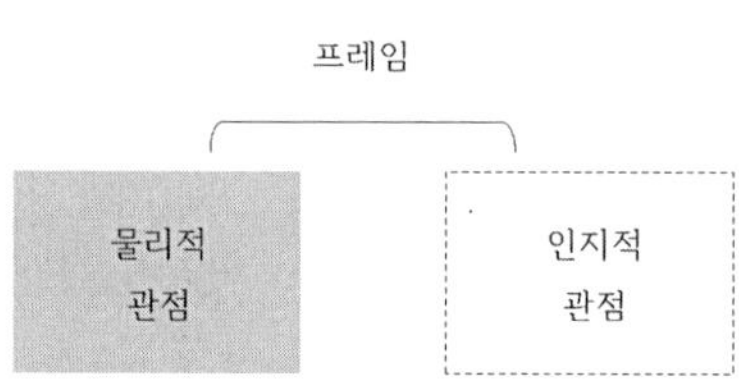

[그림. 101] 프레임의 정의

미국 위스콘신 대학교(University of Wisconsin) 커뮤니케이션 예술학과 영화학 교수 데이비드 제이 보드웰(David Jay Bordwell) 교수에 따르면 화면 구성적 관점에서 프레임을 '화면 내 상황의 크기를 제어하고 이해하는 정도에 관해 영향을 미치는 사각의 테두리'라고 하는 영역의 경계개념으로 해석하였다[8].

---

7 Jacques Aumont, 『L'image』, 오정민 옮김, 동문선, 2006. p.194
8 David bordwell, 주진숙 역.[영화예술], 이론과 실천, 1993. p.167.

즉 어떤 방식이나 이미지가 재현되는 대상으로서의 형태적, 물리적 개념과 공간적 범주로서의 경계개념 등으로 정의되고 있다. 또 다른 관점에서는 프레임을 세상을 바라보는 통로로서 심리학적 해석으로 "열린 마음을 통해 세상 또는 대상의 사물을 바라본다"라는 의미의 인지적 관점으로서 해석할 수 있다.[9]

2.2. 영화 프레임

영화의 등장이후 다양한 관점에서 영화적 프레임이 논의 되었는데 윗테이커(Whitaker 1970)는 "프레임은 하나의 필름 내에서 다른 프레임과 연결되어 있으면서도 분리되어 있는 하나의 명확한 반투명의 이미지이다.[10]"라고 밝히고 있다. 영화가 가지고 있는 특성을 잘 반영한 논의로서 이미지의 연속성은 프레임과 프레임의 시간적 배열을 통해 움직임을 유도하듯이 영화의 프레임은 서로간의 연속관계를 통해 형성한다고 보았다. 다음 [그림. 102]은 '기차의 도착'이라는 세계 최초의 영화의 한 장면이다. 뤼미에르 형제가 제작한 영화 속 움직이는 이미지는 회화적 관점의 프레임과는 다른 시각적 자극으로서 그 당시의 사람들에겐 놀라운 이미지였다.

고 앙드레 바쟁(Andre' Bazin 1975)은 "영화 이미지의 경계는 프레임(Frame/cadre)이 아니라 현실의 일부만을 보여 줄 수 밖에 없는 마스크(Mask/cache)" 라고 영화적 관점에서 프레임에 관해 역설했다.[11] 이는 움직임을 동반한 영화적 관점의 프레임은 불안정적인 프레임으로 인식되며 관객의 관심과 궁금증은 화면 너머의 어둠 속 공간으로 확장된다는 것이다. 이것은 영화의

9 김찬수, 시각적 메시지 전달에 있어서의 프레임의 가치 연구, 한국일러스트레이션학술지, vol.25, 2010, p.41.
10 Whitake, The language of film, Englewood Cliffs : Prentice-Hall, 1970, p.32
11 이소일, "외화면과 영화공간의 확장" 연세대학교 커뮤니케이션대학원 석사학위 논문, 2008, p.17.

세계가 현실의 부분만을 재현하고 있으며, 프레임을 넘어서는 확장된 세상이 있음을 인정하는 것이다.

[그림. 102] 1895년 프랑스 뤼미에르 형제, 〈기차의 도착〉

한편, 고 앙드레 바쟁(Andre' Bazin)은 프랑스의 대표하는 영화 평론가이자 거장으로 세계에서 가장 권위있는 카예 뒤 시네마(불어 Cahiers du Cinéma) 잡지의 창립멤버이다. [그림. 103]은 프랑스 카예 뒤 시네마 창간호의 표지이다.

[그림. 103] 프랑스 카예 뒤 시네마 창간호

한편, 프랑스 파리 3대학(소르본 누벨) 영화학과/고등사회과학연구원 (겸직) 자크 오몽(Jacques Aumont) 교수는 [그림. 104]에서 처럼 영화공간에서 화면으로서의 영역과 외화면의 영역으로 구분할 것을 제안 하였는데[12], 물질적

경계로서 갖는 "대상물로서의 프레임"과 이미지의 종결을 의미하는 "한계로서의 프레임"에서 영화적 특성으로 외화면(프레임외부영역) 영역과 소통 할 수 있는 상상적 연장공간인 "한계로서의 프레임을" 뜻한다.

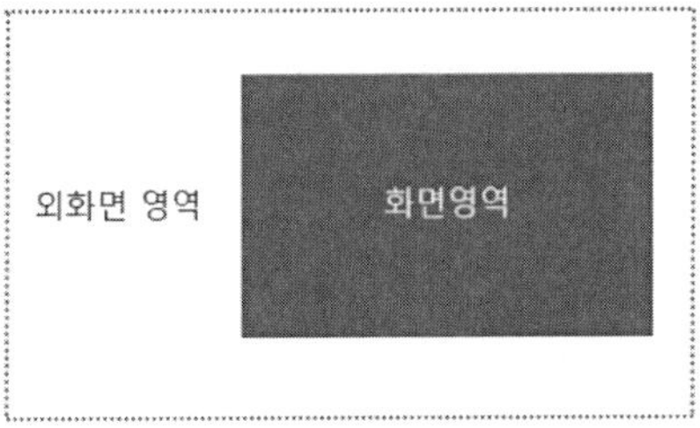

[그림. 104] 자크 오몽 교수의 영화적 프레임 개념

이처럼 프레임에 관한 정의는 회화적 관점에서부터 영화적 관점에 이르기까지 다양한 관점에서 논의되었고 이러한 논의는 디지털시대인 지금도 계속해서 이어지고 있다.

2.3. 프레임 확장

회화 프레임에서 제시된 데리다의 '액자'에 관한 논의에서도 알 수 있듯이 아방가르드 작가들은 그 당시 형식적인 틀에서 벗어나기 위해 액자와 그림을 분리시키는 등 프레임에 관한 다양한 노력들을 시도했다. 그러한 시도들은 프레임 확장의 단초라고 생각한다. 원근법적 시각체계와 옵스큐라적 시각체계를 넘어 파노라마의 시각체계로 이어지면서 작품은 물리적인 캔버스로서의 크기변화 뿐만 아니라 형태적인 면에서도 [그림. 105]과 같이 새로운 방식을 모색하게 되었고 이는 프레임의 변화로 나타난다.

12 Jacques aumont , 이용주 역, [영화미학], 동문선, 2003, p.27

[그림. 105] 회화적 관점의 프레임 확장

프레임 확장의 변화과정을 살펴보면 화가들은 중심화를 벗어나려는 의도로 화면 중심으로부터 멀어진 위치에 배치해 일부만 보이게 하거나 화면의 구도 자체를 비틀어 버리는 시도가 시작되었다[13]고 서술한다. 이러한 시도는 프레임 외부 공간에 대한 인식으로서 영화에서의 탈 프레이밍이란 관점에서 논의되었다.

노엘버치(Noël Burch)는 프레임이 가시적인 영역(내화면)과 비가시적 영역(외화면)으로 구분된 이질성을 창조 하면서도 프레임에 의해 나누어진 두 공간은 동질성을 지녔다고 주장하는데 그 원리는 [그림. 106]와 같다[14].

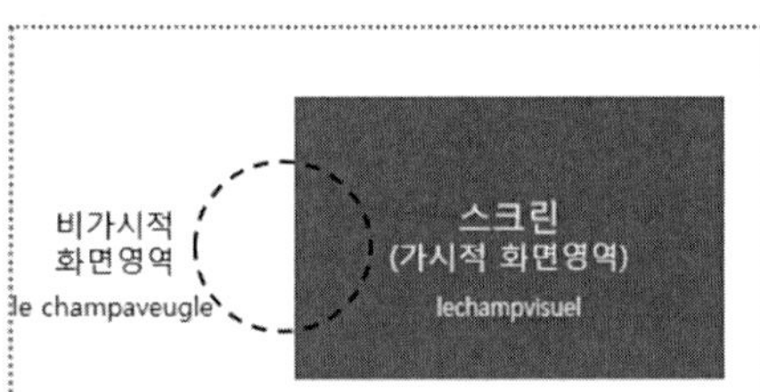

[그림. 106] 노엘버치(Noël Burch)의 프레임 관점

13 이소일, "외화면과 영화공간의 확장" 연세대학교 석사학위 논문, 2008, p.32.
14 이소일, p.14.

회화에서의 다양한 프레임 사이즈와는 다르게, 필름 프레임에 있어 사이즈와 비율의 획일성은 관객성의 조건들을 규정하는데 중요했다. Heath의 설명에 따르면 영화 프레임은 1.33:1의 비율로 남아있거나 혹은 몇 가지 한정된 비율로 제한된다. "기본적인 영화적 장치"의 중요한 구성요소로서 – 이 장치는 영화, 영화 프로젝터, 스크린, 그리고 관객이라는 고정된 관계로 구성되어있다- 영화 스크린은 영화 프레임을 위한 융합적인 대체물로써 배정되었다. Zettle(2005)에 의하면 화면비율이 4:3에서 16:9로서 수평적 화면비율로써의 확장은 인간의 시각적 욕구를 충족하기 위한 것으로 인간의 시야가 세로보다는 가로가 더 길고, 인간의 생활도 수직면에서 보다 수평면에서 더 많이 이루어지기 때문일 것이라고 말한바 있다.

[그림. 107]에서 보듯이 수평적으로 확대된 16:9의 프레임 비율은 인간의 시지각 경험을 물리적으로 확장시키는 한편, 동영상의 가장 기본이 되는 움직임에 대한 표현영역의 확대, 피사체와 배경이 만들어내는 좀 더 충분한 정보의 제공 등, 기존의 4:3 화면비율에 비해 영상적으로 한층 향상된 표현이 가능하게 되었다.[15]

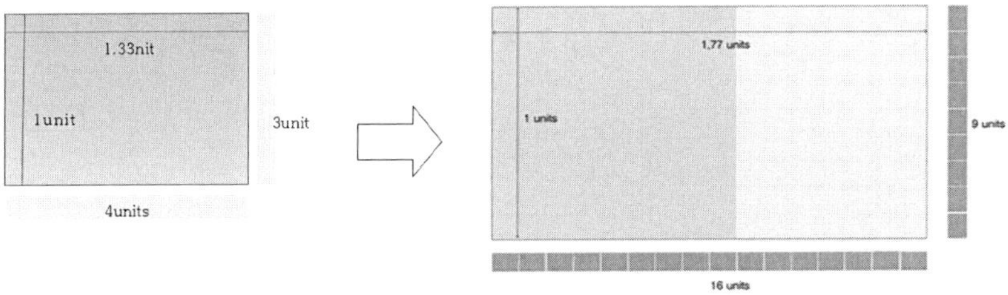

[그림. 107] 프레임 확장의 정의

15 이윤정, 화면 구성에 따른 시지각 반응 연구, 경성대 디지털 영상학 박사논문, 2010, p13

이처럼 프레임의 확장은 기본적으로 물리적인 프레임의 확장이면서 시각적인 몰입감을 높여주는 역할을 한다. 즉 전통적인 회화에서부터 작가들은 기존의 정형화 된 사각 프레임에서 벗어나고자 다양한 시도를 해왔다. 현실재현이라는 근본적인 목표와 작가의 정형화된 틀에서 벗어나고자 하는 도전이 관람자들로 하여금 몰입감을 높여주는 방식으로 변화해 온 것이다.

시각적 프레임 확장의 변화방식은 [그림. 108]에서 보여지듯이 전통회화에서부터 디지털 영상시대까지 동일한 형태로 나타난다. 즉 기술의 발전을 통한 정적인 이미지와 움직이는 이미지의 변화가 있을 뿐 기본적인 작가들의 프레임확장 방식은 맥락을 같이하는 것이다.

[그림. 108] 프레임 확장의 변화방식

연습문제

1. 회화 프레임에 대하여 설명하시오.

2. 영화 프레임에 대하여 설명하시오.

3. 프레임 확장에 대하여 설명하시오.

3. 가상현실

3.1. 가상현실(Virtual Reality/VR)

가상현실(Virtual Reality/VR)은 기본적으로 컴퓨터 등을 사용한 인공적인 기술로 만든 인터넷 공간에서 일어나는 상황이나 특정 환경의 비현실적 경험을 말한다. 따라서 대부분이 현실에선 불가능한 경험들에 관한 다양한 콘텐츠를 제작하여 즐기고 느끼고 소통하는 과정이다. 그러므로 가상현실의 역사와 발달 과정을 알아보고 지금까지 가상과 현실이 어떠한 경험을 통해 메타버스(Metaverse) 시대까지 발전해 왔는가를 이해할 필요가 있다.

21세기를 살아가는 현대인의 일상 속에서 인터넷(Internet)의 발달, 컴퓨터의 등장, 스마트폰(Smart Phone)의 활용이 없었다면 어떻게 되었을까? 인터넷의 대중화는 오늘날 현대인의 삶과 소통방식을 완전히 변화시켰고 컴퓨터의 등장은 새로운 가상세계의 시작이라 할 수 있다. 또한, 스마트폰이 이제 없어서는 안 되는 생활필수품으로 자리 잡았다. 이제 인간의 삶을 보조하던 디바이스의 역할은 VR, AR, MR, XR, 홀로그램이라는 개념들로 확장되었다. 본 장에서는 이러한 용어들에 관한 개념들을 이해해 보고자 한다.

가상현실 VR(Virtual Reality)은 기본적으로 현실세계를 차단하는 VR 디바이스를 통해 가상의 세계를 경험하는 것을 의미하며 1989년 미국 다트머스 대학교(Dartmouth College/University) 방문교수/UC 버클리 대학교(University of California, Berkeley) 학제간 상주 학자/마이크로소프트(Microsoft)사 학제간 과학자 재런 러니어(Jaron Lanier)교수에 의해 고안된 개념이다. 가상현실 디바이스(Virtual Reality Device)는 [그림. 109] 처럼 외부 세계를 100% 시각적으로 차단하여 완벽한 몰입 경험을 제공한다. 가장 대중적인 VR 기기로는 HTC '바이브', 오큘러스 '리프트'가 대표적이다. 360도 영상 체험이 가능한 삼성

'기어 VR'와 세계적으로 판매량 1위인 구글의 '카드보드' 등이 사용자에게 고선명(HD) 몰입 경험을 제공한다.

[그림. 109] 가상현실 디바이스(Virtual Reality Device)
출처: https://letterboxd.com

일반적으로 가상현실(VR)은 헤드 마운티드 디스플레이(Head Mounted Display: HMD)를 기반으로 IT 컴퓨터 기술로 만들어진 배경, 소리, 이미지 등을 말한다. 즉 현실과 상상의 경계를 초월하는 첨단 영상 3D컴퓨터 그래픽 기술이라고 정의할 수 있다. HMD는 현실의 시야가 100% 차단된 상황이라 체험 중에는 신체적 활동이 제한적이다. 따라서 안전을 고려해 체험해야 한다는 단점이 있다. 장점은 사람들이 일상에서 경험하기 어려운 특정 환경이나 상황을 직접 현실에서 체험하지 않고도 실제 주변 상황과 상호작용하는 것처럼 컴퓨터로 구현된 가상공간에서 몰입감 있는 경험을 할 수 있다.

360도로 촬영된 VR영상은 HMD가 아닌 카드보드라는 기기로 감상할 수 있으며 개념상으로는 가상현실이라고 칭하지는 않는다. 왜냐하면 진정한 VR은 완벽하게 3D 그래픽 기술로만 구현되어야 한다.

3.2. 증강현실(Augmented Reality/AR)

증강현실 AR(Augmented Reality)은 현실세계를 기반으로 3차원 가상 이미지를 겹쳐서 하나의 영상으로 보이게 하는 기술이다. 즉 현실(Reality) 세계에서 디바이스(Device)를 통하여 시각적으로 존재하지 않는 비물질의 이미지(Image)를 현실 속에 증강시켜 현실과 함께 시각적으로 보여주는 방식으로 "확장된 현실"이라고도 한다. 일반적으로 지리, 위치 정보를 송수신하는 GPS장치 및 중력(기울기, 전자 나침반), 자이로스코프 정보에 따른 위치정보시스템을 기반으로 스마트폰 카메라를 활용한다. 현실 세계의 정보에 컴퓨터로 처리된 가상의 디지털 요소를 실시간으로 결합해 보여준다.

증강현실(Augmented Reality/AR)을 사용하면 실제 현실의 대상과 상호작용하고 공간적으로는 가상의 개체를 현실 세계로 가져올 수 있다. 비물질 오브제의 세계로 들어가는 가상현실과 달리 증강 현실은 비물질 오브제를 우리의 현실세계로 가져오는 방식이다. 따라서 현실과 가상을 이어주는 디바이스가 매우 중요하다. 증강현실은 현실세계를 기반으로 하기 때문에 현실감이 높고 디바이스를 통해 감상하기 때문에 이동성이 편리하다. 하지만 디바이스(Device)의 크기에 따라 프레임의 경계가 있어 몰입감에 차이가 발생한다. 즉 현실을 완전히 차단하는 VR HMD기기에 비해 상대적으로 몰입감은 떨어진다는 단점이 있다.

3.3. 혼합현실(Merged Reality/MR)

MR은 혼합현실 또는 융합현실이라고도 하며 가상 세계와 물리적 세계 사이의 연속체를 설명해 준다. 혼합현실은 3D 입체영상을 현실 공간에 구현해 줌으로써 시각적 사실감을 극대화하고 강한 몰입감을 제공한다. 체험방식은 여전히 헤드셋과 움직임 센서 장비를 착용해야 한다. 하지만 차이점은 디바이스 기기의 렌즈가 VR과 달리 현실을 보여주면서 동시에 가상의 이미지를 재현해준다. 즉 가상의 그래픽 이미지는 실제 세계 위에 겹쳐 증강되며 현실을 온전히 보여주는 안경형 형태로 프레임의 경계는 사라졌다. 매직리프는 몇 년 전 사람들이 가득 찬 체육관 바닥을 뚫고 거대 고래가 공중으로 도약하며 객석으로 물을 튀기는 홀로그램을 구현해 큰 화제를 모았었다. 오토데스크 퓨전 360은 산업디자인, 기계공학 엔지니어링, 기타 산업용 개발 분야에 활용될 수 있는 혼합현실 솔루션을 개발하고 있다. NASA는 3D 화성 탐사 시뮬레이션 소프트웨어를 마이크로소프트(Microsoft)와 함께 개발했다. 혼합현실 기술은 3D프린터의 대체제로 생산성을 개선할 것으로 보인다. 볼보자동차는 제품디자인 뿐만 아니라 생산현장에서도 혼합현실 도입을 서두르고 있다. AR, VR은 게임산업이 가장 주목했으나 혼합현실은 산업계의 수용이 활발할 것으로 전망된다. 의료계에서는 혼합현실 기술을 의대생 교육 프로그램으로 우선 활용하고 있다. [그림. 110] 는 MR의 대표적인 적용사례들이다.

매직리프

혼합현실- 3D프린터

오토데스크 퓨전 360

[그림. 110] MR 적용사례
출처: https://jmagazine.joins.com/forbes/view/330160

가상의 비물질 오브제는 현실 속에서 3D 홀로그램(Hologram) 형태로 헤드셋을 통해서만 보인다. 따라서 스펙트럼의 한쪽 끝에는 VR 경험이 있고 다른 쪽 끝에는 AR 경험이 있다. 즉 가상현실 VR기기가 가지고 있는 몰입감은 유지하고 행동의 제약성은 보완하였다. 그리고 AR기기가 가지고 있는 이동성은 유지하면서 프레임의 제약성으로 인한 몰입감을 보완하는 융합적인 형태이다. 따라서 VR과 AR이 융합된 MR기술이 전자상거래, 광고, 의료, 설계, 시뮬레이션 등의 다양한 산업분야로 확대될 전망이다.

최근의 MR 기술에서 가장 진보한 제품은 단연 미국 마이크로소프트(Microsoft)사의 홀로렌즈라고 할 수 있다. 미국 마이크로소프트(Microsoft)사는 개인용 게임이나 예술적 활용 용도로 서비스했던 1세대에 이어 실용 분야를 겨냥한 홀로렌즈 2세대를 출시했다. 즉 생산 현장이나 기기수리 담당자에게 적합한 AR 헤드셋을 만들었다. 산업현장 작업자는 홀로렌즈2를 통해 필요한 각종 데이터를 시각자료 형태로 불러와 실제 작업 현장에서 활용, 업무 효율성을 높일 수 있다고 마이크로소프트(Microsoft)사는 설명했다.

혼합현실 기술은 실제 건설, 재난, 교육, 의료, 군사, 연구 등 폭넓은 산업분야에서 활용도가 높을 것으로 기대된다.

VR, AR과 달리 현실 화면에 실제 개체의 스캔된 3D 이미지를 출력하고 이를 자유롭게 조작할 수 있는 것으로, 사람의 행동이나 음성을 이용해 상호작용이 가능하다. 마이크로소프트(Microsoft)의 '홀로렌즈', 매직리프 '원크리에이터 에디션', 삼성 'HMD 오디세이'가 대표적 기기다.

3.4. 확장현실(eXtended Reality/XR)

확장현실로 불리는 이 'XR'은 실제 대면한 듯한 교육경험과 몰입감을 제공한다. 따라서 비대면의 제약을 극복할 수 있는 대안 기술의 스펙트럼을 포괄하는 영역이라고 할 수 있다. 일반적으론 가상현실(Virtual Reality), 증강현실(Augmented Reality), 혼합현실(Mixed Reality) 등 실감 기술을 통칭해서 사용하기도 한다.

한편, [그림. 111] XR 적용사례로 ① 교육 분야의 XR 활용사례로써 'VR 기업 브래니'가 개발한 VR기반 실감형 교실 '쿠링'은 AI 음성인식 캐릭터와 실시간 채팅 기술을 접목하여 안전하고 몰입감 있는 교육 경험을 제공한다. ② 의료 분야의 XR 활용사례로 분당 서울대학교 흉부외과에서 XR 기술 활용 가상현실 의료교육을 통해 의료 훈련 및 재활 치료를 지원하고 있다. ③ 문화 분야의 XR 활용사례로 코로나19로 인해 미국의 래퍼 트래비스 스캇(Travis Scott)은 '포트나이트' 게임 내에서 가상 콘서트를 개최하여 큰 성과를 이뤘다. 따라서 온라인 공연, 관광 등 다양한 미디어 경험을 제공할 수 있게 되었다. 이 기술들은 최근 비대면 시대를 맞아 일, 여가, 소통 등 오프라인 활동들이 가상공간으로 옮겨가면서, 가상과 현실을 넘나드는 메타버스(Metaverse)로 확산하고 있다. 이러한 분위기 속에서 교육·의료·문화를 넘어 제조, 유통, 국방, 의사소통 분야에까지 XR 기술이 급속도로 성장하고 있다. 제조 분야의 XR 활용사례로는 현장 작업자의 업무 효율 향상과 안전 보호를 위해 AR 기술기업 '버넥트' 관계자가 공장 조립라인에서 손가락을 활용해 '데이터 시각화'하고 기기 '원격제어'를 하고 있다. 또한 유통 분야의 XR 활용사례로는 '온라인 제품 홍보 및 맞춤형 쇼핑 정보'를 제공한다. 국방 분야의 XR 활용사례로는 훈련 비용 절감 및 안전성 확보를 위해 VR 전투 훈련 플랫폼 제조사 '네비웍스'는 전술 및 임무 절차 훈련을 위한 '가상 전술 훈련 시뮬레이션'을 제공한다.

① 교육 분야의 XR 활용

② 의료 분야의 XR 활용

③ 문화 분야의 XR 활용

[그림. 111] XR 적용사례

3.4.1. 확장현실 산업의 변화 동향

XR의 몰입형 기술은 여러 부문에서 효율성을 바탕으로 협업 및 혁신을 개선하기 위해 폭넓게 채택되고 있다. 오랜 세월부터 확장 현실(XR)은 우리의 일상생활에 자연스럽게 스며들어 왔다. 시장 및 소비자 데이터를 전문으로 하는 독일 회사 연구 그룹 Statista는 2021년에 310억 달러로 예측된 글로벌 XR 시장 규모가 2024년 이후에는 3,000억 달러로 증가할 것으로 예상했다 [그림. 112].

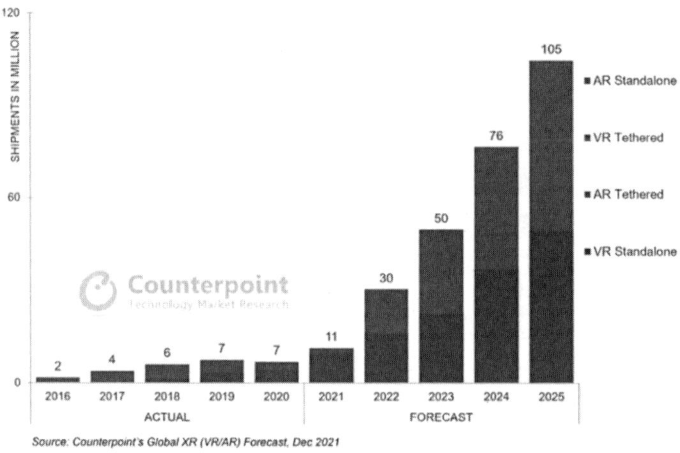

[그림. 112] Global XR(VR/AR) Headset Forecast by Device Type, 2016 to 2025

확장현실(Extended Reality)의 급속한 발전에는 최근 미국 메타(Meta) CEO 마크 저커버그(Mark Zuckerberg)가 XR에 대한 관심도가 증가하고 있다. 마크 저커버그(Mark Zuckerberg)는 인터넷의 3D 진화로써 메타버스(Metaverse)에 대한 회사의 계획을 공개했다. 그는 급변하는 디지털 트랜스포메이션(Digital Transformation) 시대에 사람들이 인터넷을 통해 공유를 위한 가상 장소에서 운동을 하고, 수행도 하고, 사교를 위한 만남의 장소가 되기도 한다. Meta가 바로 그러한 XR 몰입형 기술을 통한 공유형 플렛폼으로 발전할 것이라고 밝혔다. 이처럼 확장현실(Extended Reality)은 현실이라는 물리적 공간에 가상의 공간 혹은 정보를 시간의 오차 없이 제공한다. 실재감, 몰입감, 그리고 상호작용성의 특성을 이용해 사용자들이 시간과 공간의 제약 없이 필요한 정보와 서비스를 이용하는 실감형 미디어라는 장점이 있다.

3.4.2. 확장현실의 활용분야

최근 XR기술은 다양한 분야에서 활용되고 있는데 가상현실 기술을 기반으로 한 문화예술, 엔터테인먼트와 게임, 의료 및 산업 전반에 활용되고 있다. 이러한 XR의 분야별 사례들의 특성들을 살펴보면 다음과 같다.

① 엔터테인먼트 및 게임 분야 - XR용 애플리케이션을 통해 새로운 산업으로 빠르게 확장한다.
② 자동차 - 설계 생성에 XR을 사용. 설계자는 새로운 차량 라인의 3D 개념을 생성, 원거리에서도 공동으로 설계 검토한다.
③ Mayo Clinic(의료 기관) - 대화형으로 수술 전 계획, 심장 수술을 지원하는 외과 팀을 교육한다.
④ 건설 회사 - 프레임 및 배선 설치의 속도와 품질을 개선하기 위해 설치 직원에게 AR 안경을 제공한다.
⑤ 프로덕션 스튜디오 - XR을 사용하여 Disney의 The Mandalorian에서 볼 수 있는 것과 같은 환상적인 3차원 리얼 세계 제작한다.

이 외에도 기업들의 XR기술분야별 특성과 관련 산업들은 [표. 5]을 통해 알 수 있다.

[표. 5] XR 기술과 활용사례

이미지 사례	관련기술	관련산업	내용
	폼팩터 소형화, 팬케이크 렌즈	렌즈, FPCB	Meta는 올해 출시되는 VR기기에 기존 프라넬 렌즈에서 새로운 광학 기술인 팬케이크 렌즈를 도입. 렌즈와 디스플레인 거리가 짧은 고급 형태의 소프트한 폼팩트를 출시전망
	패스스루, MR	디스 플레이	패스스루 기술을 통해 업무 중 헤드셋을 벗지 않고 책상, 필기, 키보드 사용이 가능한 상태로 것리을 보면서 운동이 가능하다.
	핸드 트래킹	카메라, 3D센싱	핸드 트래킹 기술 향상으로 더 높은 몰입감을 제공한다. Meta는 카메라에 사용, 애플은 아이폰에도 적용된 3D센싱, 라이다 기술을 탑재
	얼굴,공간, 모션인식	카메라, 3D센싱	Meta는 VR기기에 얼굴이식 기능을 탑재할 전망, 착용자의 감정 전달을 통해 현실과 같은 소통이 가능함. 애플도 3D 센싱을 이용해 얼굴, 공간, 모션 인식 등에 활용 예정
	햅틱장갑	햅틱센스	Meta는 햅틱장갑 공개, 몰입감 강화를 위한 촉각 구현 연구,
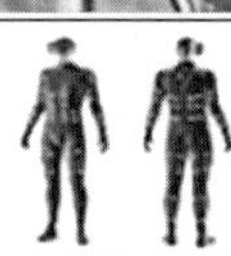	수트	센서	역동성과 디테일한 모션인식, 제어를 위한 수트 장비연구 중
	아바타	버츄얼 휴먼, NFT	아바타의 중요성을 인식하고 버츄얼 휴먼까지 연구의 확장, NFT의 활용발전방안 모색

3.4.3. 확장현실의 장점

① 향상된 이해도

건축가, 디자이너의 스케일 감각이나 입체감, 밀집도 그리고 빛, 음향, 물질성 - 2D 스크린에 의해 제약을 받는다.

XR을 활용 시 - 체적 공간을 구성, 완전히 몰입, 주요 기능에 대한 이해도가 향상. 클라이언트에게도 동일한 원칙이 적용 가능하다.

② 프로젝트의 효율성

초기 계획 단계 - AR 및 VR을 활용, 프로젝트의 이해 관계자의 조건에 적합한 과정을 미리 보장, 작업 현장에서 사람과 장비의 조정을 개선. 불필요한 이동을 줄이고, 재작업의 필요성을 감소한다.

③ 향상된 안전성

잠재적으로 신체적 위험 상황에 노출된 사람 - XR 기술을 통해 몰입감 있고 실제와 같은 환경에서 안전한 교육을 제공한다. (예: 원자력 기술자, 외과의사, 소방관, 군인, 건설 노동자 등)

④ 더 나은 의사 결정

디지털 트윈 기술 - 엔지니어, 소유자, 시설 및 운영 관리자에게 전반적인 향후 결과에 대한 예측, 통찰력을 제공. 유지 관리에 불필요한 오류를 개선, 낭비될 수 있는 경비를 줄인다.(예: 건물, 교량, 자동차 및 비행기 등)

연습문제

1. 가상현실(Virtual Reality/VR)에 대하여 설명하시오.

2. 증강현실(Augmented Reality/AR)에 대하여 설명하시오.

3. 혼합현실(Merged Reality: MR)에 대하여 설명하시오.

4. 확장현실(eXtended Reality/XR)에 대하여 설명하시오.

5. 확장현실(eXtended Reality/XR)의 산업의 변화 동향에 대하여 설명하시오.

6. 확장현실(eXtended Reality/XR)의 활용 분야에 대하여 설명하시오.

7. 확장현실(eXtended Reality/XR)의 장점에 대하여 설명하시오.

7 홀로그램(Hologram)

홀로그램(Hologram)은 1948년 헝가리 출신 영국 임페리얼 칼리지 런던(Imperial College London) 대학교 응용물리학과 고 데니스 가보르(Dennis Gabor) 교수가 홀로그래피(Holography)라는 개념으로 처음 제시했다.

그는 다양한 저서에서 주파수의 원리, 홀로그램의 원리를 발견 하였고 [그림. 113]과 같이 1970년 IEEE Medal of Honor를 수상 하였으며, 1971년에 노벨 물리학상을 수상 하였다. 그는 노벨상 수상 강연에서 1948년부터 홀로그래피의 발전사를 발표 하였다. 이는 세계 3대 학술지 사이언스 본지 논문지에서도 소개 되었는데 다음 [그림. 114]과 같다.

이 원리는 이후 미국의 레이스(Leith) 교수가 투과형 홀로그램 등에 레이저광이 이용된 결과 급속히 발전했다.

[그림. 113] 고 데니스 가보르(Dennis Gabor) 교수의 IEEE Medal of Honor 수상과 노벨물리학상 수상 장면 〈출처: IEEE, 블룸버그〉

홀로그래피(Holography)란, 두 개의 레이저광이 서로 만나 일으키는 빛의 간섭 현상을 이용하여 입체적인 정보를 기록하고 재생하는 기술이다. 홀로그램(Hologram)은 홀로그래피(Holography) 기술을 통해 존재하지 않지만 실제와 같은 3차원 영상이나 이미지를 재현하는 기술이라고 정의한다. 어원은 그리스어로 '완전함' '전체' 혹은 '모두'를 뜻하는 홀로(Holo)와 '메시지', '정보'를 뜻하는 그램(Gram)이 합쳐져 이름이 붙여졌으며 실제 물체처럼 입체로 보이는 3차원 영상이나 이미지 등을 의미한다. 한편, 다음 [그림. 114]은 세계 3대 학술지인 사이언스(Science)에서 소개 고 데니스 가보르(Dennis Gabor) 교수가 1948년부터 1971년까지 홀로그램 동향을 소개한 리뷰논문의 첫페이지이다.

28 July 1972, Volume 177, Number 4046 **SCIENCE**

Holography, 1948–1971

Dennis Gabor

I have the advantage in this lecture, over many of my predecessors, that I need not write down a single equation or show an abstract graph. One can, of course, introduce almost any amount of mathematics into holography, but the essentials can be explained and understood from physical arguments.

Holography is based on the wave nature of light, and this was demonstrated convincingly for the first time in 1801 by Thomas Young, in a wonderfully simple experiment. He let a ray of sunlight into a dark room, and placed a dark screen in front of it, pierced with two small pinholes, and beyond this, at some distance, a white screen. He then saw two darkish lines, one on each side of a bright line, which gave him sufficient encouragement to repeat the experiment, this time with a spirit flame as light source, with a little salt in it, to produce the bright yellow sodium light. This time he saw a number of dark lines, regularly spaced, the first clear proof that light added to light can produce darkness (Fig. 1). This phenomenon is called interference. Thomas Young had expected it because he believed in the wave theory of light. His great contribution to Christian Huygens's original idea was the intuition that monochromatic light represents regular, sinusoidal oscillations, in a medium which at that time was called "the ether." If this is so, it must be possible to produce more light by adding wave crest to wave crest, and darkness by adding wave crest to wave through.

Light that is capable of interferences is called "coherent," and it is evident that, in order to yield many interference fringes, the light must be *very* monochromatic. Coherence is conveniently measured by the path difference between two rays of the same source, by which they can differ while still giving observable interference contrast. This is called the coherence length, an important quantity in the theory and practice of holography. Lord Rayleigh and Albert Michelson were the first to understand that it is a reciprocal measure of the spectroscopic line width. Michelson used it for ingenious methods of spectral analysis and for the measurement of the diameter of stars.

Let us now jump a century and a half, to 1947. At that time I was very interested in electron microscopy. This wonderful instrument had at that time produced a hundredfold improvement in the resolving power of the best light microscopes, and yet it was disappointing, because it had stopped short of resolving atomic lattices. The de Broglie wavelength of fast electrons, about 1/20 angstrom, was short enough but the optics was imperfect. The best electron objective that one can make can be compared in optical perfection to a raindrop rather than to a microscope objective, and through the theoretical work of O. Scherzer it was known that the electron objective could never be perfected. The theoretical limit at that time was estimated at 4 angstroms, just about twice what was needed to resolve atomic lattices, while the practical limit stood at about 12 angstroms. These limits were given by the necessity of restricting the aperture of the electron lenses to a few thousandths of a radian, at which angle the spherical aberration error is about equal to the diffraction error. If one doubles this aperture so that the diffraction error is halved, the spherical aberration error is increased eight times, and the image is hopelessly blurred.

After I had pondered this problem for a long time, a solution suddenly dawned on me, one fine day at Easter 1947, more or less as shown in Fig. 2. Why not take a bad electron picture, but one which contains the *whole of* the information, and correct it by optical means? It had been clear to me for some time that this could be done, if at all, only with coherent electron beams, with electron waves that have a definite phase. But an ordinary photograph loses the phase completely, it records only the intensities. No wonder we lose the phase, if there is nothing to compare it with! Let us see what happens if we add a standard to it, a "coherent background." My argument is illustrated in Fig. 2, for the simple case when there is only one object point. The interference of the object wave and of the coherent background or "reference wave" will then produce interference fringes. There will be maxima wherever the phases of the two waves are identical. Let us make a hard positive record, so that it transmits only at the maxima, and illuminate it with the reference source alone. Now the phases are of course right for the reference source *A*, but, as at the slits the phases are identical, they must be right also for *B*; therefore, the wave of *B* must also appear, *reconstructed*.

A little mathematics soon showed that the principle was right, also for more than one object point, for any

Copyright © 1972 by the Nobel Foundation.
The author is professor emeritus and senior research fellow at the Imperial College of Science and Technology, London, England, and staff scientist at CBS Laboratories, Stamford, Connecticut. This article is the lecture he delivered in Stockholm, Sweden, on 11 December 1971 when he received the Nobel Prize in Physics. Minor corrections and additions have been made by the author. The article is published here with the permission of the Nobel Foundation and will also be included in the complete volume of *Les Prix Nobel en 1971* as well as in the series Nobel Lectures (in English) published by the Elsevier Publishing Company, Amsterdam and New York.

28 JULY 1972

299

[그림. 114] 홀로그램 동향 사이언스 논문: 1948년부터 1971년까지

기본 원리 자체는 1948년에 이미 고안 되었고 [그림. 115]과 [그림. 116]와 같이 까르띠에 전시, 영화에 소개된 대표 사례들을 제외하고는 실질적으로 산업에 적용된 것은 1983년 Master card社(미국)에서 위조 방지를 위해 도입하며 시작되었다. 소프트웨어의 복제방지, 지폐나 서류의 위조방지 등을 위해 널리 사용되어 왔다. 2012년 이후부터는 엔터테인먼트 산업 등에서 적극적으로 도입되었다. 현재는 시장 규모가 점점 더 커지고 있으며 정부차원에서도 창조경제의 9대 전략 산업 중 하나로 '실감형 콘텐트'를 지정하며 집중적으로 육성하는 분야이다.

[그림. 115] 까르띠에 Cartier(1972년)

까르띠에 5번가 플래그십 매장 창밖으로 손을 뻗는 홀로그램이 행인의 시선을 사로잡고 있다. <출처: 미국 블룸버그>

[그림. 116] 1977년 스타워즈

영화 스타워드(Star Wars)에서 레이아 공주(Princess Leia)는 화상 회의를 앞두고 홀로그램을 통하여 오비완 케노비(Obi-Wan Kenobi)에게 호소하는 장면이 나온다. <출처: 미국 블룸버그>

1. 홀로그램의 종류

홀로그램은 차세대 영상기술로서 실제 존재하지 않는 대상을 실제로 존재하는 것처럼 보이게 구현하는 증강현실로 볼 수 있다. 2013년 10월, 대한민국 미래창조과학부「ICT R&D 중장기전략」의 10대 핵심기술 중 하나로 선정되기도 하였다. 3D 영상의 대부분이 양안시차 방식으로 입체 영상을 구현하는 것으로 홀로그래피 기술을 활용하여 만들어 내는 홀로그램은 생성하고 재생하는 방식에 따라 크게 3가지로 분류한다. 빛의 산섭현상에 의해 입체 영상이 구현되는 것으로 대상을 입체영상으로 찍어내는 사진술인 '아날로그 홀로그램 방식'과 대상에 반사된 빛을 디지털로 재현하는 '디지털 홀로그램 방식'이 있다. 그리고 유사한 구현방식으로 '플로팅 홀로그램'이 있다.

1.1. 대상을 입체영상으로 찍어내는 사진술인 아날로그 홀로그램

사진 촬영을 응용하여 광원으로 레이저를 사용하여 촬영한 3차원 영상 이미지 생성 기술에 대한 총칭을 아날로그 광학 홀로그래피(Optical Holography)라고 한다. 아날로그 방식 홀로그램은 필름을 사용하여 실물을 입체영상으로 찍어내는 사진 기술이다. [그림. 117] 처럼 찍고자 하는 사물의 형상에 태양광이나 일반조명 과원을 비추고 광원이 반사되어 나오는 빛이 사진기로 들어가 감광 필름에 찍어내는 방식이다. 즉 2개의 레이저 광선을 하나는 반사경(Mirror)에, 다른 하나는 피사체(Object)에 쏘아서 피사체에 난반사된 빛과 반사경에서 반사된 빛이 겹쳐지면 빛의 간섭 현상으로 간섭 무늬가 필름 팔레트(Film Plate)에 나타난다.

* 아날로그 방식은 이를 기록하여 정지 입체 이미지로 만드는데 우리가 흔히 보는 올록볼록한 3D 이미지의 책받침이나 지폐의 위조방지 표식에서 볼 수 있다.

[그림. 117] 지폐의 위조방지 홀로그램

사진 촬영을 응용한 3차원 영상 이미지 생성 기술이며 주로 홀로그램 사진, 유물, 전시 등에 활용된다. 핵심기술은 홀로그램 필름, 광원 및 광학소자 기술이다.

1.2. 대상에 반사된 빛을 디지털로 재현하는 디지털 홀로그램

CCD 카메라나 CMOS 센서 등의 이미지센서를 이용해 촬영한 3차원 디지털 데이터를 획득하게 되면 홀로그램을 생성, 저장과 처리과정 및 편집이 가능한 형태로 되는데 이에 대한 기술적 총칭을 디지털 홀로그래피(Digital Holography)라고 한다. [그림. 118] 처럼 디지털 방식 홀로그램은 수학적 계산과 처리를 통해서 간섭 무늬를 만든다. 그것을 데이터로 기록하여 3D 영상을 다시 재현시키는 방식이다. 사물에서 반사된 빛을 실제와 같은 현실감을 위해 디지털화된 기록 및 재현을 통해 현실감을 제공한다. 주로 H-HMD, H-HUD, H-Mobile, H-게임 등에 활용하며 핵심기술은 디지털 홀로그램 획득, 생성, 전송, 재현 기술이 있다.

(가) 아날로그 방식 홀로그램

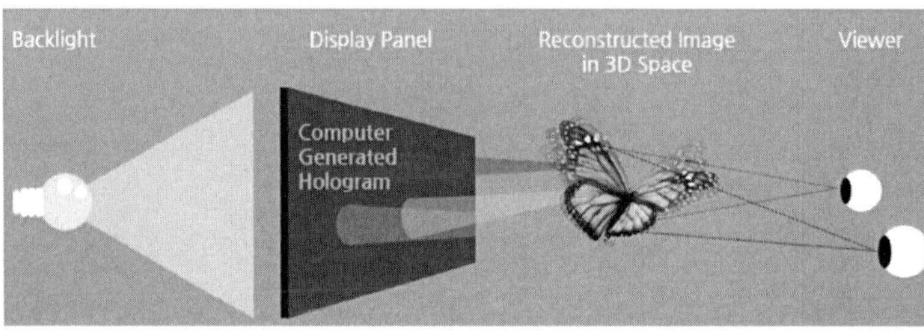

(나) 디지털 방식 홀로그램

[그림. 118] 홀로그램의 방식

1.3. 유사 홀로그램은 슈도 홀로그램(Pseudo Hologram) 또는 플로팅 홀로그램(Floating Hologram)이라 한다.

플로팅 홀로그램은 완전한 홀로그램은 아니지만 초다시점 입체영상을 촬영하여 홀로그램 효과를 만들어내는 기술과 특수한 반투과형 스크린을 통해서 영상을 투영하여 홀로그램 영상 효과를 모방하여 내도록하는 유사 홀로그램(슈도 홀로그램: Pseudo Hologram)이다. 1860년대 '페퍼의 유령'이라는 이름으로 시연되기도 하였는데 디지털 영상 합성 기술을 통해 투명한 막 뒤에 이미지가 만들어지도록 투사해 실제 사람이나 물체가 그 이미지를 자유롭게 통과하거나 바로 앞에 있는 것과 같은 착시를 일으키는데 눈속임 기술에 가깝다. 주로 공연, 홍보, 원격회의 등에서 활용되며 핵심기술은 반투과형 스크린 영상 및 초다시점 콘텐츠 획득·생성·전송·재현 기술이다. 한편,

[그림. 119]는 2014년 1월 16일 홀로그램 콘서트홀 클라이브(Klive) 공연에서 싸이(PSY)는 흰색 슈트를 입고 '강남스타일'을 불렀다. 이 장면에서 싸이는 댄서들과 코믹한 제스처로 '말 춤'을 추면서 호흡을 맞췄다고 보여 지지만 사실은 손을 뻗으면 만져질 것 같은 장면 속 싸이는 실제가 아니다. 가상의 이미지인 '홀로그램 싸이'였다. 하지만 싸이의 무대 곳곳에서 등장하는 댄서들은 '진짜 댄서들'이다.

[그림. 119] 홀로그램 콘서트홀 클라이브(Klive) 공연 모습.
출처: 2014.1.16 〈 KT 제공 〉

플로팅 방식의 프로젝션 홀로그램은 1862년 영국의 발명가 고 헨리 더크(Henry Dirk)가 고안한 '페퍼의 유령' 이라는 연극 무대 장치의 원리에서 시작되었는데 [그림. 120] 그 원리는 상단에 설치된 프로젝터의 빔을 통해서 미리 제작, 촬영한 3D영상을 반사표면이 있는 미러 성질의 바닥으로 영상소스를 발사한다. 발사된 영상소스는 바닥의 반사판 스크린을 통해 다시 반사되고 45도 각도의 기울기로 고정된 투명 포일(Transparent Foil)이라는 0.2mm 두께의 광학필름에 일정 투과율로 반사된다. 그러면 무대에서 보는 결과물이 관객에게는 투영된 영상이 마치 허공에 뜬 것처럼 보이면서 입체감을 느끼는 영상 기술 방식이다.

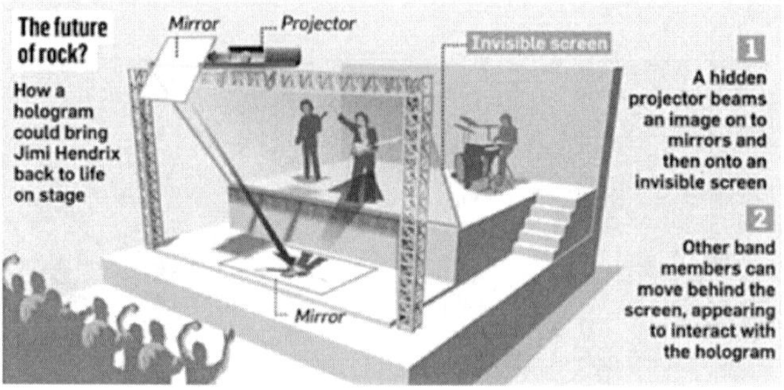

[그림. 120] 플로팅 방식의 프로젝션 홀로그램의 원리
출처 : http://englischlehrer.de/texts/hendrix.php

1.4. 플로팅 홀로그램의 유형

기본적으로 플로팅 홀로그램의 유형에는 Single plane, Pyramid, Multi-planar의 3가지 유형이 존재한다. 각 유형들의 특징들을 [그림. 121] 살펴보면 다음과 같다.

	유형	구현방식	특징
Single plane	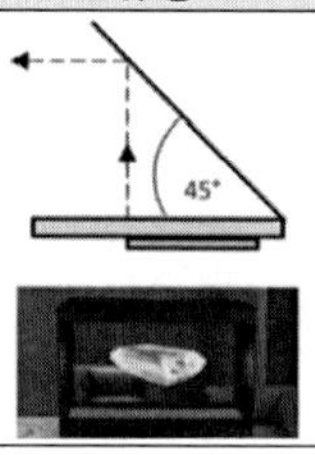	광원 기준 45도 기울기를 가진 산란 코팅된 반사판을 사용하여 투영시켜 재생 영상을 왜곡하여 보여주는 방식이다.	특징: 한 방향에서 볼 수 있다. 홀로그램 공간이 크다.

Pyramid	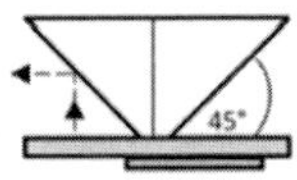 	3면(270°) 또는 4면(360°) 구현을 위해서는 피라미드 형태로의 제작이 불가피 하며, 이렇게 제작된 형태를 피라미드형 플로팅 홀로그램이라고 함. 피라미드형은 특성상 3면 이상의 입체영상을 구현할 수 있다.	특징: 여러 방향에서 볼 수 있다. 홀로그램 공간이 작다.
Multi-planar	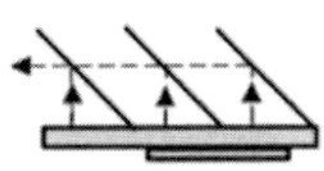 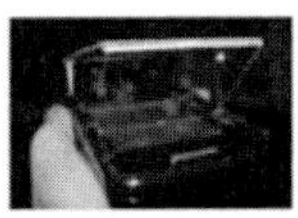	페퍼스 고스트 방식을 연속으로 나열하여 여러 개의 레이어를 구현하는 방식으로 세 군데 위치의 투명거울상에 맺히는 영상을 원근감 있게 볼 수 있는 영상기법이다.	특징: 한 방향에서 볼 수 있다. 3D 효과를 위해 여러 레이어의 홀로그램이 가능하다.

[그림 121]. 플로팅 홀로그램의 3가지 유형

출처: https://www.barques.co.uk/peppers-ghost-and-the-hunt-for-the-hologram/

1.5. 기타 홀로그램 기술사례

그 외 [그림. 122] 최근 연구되고 있는 홀로그램 사례들로(가)는 나노미터 픽셀이 그려내는 '메타 홀로그램'과(나)는 실리콘 기반 메타홀로그램의 모식도, 그리고 (다)는초고속 홀로그램 현미경이 있다.

최근 자연계에 존재하지 않고 사람에 의해 인공적으로 만들어진 '메타물질(Metamaterials)'(가)의 광학 소자를 이용한 기술이 구현됐다. 나노 구조의 크기와 형태를 사용자가 원하는 형태로 바꾸면서 빛의 세기와 위상을 조절하는 기술로 '메타홀로그램'이라고 한다. 메타 홀로그램의 특징은 픽셀 사이즈가 수십~수백nm에 불과한 매우 높은 화질의 홀로그램 영상을 재생할 수 있다.

대한민국 포항공과대학교(POSTECH) 연구진은 홀로그램 이미지를 실시간으로 재생할 수 있는 메타표면을 만드는 연구를 진행하여 이미지 생성에 많은 부품이 필요한 기존 홀로그램 디스플레이를 두께가 300nm에 불과한 초경량 디스플레이로 대체하는데 성공했다. 그리고 레이저 등의 결맞음이 있는 빛이 아닌, 태양광과 같은 자연광 아래에서도 선명한 홀로그램 이미지를 띄울 수 있는 기술도 개발했다 (나).

홀로그램 기술은 디스플레이 기술뿐만 아니라 현미경에도 접목되고 있다. 최근 기초과학연구원(IBS) 분자 분광학 및 동력학 연구단 최원식 부연구단장 연구팀은 홀로그램 기술을 적용하여 살아있는 물고기의 신경망까지도 고해상도로 관찰할 수 있는 초고속 홀로그램 현미경을 개발했다 (다).

<table>
<tr><td>A. 나노미터 픽셀이 그려내는 '메타 홀로그램'</td><td>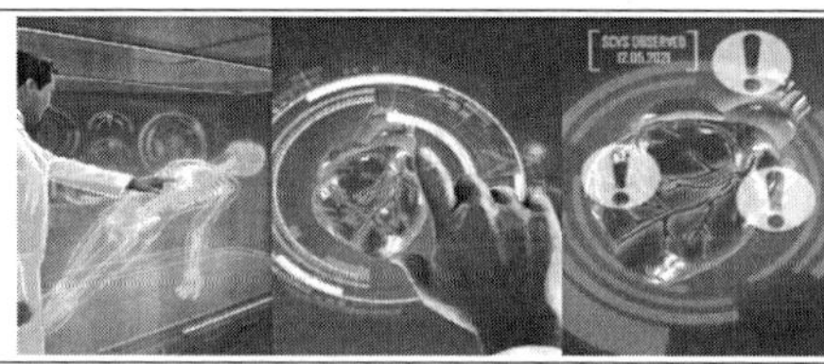</td></tr>
<tr><td colspan="2">홀로그램 기술은 가상현실 분야에 적용될 것으로 기대된다. 최근 이를 구현하기 위한 기술로 메타물질이 주목받기 시작했다. 메타물질은 더 정교한 고해상도 영상을 만들기 유리하기 때문이다.(출처: Flickr)</td></tr>
<tr><td>B. 실리콘 기반 메타홀로그램의 모식도</td><td>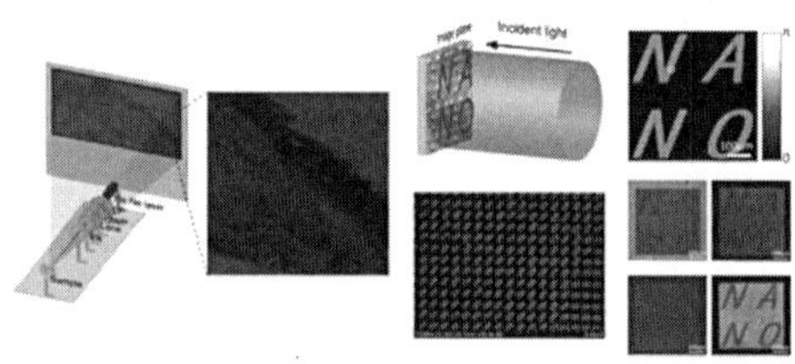</td></tr>
<tr><td colspan="2">노준석 포항공과대학교(POSTECH) 교수팀이 개발한 실리콘 기반 메타홀로그램의 모식도. 레이저뿐만 아니라 할로겐 전등, 휴대폰 플래쉬, 자연광에서도 선명한 영상을 구현한다.(출처: ACS Nano)</td></tr>
<tr><td>C.초고속 홀로그램 현미경</td><td></td></tr>
</table>

a. 부화한 지 21일된 제브라피시의 후뇌부
b. 빛의 파면왜곡
c. 얽혀있는 신경계의 섬유구조

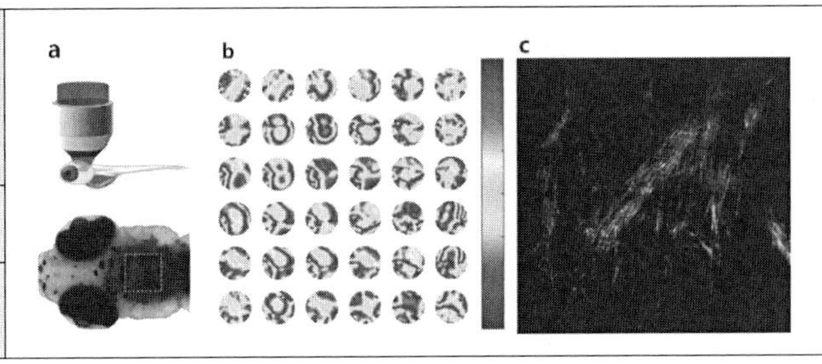

[그림. 122] 최근 홀로그램 기술사례
출처:
https://m.blog.naver.com/PostView.naver?isHttpsRedirect=true&blogId=panoptics&logNo=221020283461
https://www.ibs.re.kr/cop/bbs/BBSMSTR_000000000511/selectBoardArticle.do?nttId=17485&kind=&mno=sitemap_02&pageIndex=5&searchCnd=&searchWrd=

일반적으로 생명체는 현미경을 이용하더라도 내부를 관찰하기 어려운데 고심도의 생체 이미지를 얻기 위해 홀로그램 현미경이 등장했다. 하지만 기존 현미경은 빛의 파면이 샘플을 투과하면서 발생하는 파면왜곡을 실시간으로 측정하며 제어하는 일을 반복적으로 수행해야 했기 때문에 영상 획득 속도가 느리다. 즉, 살아있는 상태로 신체 내부를 관찰하긴 어려운 것이다.

홀로그래피 기술(Holography Technology)은 빛의 세기와 위상을 모두 기록한다. 따라서 사물의 깊이 정보 또한 기록할 수 있다는 것이다. IBS 연구진은 이점에 착안해 새로 개발한 초고속 홀로그램 현미경으로 생체 내부 깊숙한 곳의 이미지 정보를 정교하게 포착했다.

일반 현미경은 빛의 세기만 관찰하며 초당 10장 정도의 이미지를 획득한다면, 초고속 홀로그램 현미경은 초당 500장 정도의 데이터를 획득한다. 이 기술을 바탕으로 연구진은 살아있는 제브라피쉬의 후뇌부에서 고해상도 뇌신경망 영상을 얻는 데 성공했다. 부화한 지 21일된 제브라피시의 경우 후뇌부를 덮는 부위에 비늘이 두껍게 형성돼 기존 기술로는 그 내부를 관찰하기 어려

웠다(a). 연구진은 각 영역에서 일어나는 빛의 파면왜곡을 수치적으로 찾아낸 뒤(b), 얽혀있는 신경계의 섬유구조까지 선명하게 관찰(c)할 수 있었다.

한편, [그림. 123] 기타 홀로그램 기술사례로는 ① 대한민국 한국전자통신연구원(ETRI)의 360도 입체 홀로그램 영상 '테이블톱형 홀로그래픽 디스플레이'와 ② BMW-홀로액티브 터치, ③ 윈크루(Vinclu)-Gatebox는 가상 캐릭터인 아즈마 히카리를 원형의 홀로그램 안에 표시하는 사물인터넷(Iot)용 소형 스마트 디바이스이다. ④ 팔목에 인터페이스를 디스플레이 시키는 시크렛(Cicret)-홀로그램 기술 활용 스마트워치, 그리고 운전자에게 가상의 터치스크린 화면을 제공해 손짓으로 홀로그램 화면을 조작할 수 있도록 한 인터페이스가 있다.

① ETRI	② BMW	③ 윈크루(Vinclu)	④ 시크렛 (Cicret)
- 360도 '테이블톱형 홀로그래픽 디스플레이'	-홀로액티브 터치	- Gatebox	- 홀로그램 기술 활용 스마트워치
	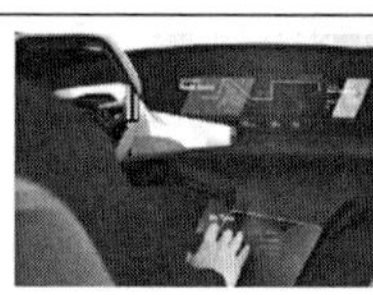	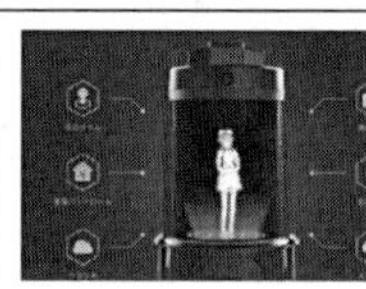	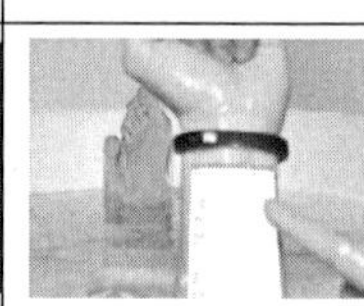

[그림. 123] 기타 홀로그램 기술사례

2. 실감형 콘텐츠 기업 동향

실감형 콘텐츠의 정의는 ICT(Information and Communication Technologies) 즉 정보기술과 통신기술을 의미한다. 가상현실(VR)과 증강현실(AR), 인공지능(AI), 메타버스 등의 첨단기술을 토대로 인간의 인지능력과 감각기관을 자극

하는 가상의 대상에 대해 또는 상황에 관하여 실제처럼 경험하고 감정을 전달하게 하는 디지털 콘텐츠를 칭한다. 국내 실감형 콘텐츠 소프트웨어 시장은 SK텔레콤, 유브이알, 버넥트, 다림비젼, 코아소프트, 아이아라, 팝스라인, 케이쓰리아이 등이 주요 업체이며, 어메이즈VR, CJ ENM에서 전략적 지분 투자 유치 성공, 이매지니어스, 3D/AR 콘텐츠로 중기부 TIPS 최종선정, 래빗워크, 상장사 이아이디에 인수, 사업확장 발판구축, 오비스, 글로벌 메타버스 플랫폼, 440억원 투자유치등 국내 실감형 콘텐츠 스타트업들의 투자, 제휴, 기술개발이 활발하다. 또한 과학기술정보통신부에 따르면 2017년 289억 달러에 불과했던 전 세계 실감형 콘텐츠 시장규모는 오는 2023년 3641억 달러(약 520조원)로 커질 전망이다[16].

2.1. 국내 실감형 콘텐츠 개발사례

대한민국 SK텔레콤사에서는 미국 구글(Google)사와 협력하여 [그림 124]과 같이 AR,VR서비스 제작 도구를 제공하는 소프트웨어 플렛폼 T리얼 VR 스튜디오를 발표하였다. VR콘텐츠 스타트업 '어메이즈VR(대표 이승준 · 어니스트리)'은 CJ ENM으로부터 전략적 지분투자에 성공하였고 어메이즈VR은 앞서 지난 2021년 총 1,500만 달러 규모의 프리시리즈B 투자를 받았다. 유브이알에서는 ETRI기술을 이전받아 모바일 환경에서 쉽게 360° VR콘텐츠를 하드웨어 없이 만들 수 있는 모바일 앱을 개발하였다. 어메이즈VR은 시각특수효과(VFX) 기반 '아티스트 실사' 방식 VR 콘텐츠를 구현하는 기술력을 보유하고 있다. 3D·AR 콘텐츠 스타트업 '이매지니어스'(대표 김진성)는 지난 26일 '블록체인 소유권 인증 기술을 활용한 메타버스용 3D 디지털 콘텐츠 관리 플랫폼 개발' 사업과제로 중소벤처기업부의 팁스(TIPS) 프로그램에 최종

16 https://www.the-stock.kr/news/articleView.html?idxno=17104

선정되어 향후 2년 간 5억원의 기술개발 자금을 지원받는다.

버넥트는 Make AR 기술을 선보였는데 일반인들이 쉽게 AR콘텐츠를 제작할 수 있는 모바일 앱이다. 코딩이 필요없으며 사용자가 위치만 설정하면 AR콘텐츠를 제작, 배포, 사용이 가능한 것이다. 다림비젼에서는 mStudio라는 VR강의 제작 솔루션을 제작하였고 코아 소프트에서는 일반인들이 쉽게 콘텐츠를 등록하고 증강현실 구현을 할 수 있도록 설계한 AR콘텐츠 제작 플랫폼 앱인 COAR AR Builder-APP이 개발되었다. 끝으로 아이아라는 고릴라 AR이라는 AR콘텐츠 제작, 편집 플랫폼을 개발하였다. 이매지니어스는 메타버스 플랫폼을 만드는 3D, AR 전문 개발 업체로 3D 실감형 컨텐츠를 일상생활에서 가깝게 구현하는 AR 플랫폼 '파라버스'를 개발해 베타서비스를 운영하고 있다.

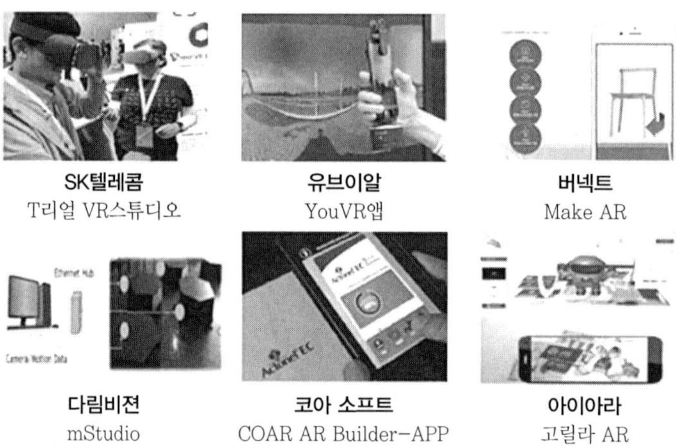

[그림. 124] 국내 실감형 콘텐츠 개발사례

VFX 전문업체 '래빗워크(공동대표 이중재 · 김승모)'는 코스피 상장사인 유류유통업체 '이아이디(대표 김성규)'에 인수합병 되었는데 래빗워크는 리얼타임 3D VFX 기술을 바탕으로 삼성전자와 삼성디스플레이, 현대자동차, 네이버 등 대기업들과 약 1400편 이상의 작업을 진행한 초고화질 3D 영상 특화 스타트업이다. 글로벌 메타버스 플랫폼 '오비스(대표 정세형)'도 과거 SBI인베스트먼트와 원캐피탈, 미래에셋, DG인큐베이션으로부터 약 440억원 규모의 시리즈B 투자를 유치하기도 했다.

2.2. 해외 실감형 콘텐츠 개발사례

2023년 글로벌 빅테크 기업들이 본격적인 XR시장 진입이 시작되는 해라고 볼 수 있다. 해외 실감형 콘텐츠 소프트웨어 시장은 해외에선 마이크로소프트와 페이스북, 애플 등의 빅테크 기업 뿐만 아니라 벤츠, 코카콜라, 나이키, 월마트 등과 같은 기업들까지 실감형 콘텐츠 기술개발과 투자에 발 벗고 나선 상태이며 Unity Technologies(미국), Epic Games(미국)가 오랜 게임 엔진 개발 경험에 의한 선진화된 기술과 콘텐츠 제작 소프트웨어 플랫폼을 보유하고 있다. 또한, Google(미국), Microsoft(미국), NVIDIA(미국) 등 다수의 글로벌 IT 업체들이 참여하고 있다.

[그림. 125]과 같이 Unity Technologies는 전 세계 AR/VR콘텐츠의 대부분을 유니티가 제작하고 있으며 프로젝트 마스를 통해 AR/VR/MR 콘텐츠의 제작 편의성을 높이고 있다. Google은 VR아트 제작 프로그램인 틸트 브러쉬를 출시하였고 HTC바이브를 통해 3차원 공간에 그림을 그릴 수 있는 프로그램으로 기업홍보나 공연에 활용되고 있다. EPIC Games의 언리얼은 3차원 게임 엔진으로 우수한 퀄리티의 게임콘텐츠 제작이 가능하다. AR/VR 콘텐츠 제작도 가능한 기술들이 포함되어 수준높은 콘텐츠 제작에 활용되고 있다. Microsoft사는 홀로그래픽 플렛폼 개발에 집중하며 최근 홀로랜즈2를 발표하며 MR기기 제작에 몰두하고 있다. NVIDIA도 자사 GUP(그래픽 처리 유닛)를 기반으로 차세대 VR콘텐츠를 위한 최적화 작업에 몰두 중이다. CES 2023에서 공개되어 2023년 2월에 출시 예정인 소니 VR게이밍 기기 후속작

'PSVR2'를 시작으로 애플 개발자 컨퍼런스(WWDC 2023)에서 공개된 애플사의 하이엔드 MR기기 'Reality Pro'의 공개와 출시 그리고 메타의 볼륨 XR기기의 후속작 'Quest 3'가 공개 예상되고 있다.

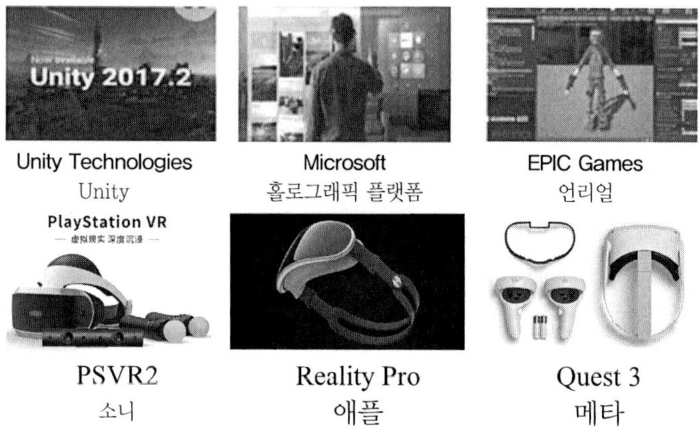

[그림. 125] 해외 실감형 콘텐츠 개발사례

읽을거리

최근 과거의 영상 및 음원 등을 빅데이터화 하여 인공지능으로 복기하는 시제품들이 다수 등장하고 있다. 고 신해철 싱어송라이터/음반 프로듀서 추모 3주기를 맞이하여 2017년 11월 19일 Yes24 Live Hall 신해철 홀로그램 콘서트 에서 열렸다. [그림. 126] 디지털 기술로 고 신해철 가수의 모습을 복원하는 모습이며, [그림. 127]는 그가 홀로그램으로 복원되어 공연을 하는 모습이다.

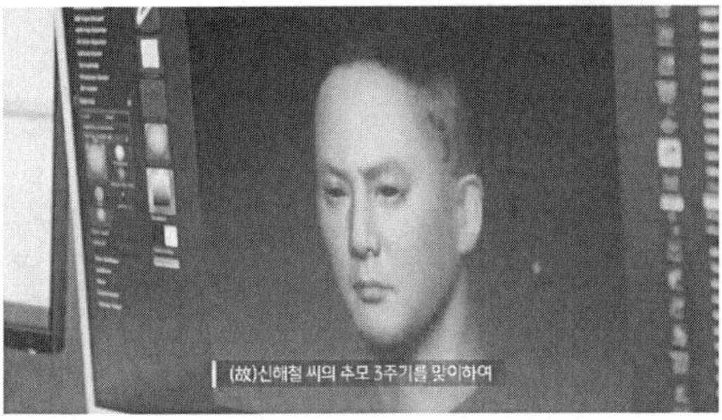

[그림. 126] 디지털 기술로 고 신해철 가수의 모습을 복원하는 모습
출처: https://www.youtube.com/watch?v=7VB7C3J1YRM

[그림. 127] 홀로그램으로 복원되어 공연을 하는 모습
출처: https://www.youtube.com/watch?v=Jm0s0CEEd3Q

Mnet TV의 AI 음악 프로젝트 다시한번 EP.1에서 [그림. 128]과 [그림. 129]와 같이 거북이 그룹의 고 터틀맨(임성훈) 싱어송라이터/래퍼의 복원은 유가족을 비롯한 거북이 그룹의 멤버, 팬들에게 추억과 감동을 전달하였다.

Mnet TV, [다시한번/풀버전]
♬새로운 시작 by 거북이 (터틀맨, 금비, 지이)#다시한번 | One More Time EP.1

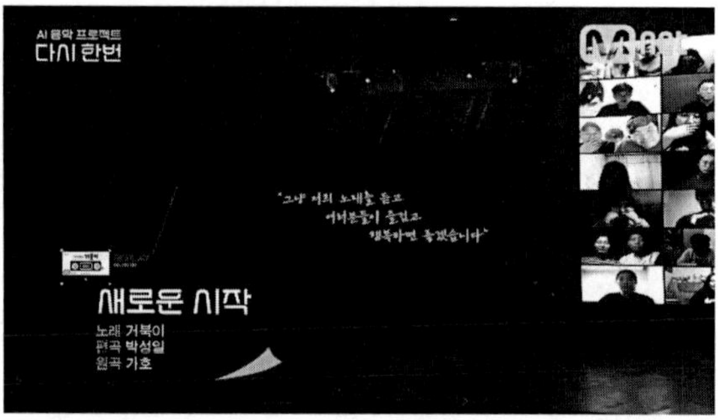

[그림. 128] Mnet TV AI 음악 프로젝트 다시한번 EP.1

[그림. 129] 거북이 그룹의 고 터틀맨 (임성훈) 싱어송라이터 홀로그램 복원
출처: https://www.youtube.com/watch?v=aBpstYAPOWY

Mnet TV의 AI 음악 프로젝트 다시한번 EP.2에서 [그림. 130]과 [그림. 131]과 같이 고 김현식 싱어송라이터 복원은 유가족을 비롯한 팬들에게 추억과 감동을 전달 하였다.

[다시한번/풀버전] ♬너의 뒤에서 – AI 김현식#다시한번 | One More Time EP.2

[그림. 130] Mnet TV AI 음악 프로젝트 다시한번 EP.2

[그림. 131] 고 김현식 싱어송라이터 복원

연습문제

1. 홀로그램(Hologram)의 정의에 대하여 설명하시오.

2. 홀로그램의 종류에 대하여 설명하시오.

3. 플로팅 홀로그램의 유형에 대하여 설명하시오.

4. 실감형 콘텐츠 기업 동향에 대하여 논하시오.

5. 최근 과거의 영상 및 음원등을 빅데이터화 하여 인공지능으로 복기하는 시제품들이 다수 등장하고 있다. 다음 시제품들 중 한가지를 선택하여 그 제작에 필요한 데이터들(빅데이터 데이터셋)에 관하여 설명하고, 존엄성 훼손이 아닌 추모 작품이 되게하기 위한 생각을 논하시오.

8 메타버스 원격현전 (Metaverse Telepresence)

디지털 메타버스(Metaverse) 시대의 새로운 존재방식으로 볼 수 있는 원격현전은 공간적 거리감과 무관하게 커뮤니케이션 매체를 이용해 특정한 환경과 매개되는 경험이다. 가상현실은 지각자(Perceiver)가 원격현전(Telepresence)을 경험하기 위해 모사된 실제 같은 환경을 뜻한다. 따라서 현재의 시간 속에 존재하고자 하는 인간의 욕구로 스토이어(Steuer)는 생동감과 상호 작용성을 이러한 경험을 위한 중요한 기술적 요소로 제시했다.

이러한 맥락에서 볼 때 원격현전(Telepresence)이란, 멀리 떨어진 공간에 마치 내가 존재하는 것처럼 환경과 상호작용하는 상황으로 정의할 수 있다. 즉 원격지에 위치해 있는 사용자가 지금현재 자신의 위치가 아닌 다른 특정 장소에 존재하는 것과 같이 지각하도록 느끼게 하거나, 동작할 수 있도록 만들어주는 일련의 가상현실 기술을 의미한다.

하지만 과거에도 인간의 보고자 하는 욕구는 망원경의 발명과 TV의 등장, 전화기 등 다양한 방식으로 물리적 공간적 한계를 극복하고자 노력하였다. 이러한 노력들은 이제 가상현실 기술로 이어졌고 메타버스(Metaverse) 플랫폼을 구축하기 위한 핵심요소로 작용하고 있다.

1. 가상현실의 기술 동향

1.1. HMD 기술의 발전

최근 정보통신기술(ICT), 인공지능 등에서 XR과의 연계성을 통해 주목받는 분야로 메타버스가 주목받고 있다. 코로나19 이후의 핵심기술이면서 온/오프라인 연계(O2O) 비즈니스가 대두되고 있다. 시장조사기관 가트너(Gartner)는 2019년 10가지 전략기술 중 하나로 몰입기술(Immersive technologies)을 선정하였고 디지털 세계와 상호 작용할 수 있는 혼합현실(MR) 기술의 시대에 3차원 현실 속 인체의 몰입을 기대하고 있다.

몰입형 VR·AR 산업생태계는 일반적으로 HMD를 포함한 하드웨어, 플랫폼, 콘텐츠 등으로 구성된다. 다음으로 사용자의 동작에 따른 움직임 반응을 감지하기 위한 보다 정교한 센서 등의 소재. 부품 기술의 필요성도 대두되고 있다. VR는 헤드셋과 같은 몰입을 위한 기기 HMD는 몰입감을 형성하는데 가장 중요한 하드웨어라고 할 수 있다.

하드웨어(Hardware) 분야의 발전사례를 살펴보면 VR 전용 기기가 대부분이다. 삼성전자, 구글, 소니, 오큘러스 등이 경쟁하고 있는 상황이며 디바이스는 오큘러스 VR, 삼성 기어 VR, HTC 바이브 등 다양한 HMD가 출시되고 있다.

1.2. 가상현실 기술과 HMD 디바이스의 역사

가상현실 기술의 동향은 미국의 가상현실 기술의 개척자이며 영화 제작자였던 1957년 고 모턴 레오나드 하일리그(Morton Leonard Heilig)의 '센소라마(Sensorama)'를 시작으로 1960년 하일리그의 '텔레스피어 마스크(Telesphere Mask)'라는 최초의 HMD를 개발한다. 다음으로 1968년 이반 서덜랜(Ivan

Sutherland:1988년 튜링상 수상)와 밥 스프롤(Bob Sproull)의 세계 최초 투시형 HMD가 개발되었고 1989년 미국 항공우주국(NASA)에서 개발한 진정한 최초의 가상현실 기기인 바이브드가 개발된다. 가상현실 기술의 발전 동향을 정리하면 1957년 모턴 레오나드 하일리그(Morton Leonard Heilig)가 발명한 입체 영상 기기인 센소라마 시뮬레이터(Sensorama Simulator)라는 기기는 일명 경험극장이라고 한다. 센소라마(Sensorama)는 대형 디스플레이를 통해 3D영상을 제공하며 스테레오 사운드, 향기와 바람, 떨림 효과까지 전달해 오감을 활용할 수 있는 미디어지만 성인물 오락 장치 정도로 평가되었다. 개인용 3D 입체 영화관이라고 할 수 있으며 외형이 굉장히 크다. 하지만 대중화에는 어려움이 있었다. 영상의 감상 외에도 군인 및 정비공들의 훈련, 교육자들을 위한 교육자료 등 다른 분야에도 활용을 시도하였다.

1960년 고 모턴 하일리그(Morton Heilig)는 텔레스피어 마스크(Telesphere Mask)라는 최초의 HMD를 개발한다. 완전 몰입형이며 동작인식은 하지 못하지만 최초의 HMD로 평가받고 있다. 한편, 1968년 고 더글러스 엥겔바트(Douglas C. Engelbart)가 최초의 컴퓨터 마우스 프로토타입을 개발하게 된다.

1968년에는 미국 하버드 대학교 교수 이반 서덜랜드(Ivan Sutherland)교수(1988년 튜링상 수상)가 그의 제자 밥 스프롤(Bob Sproull)과 함께 최초의 투시형 HMD "다모클래스의 칼"을 제작하게 된다. 기기의 무게가 무거워서 천장에 고정장치를 설치한 뒤 기기와 연결된 별도의 디스플레이를 서서 바라보는 방식이다. 1983년 마이런 크루거는 인공현실(Artificial Reality)이라는 용어를 최초로 도입하였고 1984년 재런 래니어는 최초의 가상현실 제품 판매회사인 "VPL 리서치" 설립하였다. 그리고 1987년 재런 래니어는 가상현실이라는 용어를 최초로 사용하게 된다. 1989년 미국 항공 우주국(NASA)에서 우주인 훈련용 HMD 시스템인 바이브드(Virtual Visual Environment Display VIVED)를 개발하게 되는데 최초의 가상현실 기기인 바이브드(VIVED: Virtual Visual

Environment Display)는 오늘날 가상현실의 정의와 가장 가까운 시스템이라고 할 수 있다.

완전 몰입형 HMD로 마이크와 헤드셋, 장갑까지 연결되어 상호작용에 최적화 되어있으며 자신이 움직이고 싶은대로 움직일 수 있어 몰입이 좋고 자기 신체의 움직임에 따라 영상이 변한다는 점에서 지금의 정의와 가장 가깝다.[표 6]

[표 6] 가상현실 기술동향

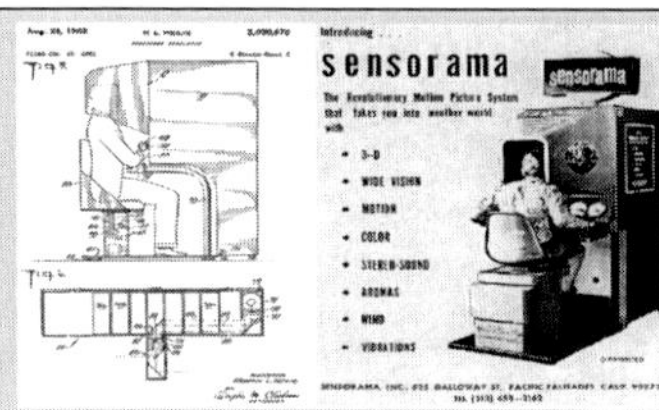	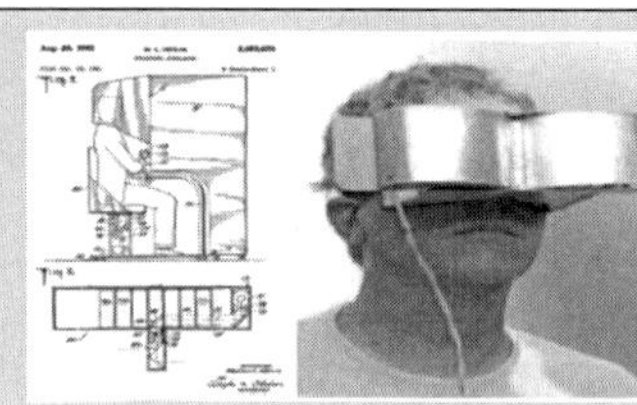
1957년 모턴 레오나드 하일리그 (Morton Leonard Heilig)의 센소라마(Sensorama)	1960년 하일리그는 텔레스피어 마스크(Telesphere Mask)라는 최초의 HMD를 개발
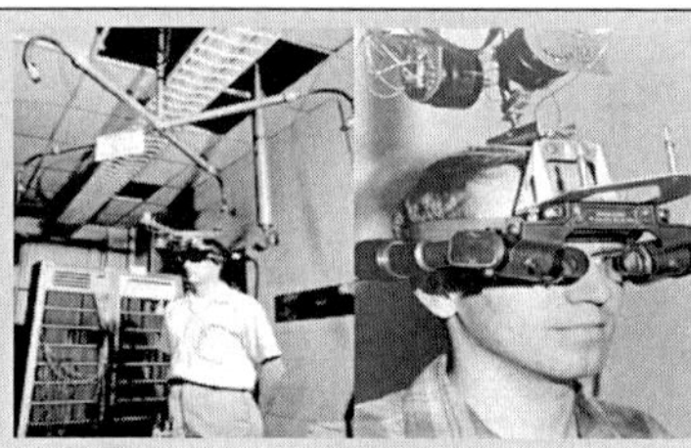	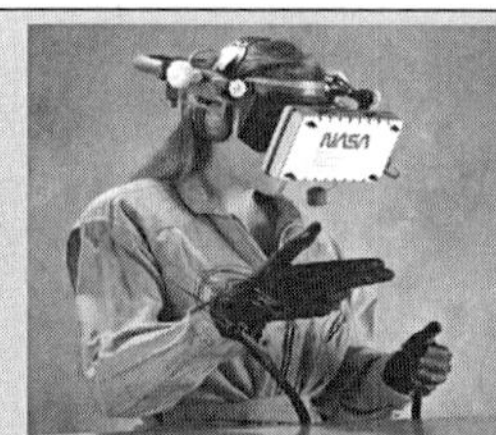
1968년 이반 서덜랜드와 밥 스프롤. 최초의 투시형 HMD 개발	1989 미국항공우주국 진정한 최초의 가상현실 기기인 바이브드 개발

헤드 마운트 디스플레이(Head Mounted Display: HMD)는 Head Mounted Display의 줄임말로 머리에 착용하는 디스플레이 장치를 말한다. 이것은 가상 환경에 몰입할 수 있는 환경을 제공하는 개인화된 디스플레이이다. 또한 헬멧이나, 안경, 바이저 등에 렌즈와 반투명 거울 등을 부착하여, 하나 혹은 두 개의 디스플레이에 화면을 보여주는 장치이다. 1968년 이반 서덜랜드(Ivan Sutherland)가 몰입형 증대를 위한 장치로 HMD를 최초로 고안해 내었지만

단순한 모델의 디스플레이만 가능하였다. 무거워서 이동이 불가능한 형태지만 가상현실을 위해 몰입감을 극대화할 수 있는 디스플레이 형태라는 걸 보여주기에는 충분하였다.

이러한 HMD의 역사를 디바이스의 역사를 통해 이해해보고자 한다. [표 7]을 통해 HMD의 역사를 살펴보면 ① 닌텐도 VIRTUAL BOY는1995년 7월 21에 닌텐도에서 출시한 3D 게임기이다. HMD 기술을 이용하여 3D 착시를 발생시켜 원근감을 표현하는 방식으로 닌텐도 등에서 게임 콘텐츠를 위한 개인용 디스플레이 장치로 제작하였다. 하지만 무게, 가격, 해상도 등의 문제로 일반 사용자를 위한 상용화는 성공하지 못하였다. ② 구글 카드보드는 2014년 구글에서 출시하였다. 간이용 VR 제품으로 기본 구조는 도면이 그려진 골판지 상자이며 2개의 볼록렌즈, 자석, NFC 태그 스티커뿐이다. 일반적으로 DIY 도면 및 해당 도면으로 만들어진 HMD를 지칭한다. 자체 디스플레이가 존재하지 않기 때문에 스마트폰 등을 디스플레이 대용으로 삽입해야 HMD와 같은 기능이 가능하다. 장점으로 저렴한 가격과 높은 접근성이 꼽히지만, 조작성이 떨어지는 문제가 있다.

③ 폭풍마경4는 2016년 중국의 베이징 폭풍마경 과학기술 유한회사(北京暴风魔镜科技有限公司)에서 제작하였다. 가상현실 헤드 마운티드 디스플레이인 폭풍마경의 5번째 시리즈이며 폭풍마경3 PLUS의 후속작이다. 내부에 스마트폰을 삽입해야만 가상현실이나 헤드 마운티드 디스플레이로서의 기능을 수행할 수 있으며 경량화 되었고 안경을 착용하고 감상할 수도 있다. ④ 삼성 VR기어는 오큘러스 제작사와의 공동작품으로 모바일 VR기기로 성능이 우수하다. 하지만 기기의 특성에 비해 가격이 높은 단점이 있다. 다음으로 ⑤ 팔머 럭키(Palmer Luckey)의 VR HMD는 2011년도에 1992년생 팔머 럭키(Palmer Luckey)가 기존 HMD에 모바일용 LCD, 헤드 트래킹, 시야 확장 등의 핵심적인 아이디어를 결합하고 VR HMD의 시제품을 공개했다. 2012년에는

팔머 럭키의 아이디어에 감명 받은 존 카맥의 오큘러스사가 출범했고, 밸브 등 게임업계 거물들의 투자를 유치했다. 2013년에는 오큘러스사는 오큘러스 리프트 DK(Oculus Rift Development Kit)를 공개했고, 모든 면에서 기존에 비해 한층 진보된 기술을 선보인 VR HMD라는 평가를 받는다. 이제 게이밍 VR HMD의 시대가 열리게 되면서 오큘러스사는 2014년 20억 달러에 페이스북에 인수된다. ⑥ 오큘러스 리프트는 2012년 8월에 첫 모델이 출시되는데 HMD의 디자인부터 기능까지 현대적인 VR의 대표적인 사례이다. 실질적으로 가상현실에 대한 높은 관심을 이끌어 낸 것은 Oculus VR사의 Oculus Rift이다. 2012년 설립한 Oculus VR사는 기존의 HMD보다 효율적이고, 저렴한 HMD 보급을 위해 개발에 착수한다. 개발 비용은 킥스타터를 통해 조달하여 프로토타입 개발에 성공하였다. 기존 HMD들은 좁은 화각(Field of View)과 낮은 해상도, 높은 가격 등으로 보급화 되기엔 모사란 성능이었다. 하지만 Oculus Rift 초기 버전은 5.6인치 크기의 디스플레이에 좌우 각 눈에 640x800정도의 낮은 수준의 해상도지만 90도 이상의 화각과 고속 트래킹 기술을 탑재, 합리적 가격으로 기존 HMD와는 큰 차별성으로 대중화의 가능성을 열었다.

⑦ HTC VIVE는 HTC VIVE사를 설립자인 필 첸은 2012년 한창 오큘러스 리프트 초기 버전을 개발중이던 오큘러스사에 협력을 제안하였으나, 거절당하고 밸브와 협력하게 되었다. 이후 2016년 4월 5일 오큘러스 리프트와 유사한 HMD 기기 VIVE를 출시하였다. 출시 이후에 오큘러스 리프트보다 더 좋은 평가를 받았다. 단순히 PC뿐만 아니라 HTC VIVE 앱을 통해 스마트폰과 블루투스 연동도 가능하였다.

⑧ 오큘러스 리프트는 2016년 출시하였다. 하지만 PC 권장사양을 충족하기엔 너무 높은 스펙에 기기 자체도 너무 비싸서 기술력은 훌륭하지만 대중화는 아직 시기상조라는 평가를 받았다. ⑨ 오큘러스 퀘스트(Quest)는 2019년

5월 21일 Oculus에서 출시된 스탠드 얼론 VR 디바이스이다. 하이엔드급 PC, 센서, 케이블도 필요 없다는 것이 특징이며 활동영역을 지정해 영역을 벗어나면 카메라로 외부를 볼 수 있다. 사양은 낮지만 존 카맥의 최적화 능력을 기반으로 매우 안정적인 성능을 보여주며 무선으로도 컴퓨터와 연결해 VR 게임을 즐길 수 있다. ⑩ 오큘러스 퀘스트2(Quest 2)는 2020년 10월 13일 출시하였고 VR 디바이스며 오큘러스 퀘스트(Quest)의 후속 작이다. 전작에 비해 무게가 약 10% 감소, 디스플레이의 픽셀 수는 약 50% 증가하는 등 기기의 성능은 향상되고 가격은 크게 저렴해졌다. 기존에 무선으로 PC VR을 즐기려면 별도의 앱이 필요 했으나, 오큘러스 퀘스트2(Quest 2)는 Wi-Fi를 통한 컴퓨터와 무선 연결을 지원한다.

⑪ 홀로렌즈 1은 Microsoft에서 출시되었고 한국시간으로 2015년 1월 22일에 공개한 HMD 증강현실 기기다. PC나 스마트폰에 연결할 필요가 없이 구동이 가능하며 다른 VR 기기가 시야를 완전히 차단하는 방식이라면, 홀로렌즈는 반투명한 디스플레이를 통해서 사용자의 주변 환경을 볼 수 있도록 한 점이 다르다. 홀로렌즈의 증강현실 기술은 반투명 디스플레이위에서 사용자 환경과 상호작용해 재생된다. 우리가 상상하는 증강현실이라는 개념과 가장 근접하는 기기라는 평가를 받는다. ⑫ 홀로렌즈 2는 Microsoft에서 출시하여 2019년 MWC에서 공개됐다. 기존 홀로렌즈 1의 단점을 개선하고 여러 기능을 추가한 장치로 홀로렌즈 2는 2019년에 공개된 홀로렌즈의 후속작이다. 기존 홀로렌즈는 시야각이 30도 밖에 안됐는데, 홀로렌즈2는 시야각이 52도까지 확장됐다. 몸체를 탄소섬유로 만들어서 부피가 많이 줄었고, 무게도 크게 줄어들었다. 기존에 증강현실과 상호작용할 때 간단한 동작만을 추적했지만, 센서와 처리능력이 개선되어서 모든 손가락을 추적할 수 있고 더 다양한 제스처를 인식할 수 있다. 한편, [표. 7]은 HMD의 역사와 과정을 보여준다.

[표. 7] HMD의 역사와 과정

① 닌텐도 VIRTUAL BOY	② 구글 카드보드

③ 폭풍마경4	④ 삼성VR기어
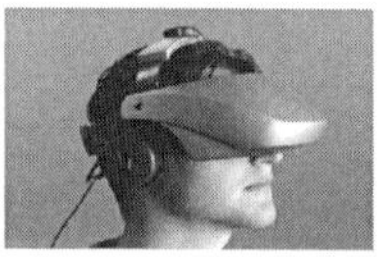	
⑤ 팔머 럭키의 VR HMD	⑥ 오큘러스 리프트

⑦ HTC VIVE	⑧ 오큘러스 리프트
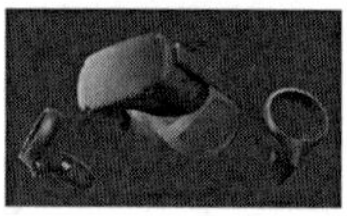	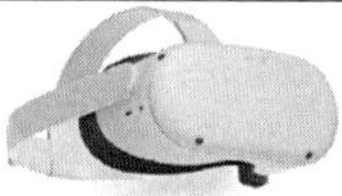
⑨ 오큘러스 퀘스트	⑩ 오큘러스 퀘스트2
	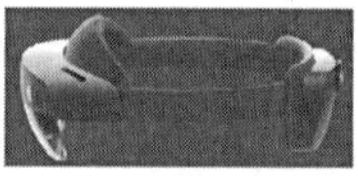
⑪ 홀로렌즈 1	⑫ 홀로렌즈 2
	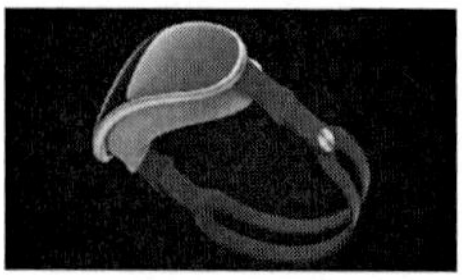
소니 PSVR2	애플Reality Pro

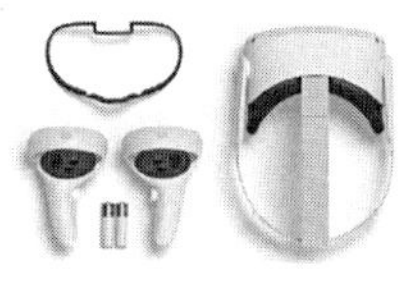	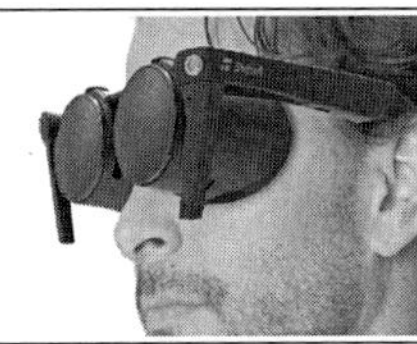
메타 Quest 3	시프톨 MeganeX

1.3. 헤드 마운티드 디스플레이(HMD)의 디바이스의 기술

헤드 마운티드 디스플레이(HMD: Head Mounted Display)의 대중적인 보급 노력은 Oculus VR사의 Oculus Rift외에도 초창기 Sony의 PlayStation VR, HTC의 Vive, Razer의 OSVR [그림. 132]을 들 수 있다. 과거 일체형 HMD의 특징을 살펴보면 각 눈에 1080x1200의 해상도와 화각(Field of View)은 110도를 구현한다. 재생률(Refresh Rate)은 90fps 정도의 성능을 보이고 있으며 Oculus Rift 초기 버전과 비교하면서 많은 발전을 보였다. 하지만 향후 보다 더 높은 품질의 가상환경 콘텐츠를 제공하기 위해서는 화면 해상도와 더 넓은 화각을 제공하고자 하였다. 그리고 여전히 해결해야 할 문제점으로 장기 착용시 어지러움증 등에 대한 추가적인 연구도 필요한 상황이다.

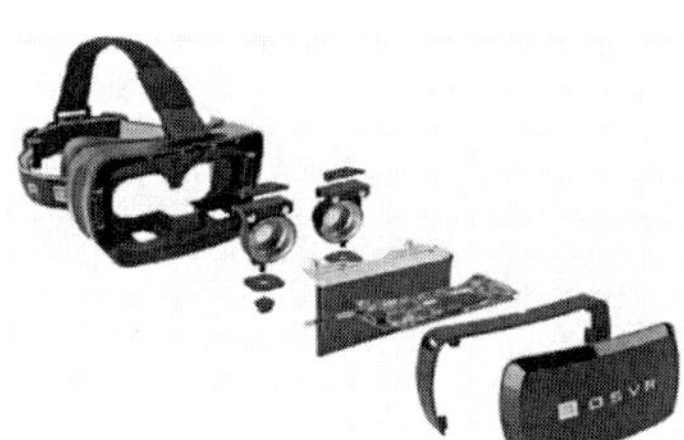

[그림. 132] Oculus Rift와 유사한 내부 구조를 가지는 Razer OSVR
출처: 김익재, "가상현실 기술 동향", 이 달의 신기술, 2015년 9월

국내에서는 삼성전자가 미국 메타(Meta)사 (구 페이스북: Facebook)과 손잡고 발빠르게 탈착형 HMD를 출시 하였었다. 디바이스 기술면에서 볼 때 스마트

폰을 활용한 HMD는 추가적으로 디스플레이 장치 및 콘텐츠를 재생하는 디바이스(Device)가 별도로 필요가 없다. 구동앱은 기존 앱스토어 등에서 쉽게 다운 받아서 활용 가능하며, 게임 인터페이스나 가상극장, 멀티미디어 감상 등 몰입감을 올릴 수 있는 장점이 있다.

탈착형 HMD는 고화질 스마트 폰과 기존의 앱 개발 환경을 그대로 활용할 수 있기 때문에 제한된 콘텐츠와 높은 가격으로 활용 문턱이 높았던 소비자들에게 좋은 환경을 갖춰주고 있다. 앞으로 더 넓은 화각을 제공하고 착용의 편의성과 자유시점을 제시하는 콘텐츠 제작 기술이 필요하다. 그리고 사용성이 편리한 사용자 인터페이스 등의 개발을 통한 더 많이 활용 가능성이 기대된다.

2010년도 HMD 제품들의 해상도는 320x240, 640x480의 같은 1990년대 중반 수준에 계속 머무르다가 2011년에 들어와서야 간신히 1280x720 수준으로 올라왔다. 2020년에는 20만원대 가격의 보급형 영상 감상용 기기인 [그림. 133] '오큘러스 고'가 출시되었는데 각 눈에 1280*1440해상도, 양눈 2560*1440으로 WQHD해상도 정도로 나온다.

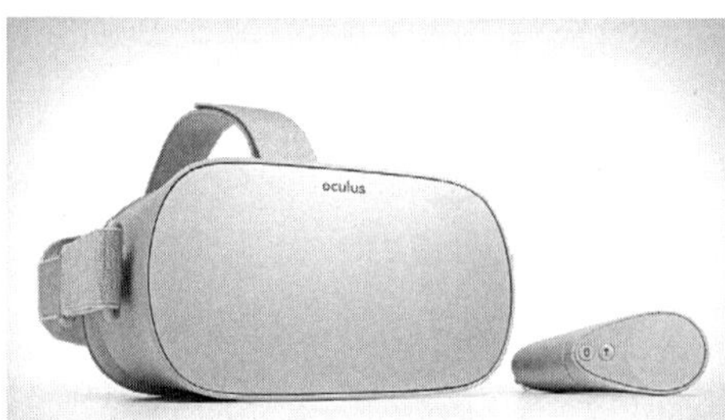

[그림. 133] 오큘러스 고

한편, 2016년 MWC(Mobile World Congress)에서 대한민국 LG전자(LG Electronics)사의 스마트폰과 연계되는 HMD가 출시되어 HMD 시장에 뛰어든 이후 3년 만에 열린 2022 MWC가 메타버스(Metaverse)로 물들기 시작했다.

최근 특징적인 변화라면 LG전자는 이제 모바일 사업을 포기했가. (LG전자 계열사 LG 모바일 23분기 연속 영업적자를 기록한 끝에 이사회를 열어 2021년 7월 31일자로 휴대폰 사업을 종료하기도 하였다.: 26년만에 휴대폰 사업 철수)

한편, 미국 퀄컴(Qualcomm)사는 인공지능(Artificial Intelligence: AI)를 품은 모뎀(Modem)을 통하여 관련 시장에서의 선두 지위를 굳혔다는 평가였다. 또한, 중국 화웨이(Huawei)사는 5G의 발전 속도를 높일 수 있는 솔루션(Solution)을 제시하였고, 미국 매브니어(Mavenir)사, 미국 인텔(Intel)사, 마이크로소프트(Microsoft)사 등은 개방형 무선 접속망을 뜻하는 오픈랜(Open RAN: Open Radio Access Network) 관련 전시에 관심이 높았다.

[그림. 134] SK텔레콤의 메타버스 서비스 이프랜드 (ifLand)
출처: 연합뉴스 https://www.yna.co.kr/view/IPT20220302000004365

한편, 2022년 MWC(Mobile World Congress)에서 대한민국 SK텔레콤은 [그림.134]과 같이 메타버스 서비스 이프랜드(ifLand)를 전시 하였다.

연습문제

1. 메타버스 원격현전(Metaverse Telepresence)에 대하여 설명하시오.

2. HMD 디바이스 기술의 발전 동향에 대하여 설명하시오.

3. HMD 디바이스의 역사에 대하여 설명하시오.

4. MWC(Mobile World Congress)에서 전시된 최신 제품에 대하여 조사하시오.

2. 사용자 인터페이스 기술

사용자 인터페이스(UI: User Interface)의 의미를 살펴보면(UI)는 인터넷 이용자들의 컴퓨터, 시스템, 기기, 도구 등 그 사이에서 일어나는 상호작용(Interaction)을 매개하는 것이다. 예를 들어 메타버스(Metaverse) 공간(Space)은 현실에서 가상의 공간으로 넘어가는 방식으로 통로가 필요하다. 우리는 기본적으로 사람(사용자)과 사물 또는 시스템, 기계, 컴퓨터 등 그 사이에서 쉽고 간편하게 가상의 공간을 활용할 수 있고 편리한 의사소통을 할 수 있도록 일시적 또는 영구적인 접근을 목적으로 디자인해야 한다.

인터페이스(Interface)는 사용자의 명확한 의도의 결과를 쉽게 제공하고 심리적으로나 신체활동 면에서도 편리함이 보장 되어야 좋은 인터페이스라 할 수 있다. 이러한 연결을 일컫는 말로 사용자 인터페이스(User Interface: UI)라고 정의하며 예시는 다음 [그림.135]과 같다.

[그림. 135] 사용자 인터페이스

출처:https://www.wedesignx.com/knowledge/metaverse-vr-ar-mr-ux-ui-ixd-design

사용자 인터페이스(User Interface)는 크게 다음과 같은 수단을 사용한다. 입력(사용자가 시스템을 조작할 수 있다.), 출력(시스템이 사용자가 이용한 것에 대한 결과를 표시한다.), 삭제(시스템이 사용자가 잘못한 것을 삭제한다.)사물인터넷의 발전과 더불어 각종 첨단 서비스 실행을 위한 기반으로써 UI의 중요성이 부각되고 있는데 대표적으로 먼저 명령 줄 인터페이스(CLI: Command Line Interface): 사용자가 컴퓨터 자판 등을 이용해 명령 문자열을 입력하여 체계를 조작하는 인터페이스이다. 두 번째로 그래픽 사용자 인터페이스(GUI: Graphical User Interface): 체계의 요소에 해당하는 그래픽과 텍스트로 이루어져 있다. 세 번째로 네추럴 사용자 인터페이스(NUI: Natural User Interface)가 있다. 마지막으로는 유기적(인) 사용자 인터페이스(OUI: Organic User Interface)가 있다 [표. 8].

[표. 8] 사용자 인터페이스의 변천사

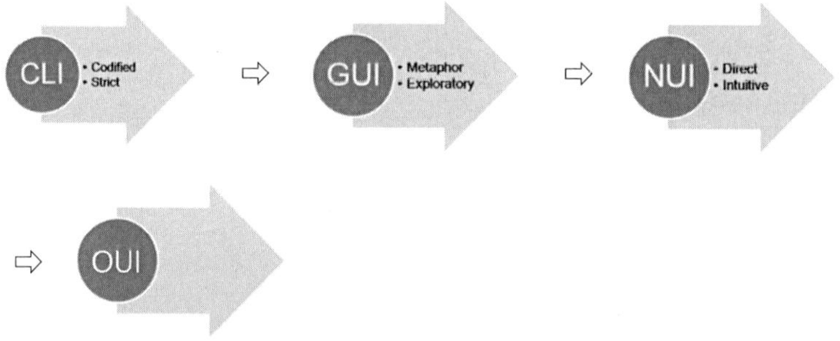

사용자 인터페이스는 CUI [그림. 135], GUI [그림. 136], NUI [그림. 137], OUI [그림. 138, 그림 139]의 4가지로 구분 되는데 각각의 의미와 특징을 살펴보자.

CLI [그림. 135]

GUI [그림. 136]

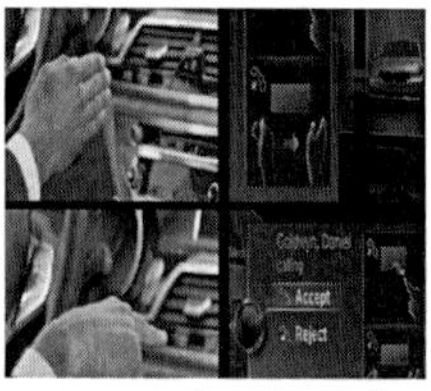

NUI [그림. 137]

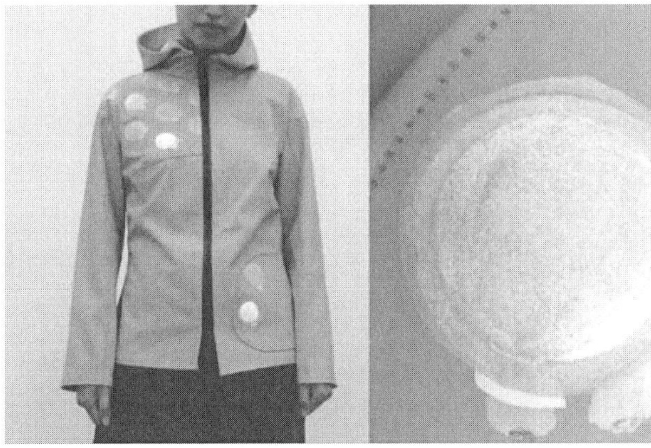

[그림 138]. OUI 예시 1

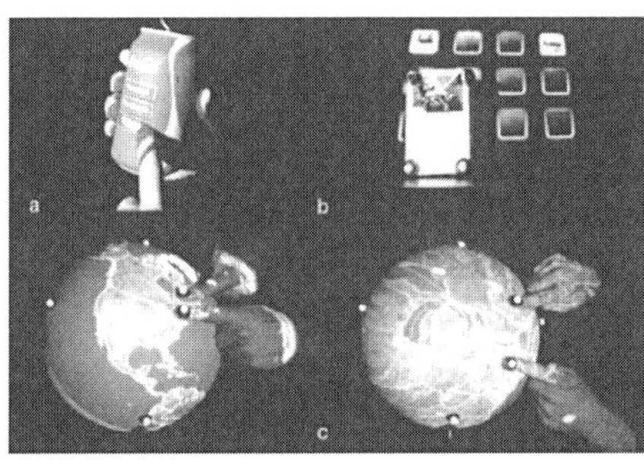

[그림 139]. OUI 예시 2

출처: Holman, D, Vertegaal, R, "Organic user interfaces: designing computers in any way, shape, or form," Communications of the ACM, 48-55, 2008.

첫 번째로 CUI(Character User Interface)는 표시 내용이나 입력 내용이 문자 베이스로 일명 명령줄 인터페이스(CLI:Command-Line Interface)라고 한다. UI 중 가장 시초로 들 수 있으며 글자로만 이루어져 있어서 [그림. 135]에서 처럼 검은색 화면에 텍스트의 입출력을 통하여 사용자와 컴퓨터 간 소통하는 인터페이스 개념이다. 대표적으로 윈도우즈의 cmd창이다.

이미지가 없고 리소스(Resource)를 적게 사용한다는 점이 속도가 빠르고 반복 작업시 업무의 자동화 부분에서 효율적이라는 장점이 있다. 하지만 사용자가 명령어를 하나하나 입력해야 하는 번거러움이 있어서 편리성 부분에서는 단점으로 작용한다. 서버용 컴퓨터들은 여전히 CLI(Command-Line Interface)환경을 사용한다.

두 번째로 [그림. 136] 그래픽 사용자 인터페이스(Graphic User Interface: GUI)는 그래픽을 이용해서 사용자와 소통한다. 즉 그림이나 아이콘으로 소통하는데 우리가 일반적으로 사용하는 스마트폰의 인터페이스(Interface)로 사용자의 편리한 사용을 위해 입출력 등의 기능을 알아보기 쉬운 아이콘 등의 그래픽으로 나타낸 것이다. 따라서 그래픽과 리소스 사용이 많아 상대적으로 속도가 느리다는 점과 업무의 자동화 부분에서는 다소 복잡하다는 단점이 있다. 하지만 드래그 앤 드롭(Drag-and-drop)이나 클릭(Click)으로 컴퓨터와 소통하는데 누구나 쉽게 접근할 수 있고 윈도우즈가 대표적이다. 그래픽을 통한 편리성 부분에서 직관적인 조작이 가능하다는 장점이 있으며 키보드(Keyboard)와 함께 마우스(Mouse)도 사용 가능하도록 인터페이스가 바뀌기 시작했다.

세번째로 [그림. 137] NUI(Natural User Interface)는 신체의 움직임을 직접적으로 소통하는 방식이다. 예를 들어 2002년 영화 <마이너리티 리포트>를 보면 영화장면 중 톰크루즈가 손 동작으로 3D화면에 있는 여러 데이터들을 조작하는 장면이 나오는데 같은 맥락에서 이해할 수 있다.

NUI는 터치를 이용한다는 점에서 Touch User Interface(TUI)라고도 한다. 사람의 내재된 자연스러운 행동을 기반으로 하며 상호작용에 의한 사용자 인터페이스이다. 마우스나 키보드 등 별도의 장치 없이 쉽게 배우며 사람의 감각이나 행동, 인지능력을 통해 자연스럽게 디지털 기기를 제어하는 환경을 말한다. 즉 마우스나 키보드와 같은 간접적인 입력장치가 없고 센서나 카메라를 이용해서 신체를 바로 입력장치로 사용한다. 사용자는 콘텐츠를 직접적으로 조작하기 때문에 사용자 입장에서는 출력되는 정보 외에는 인터페이스가 보이지 않는다. 2010년 키넥트가 세상에 공개되면서 제스쳐 인터페이스 방식이 상용화 되었고 최근에는 핸드폰에도 제스쳐 기능이 도입되는 등 일상화되는 추세이다.

마지막으로 OUI(Organic User Interface)는 사물이나 물질들이 변형 없이 인터페이스 장치가 되는형태로 모든 장치로부터 자유로워진다. Communications of the ACM에 2008년 특집호로 다루기도 하였으며 최근 빅테크(Big Tech) 기업들에서 메타버스와 접목한 연구들을 시도하고 있다.

2.1. 사용자 인터페이스의 확장

본 장에서는 사용자 인터페이스에 관한 확장에 관해 논의해 보고자 한다. 일반적인 인터페이스(Interface) 처럼 키보드나 마우스 같은 부가적인 장치가 없이 사람의 신체기관으로 직접 인터랙션 한다는 의미로 내추럴 사용자 인터페이스(Natural User Interface: NUI)가 있다. 사용자의 제스쳐에서 나타나는 움직임을 인지하여 조작이 가능하다는 점에서 첨단 기술력의 재현이며 앞으로의 인터페이스 영역으로써 연구의 확장 가능성이 매우 높다. 메타버스(Metaverse) 공간에서의 인터페이스 상호 소통방식을 살펴보면 아바타의 제스쳐가 중요한 요소로써 사용자의 감정과 정보를 공유한다. 따라서 이 공간에서 사용자 제스쳐의 중요성을 볼 때 NUI방식의 사용자 인터페이스는 어쩌면 메타버스(Metaverse) 플랫폼에 꼭 필요한 사용자 인터페이스(UI)일지 모른다. 따라서 [표. 9] NUI의 기술요소 9가지를 살펴보고 각각의 특징들을 알아보고자 한다.

[표. 9] NUI의 기술요소 9가지

① haptic	② gestural	③ tangible
④ vocal	⑤ ocular	⑥ cerebral
⑦ near field	⑧ display	⑨ HUD

① haptic-피부의 촉각을 통한 인지방식-. 최근 촉각을 통한 상호작용 디바이스의 연구 활발, 인간의 5가지 감각 중 중요한 요소로 인식한다.

② gestural-신체의 움직임을 의미, 손가락과 팔, 다리를 이용하여 컴퓨터와 소통하는 기술이다.

③ tangible- Touch의 개념으로 실제 사물을 이용, 만지거나 조작하는 방식. 디지털 기기를 활용하는 기술이다.

④ vocal- 음성을 활용하여 인식, 생성하는 기술. 사람에게 말하듯이 컴퓨터에게 얘기하면서 질문과 답변을 실시간으로 생성하는 기술이다.

⑤ ocular- 시선 추적을 통한 인식방식(아이트레킹 기술). 시선 벡터(Gaze vector) 라고도 한다.

⑥ cerebral- 뇌와 컴퓨터의 소통방식을 이용한 인터페이스. 뇌파를 통해 컴퓨터와 인터렉션하는 기술이다.

⑦ near field- 근접센서 및 통신을 활용한 방식, 근거리의 위치에서 디지털 기기의 조작이 가능, 데이터를 전송하는 기술이다.

⑧ display- OLED 및 e-Ink 디스플레이. 백라이트 없이 디지털 이미지를 구현. 종이처럼 활용이 가능한 새로운 디스플레이 기술이다.

⑨ HUD- 항공기 기술에서 채용해 Head-up display라고 한다. 개인화된 증강기술 디스플레이로 최근 자동차에 많이 활용된다.

사용자의 제스쳐 움직임을 얻는 방식은 크게 비착용형과 착용형으로 나눠지는데 각각의 특성을 살펴보면 다음과 같다.

비착용형은 두 손의 움직임을 추적하기 위해서 깊이 카메라(Depth Camera)를 활용하는 방식이다. 깊이 값을 얻기 위한 방법으로 크게 스테레오 카메라 방식과 패턴 투사 방식 또는 ToF(Time Of Flight) 방식으로 구분된다.

[그림. 138]의 립모션(Leap motion)은 센프란시스코에 있는 벤처회사로 정교한 손 동작 인식 센서를 지닌 사용자 인터페이스를 제공하는 장치이다. 스테레오 카메라를 활용하여, 깊이 맵을 얻어낸 후, 각 손가락의 관절 움직임을 추정하는 방식으로 초광각 150도의 시야각으로 0.01mm의 정밀도로 10개의 손가락 인식과 깊이까지 표현이 가능하며, 초당 200 프레임으로 움직임을 추적한다.

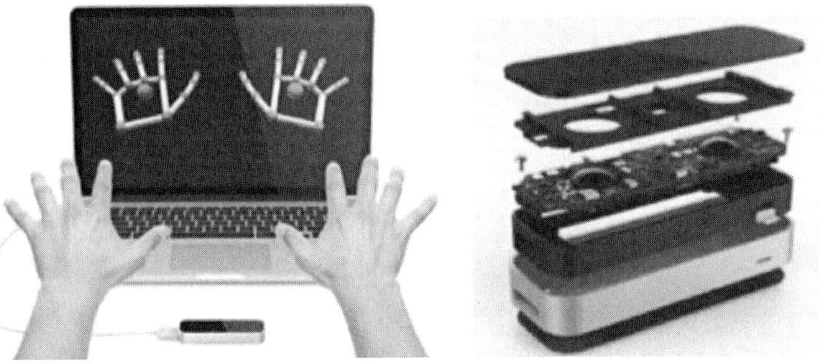

[그림. 138] 립모션(Leap motion)과 세부구조도

[그림. 139]의 uSens는 2018년 1월 7일 미국 라스베이거스에서 열린 'CES 2018 Unveiled'에서 손 움직임 추적장치 VR헤드셋을 발표했다. 탈착형 VR 헤드셋으로 헤드셋 전면 커버부 오른쪽에 스테레오 카메라 세트가 장착되어 있고 체험자의 손가락 제스처를 인식하는 방법에서 기존의 가상의 손을 통한 방식이 아닌 자신의 손 모양을 카메라 인식을 통해 그대로 가상 공간 속 투과형 HMD(see-through HMD) 에서 보여주는 기능을 제공한다.

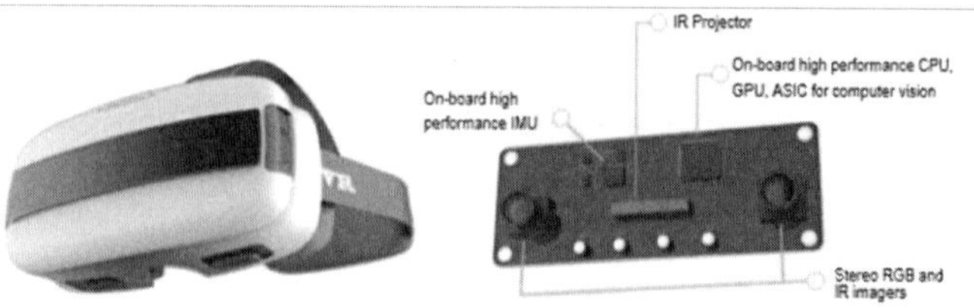

[그림. 139] uSens와 스테레오 카메라 세트

사용자의 자연스러운 동작을 재현하는 비착용형 제스쳐 인식방식은 가상공간 객체와의 상호작용 시 얻는 질감이나, 진동 등의 실제적인 촉감을 얻지 못하는 점과 동작의 오류가 발생 했을 때 원인을 찾기가 어렵다는 등의 단점들이 있다. 따라서 촉감적인 부분에서의 단점들은 오큘러스의 Oculus Touch나 삼성전자의 Rink 등의 진동 디바이스 장비를 통해 촉감적인 요소를 가상공간에 활용하고 있다.

2.2. 사용자 인터페이스의 사례

기본적으로 사용자가 가상현실 공간에서 이동하기 위해서는 사용자 신체의 동작정보를 전달하는 추가적인 장비가 필수적으로 필요하다. 이런 관점에서 HMD기기는 현실이 완전히 차단되어 앞이 보이지 않는 상태에서 이동을 해야 하는 방식이다 보니 이러한 위험요소를 제거하기 위해 다양한 이동제어 기술이 필요하다. 따라서 본 장에서는 가상현실 기기에서 나타나는 제스쳐(동작)기반의 HMD기기와 어트렉션 장비로 체험하는 대표적인 콘텐츠로 [그림. 140]의 3가지 사례를 소개하고자 한다.

① 오큘러스 리프트를 이용하는 가상현실 게임인 "이브:발키리"

② 미국 테마파크 "식스 플래그스"는 삼성전자와 제휴 - 미국 내 다수 테마파크에 "e가상현실 롤러코스터" 서비스 제공. 삼성 기어VR 헤드셋 착용

출처 : http://vrscout.com/news/six-flags-virtual-reality-roller-coaster/

③ 영국 테마파크 “소프 파크” 21세기 폭스사와 제휴 - ‘VR유령열차’ 운영. HTC사의 ‘바이브“라는 VR헤드셋 착용

출처 : https://www.youtube.com/watch?v=PAHenmKkasc&t=3s

① 가상현실 게임 "이브:발키리“	**② 미국 테마파크 "식스 플래그스"**	**③ 영국 테마파크 "소프 파크"의 ‘VR유령열차’**
활용가능 디바이스		
*오큘러스 리프트	*삼성 기어VR	*‘바이브" VR헤드셋

[그림. 140] 다양한 디바이스의 인터페이스 사례

다음으로 다양한 기능과 방식의 이동제어 장치들인 버툭스 옴니(Vituix Omni), Cyberith Virtualizer, Infinadeck Treadmill 등이 있다. 이러한 장비들은 기본적으로 가상현실 VR기술을 통해 사용자의 몰입감을 높이고 신체 활동의 안정감을 유지하기 위한 방법들이다. 즉 시각적인 몰입감에서 디바이스를 통한 신체활동의 인터랙션적인 몰입감으로 확장되고 있는 것이다.

① 버툭스 옴니(Vituix Omni) - 미국 버툭스(Vituix)사의 보행형 VR장치 “버툭스 옴니(Vituix Omni)” 세트이다. 가상현실 게임에 활용하는 장비로 게임 이용자의 현실적인 체험을 돕기 위한 것이다. 가상현실 세계를 시각적으로 구현해주는 HMD인 오큘러스 리프트의 기능에 신체 동작과 움직임을 결합한 실감형 체험 장비이다. 360도 전 방향에서 제자리 걷기와

달리기가 가능하며 다양한 움직임이 구현된다. 허리에 달린 스트랩(지지대)과 전용신발을 이용해 안전성과 기능성을 구축하였다.

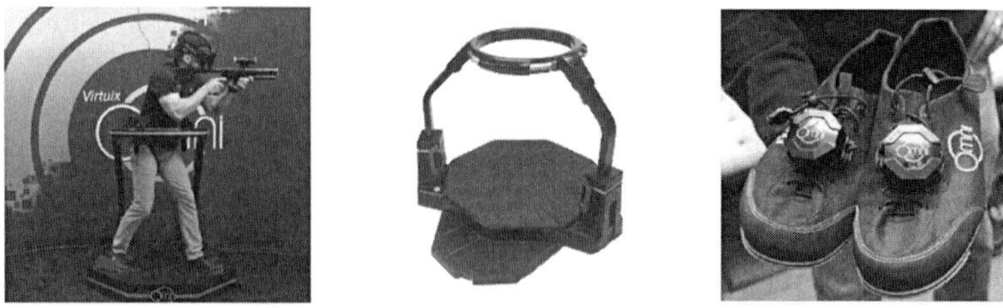

① 버툭스 옴니(Vituix Omni)　　인터페이스 플랫폼 및 벨트 지지대와 전용신발(http://www.virtuix.com/)

[그림. 141] 버툭스 옴니(Vituix Omni)

② Cyberith Virtualizer 2 - Cyberith는 VR 이동 솔루션을 제공하는 선두 업체이다. 직관적인 보행을 위한 능동형 모션 플랫폼과 낮은 대기 시간 및 정확한 추적을 위한 광학 추적 시스템이 구축되어 있다. 또한 사용자를 위한 안전 및 보안장비가 특징이다.

정확한 모션 트래킹 시스템을 구현하는 VR용 전방향 트레드밀이다. 특히 Cyberith Virtualizer2는 2DOF(자유도) 기능을 통해 오르막길을 오르는 듯한 지형을 체험할 수 있다.

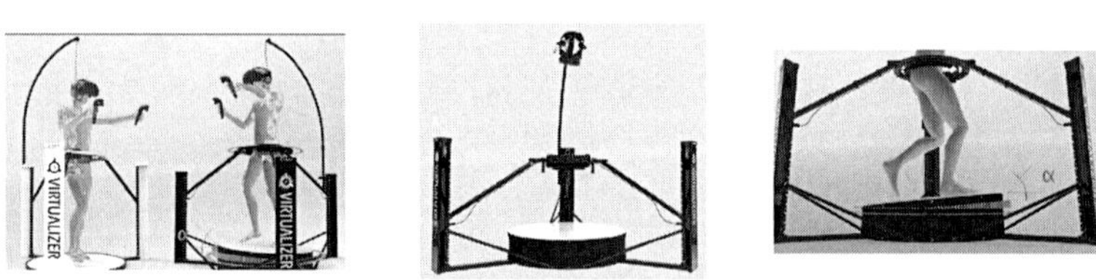

② Cyberith Virtualizer1(좌) Cyberith Virtualizer2(우)　　2DOF(자유도)기능(http://cyberith.com/product/)

[그림. 142] Cyberith Virtualizer 2

③ Infinadeck Treadmill -

	Infinadeck Treadmill https://www.facebook.com/Infinadeck/ https://www.youtube.com/watch?v=R-bWKF6ySTo
	CONTAGIONVR2150 y MOON RECALL | Virtual Arena https://www.youtube.com/watch?v=WcuxCdP7jS0
	12 VR Locomotion Solutions/Concepts You Probably Haven't Heard Of https://www.youtube.com/watch?v=5PFM9KESnH8
	VR Glove - 2nd Prototype test in Half Life Alyx https://www.youtube.com/watch?v=f1puqO2Q6rQ VR Haptic Glove https://www.youtube.com/watch?v=k9WiMcg_aGY

[그림. 143] HMD기반 이동제어 장치들

연습문제

1. 사용자 인터페이스에 대하여 설명하시오.

2. CUI에 대하여 설명하시오.

3. GUI에 대하여 설명하시오.

4. NUI에 대하여 설명하시오.

5. 사용자 인터페이스의 사례에 대하여 설명하시오.

3. 디지털 휴먼

어떤 제품이 인간과 컴퓨터 상호작용을 통해 정보를 공유하기 위해서는 다양한 기능들이 필요하다. 그 기능은 기본적으로 인간의 활동 특성을 고려해야 하고 친숙한 모습이어야 한다. 뿐만 아니라 서로간의 감정을 전달하고자 한다면 좀 더 복잡한 기능들이 필요할 것이다. 메타버스(Metaverse) 공간에서는 인간과 인간이 사회적 관계를 형성하고 경제적 활동을 통해 정보와 감정을 공유해야 한다. 따라서 그러한 정보, 지식, 감정, 관계를 유연하게 만들어 줄 수 있는 방법들과 기술들이 필요하다. 이러한 관계를 가상의 세계에서 가능하게 해 주는 존재가 아바타이다. 아바타는 캘기터의 모습으로도 존재하지만 디지털 휴먼이라는 인간과 똑같이 생긴 모습으로도 존재하고 있다.

[그림. 144] 디지털 휴먼(Digital Human)로지
출처: https://kofice.or.kr/b20industry/b20_industry_03_view.asp?seq=8066

디지털 휴먼(Digital Human)이란 이러한 메타버스(Metaverse) 환경에서 사람의 신체적 구조와 움직임을 데이터화하고 분석한다. 그러한 분석 정보를 통해 메타버스(Metaverse) 공간에서 마치 실제로 존재하는 사람처럼 움직임을 재현하게 한다. 여기서 핵심적인 디지털 기술들이 필요한 것이다. 디지털

휴먼은 이러한 기술들을 활용해 만든 사람과 동일한 외형을 갖추고 있는 가상 인간이다. 디지털 휴먼은 단순한 지식 전달을 넘어서 실제 인간들의 생활 속에서 체험하듯 현실감 있는 표정 변화와 함께 '인간적인 감정'으로 사회적인 대화가 가능하다는 점이 가장 큰 특징이다. 이러한 특성들을 가진 디지털 휴먼에 관한 사례들과 기술들을 다양한 방향에서 분석하고 이해해 보고자 한다.

3.1. 메타버스(Metaverse) 공간 속 디지털 휴먼

메타버스(Metaverse) 공간에서의 산업체 활동을 살펴보면 업무적인 관점에서 고객 서비스 상담, 브랜드 홍보, 컨설팅 등에 관한 디지털 휴먼의 역할이 점차 다양화되고 있다. 사회적 관계를 고려한 다양한 사례들과 그러한 관계를 유연하게 연결시켜주는 매체들을 [그림. 145] 메타버스(Metaverse) 공간에서의 소통방식사례를 통해 다양한 방법과 연결 매체들을 알아보자.

① 호라이즌 월드 - 3D공간, 기업홍보

② 호라이즌 워크룸 업무용 메타버스(metaverse)

③ 스파크AR

④ 프로젝트 아리아(AR안경)/ 레이벤 스토리지

⑤ webXR

⑥ NLLB-200 -통역기능

[그림. 145] 메타버스(metaverse) 공간에서의 소통방식 사례

기본적으로 메타버스(Metaverse) 공간에서는 3D를 기반으로 3차원 공간과 아바타가 형성된다. 메타가 출시한 ① 호라이즌 월드에서처럼 3차원 그래픽을 기반으로 게임이나 놀이문화를 즐기고 기업홍보도 이뤄지기 때문이다. 업무용 메타버스(Metaverse)인 ② 호라이즌 워크룸에서도 아바타의 역할은 매우 중요하다. 다양한 동작들과 표정들을 통해 서로 소통하고 정보를 공유하기 때문이다. ③ 스파크AR은 간단한 이미지 에디팅 툴을 적용해 현실 속 자신의 얼굴에 가상의 이미지를 덮어 올려 새로운 이미지를 연출하거나 캐릭터로 대체시키는 기능이다. 또 다른 가상세계에서의 커뮤니케이션 방식으로 ④ 프로젝트 아리아(AR안경)와 레이벤 스토리지(스마트안경)가 있다. 미국 메타(Meta)사 (구 페이스북사) 마크 저커버그 CEO는 VR 또는 AR 기기가 스마트폰을 대신할 것이라고 예상하면서 유명 안경사 라이벤과 연계하여 AR 안경을 제작한다고 밝혔다. ⑤ webXR Device API는 웹에서 가상현실을 지원하고 동시에 증강현실 모듈을 통한 증강현실의 다양한 기능들도 지원한다. WebXR 호환 장치에는 완전 몰입형 3D 헤드셋을 이용한 동작 및 방향 추적 기능, 안경을 통해 프레임을 통과하는 실제 장면 위에 그래픽을 오버레이 하는 기능, 스마트폰을 이용해 카메라로 환경을 캡처하고 컴퓨터로 해당 장면을 확대하여 현실을 강화하는 기능이 포함된다. 끝으로 메타버스(Metaverse) 공간에서의 소통을 원활하게 하기 위한 ⑥ NLLB-200의 통역기능이 필요하다.

메타버스(metaverse) 공간에서의 소통방식에는 다양한 기술들이 필요해 보인다. 그 중에서는 실질적인 대면감을 유도하는 아바타의 역할이 앞으로 매우 중요해 보인다. 그러나 인체의 과장이나 컨셉 등을 통한 캐릭터형 아바타를 활용할 것인가 아니면 나와 똑같이 닮은 인간의 모습을 모방할 것인지를 고민해야 디지털 휴먼은 생성된다. 이처럼 디지털 휴먼은 인공지능(AI), 빅데이터, 클라우드, 고성능 컴퓨터 등 첨단 기술이 융합한 방식으로 제작된다.

3.2. 디지털 휴먼의 사례분석

디지털 휴먼(Digital Human)은 일명 가상 인간(Virtual Human)으로 컴퓨터 그래픽으로 생성된 가상 인간의 확장된 개념이다. 이것은 단순히 인간을 가상의 그래픽으로 대체하는 것 이상의 의미가 있다고 생각한다. 특히 메타버스(Metaverse) 공간에서의 디지털 휴먼(Digital Human)은 가상과 현실의 경계를 넘나들며 다양한 분야에서의 활용 가능성이 전망된다. 따라서 각 경제주체는 디지털 휴먼(Digital Human)을 이용한 다양한 기회 창출 방안을 모색하고 기업들은 디지털 휴먼(Digital Human)을 활용한 고객 서비스 혁신, 생산성 향상에 관한 방법적 모색이 필요해 보인다.

디지털 휴먼(Digital Human)의 활동영역을 살펴보면 초기에는 TV, 영화 등 단방향적인 매체에서만 주로 활동하였다. 하지만 최근 들어 MZ세대들의 관심도가 높아지고 활용범위가 확대되면서 다양한 방향에서 연구가 이어지고 있다. '불쾌한 골짜기(Uncanny Valley)'를 뛰어넘을 수 있는 '가상 인간'의 창조는 현재 온라인 미디어의 활용이나 대화형 AI의 접목 등을 통해 양방향 소통이 가능하며 상호작용을 통한 인플루언서 마케팅, 고객 응대 등 다양한 분야로 활동 범위를 확대하고 있다. 디지털휴먼의 발전 단계를 살펴보면 버츄얼 인플루언서(Virtual influencer), 버츄얼 어시스턴트(Virtual Assistant), 인텔리전트 어시스턴트(Intelligent Assistant), 컴패니언(Companion)의 4가지로 분류된다.

대표적인 디지털 휴먼 개념으로 최근 가상 인플루언서(Virtual influencer) 시대가 도래하고 있다. 인플루언서(Influencer)라는 의미는 일반적으로 사회에 미치는 영향력이 큰 사람을 의미한다. SNS(Social Network Services)상에서 수만 명에서 수십만 명의 팔로워를 보유하며, 트랜드를 선도하기도 한다. 홍보 마케팅에 주로 활용되며 장기적 작업 비용이 저렴, 100%제어가 가능하고 여러 곳에서 동시에 활동이 가능하다. 또한, 늙거나 죽지 않고 실제 사람처럼 이미지가 나빠질 위험이 없다. 하지만 고객과의 소통이나 신뢰도면에서 진정성이 부족하다는 부정적 측면도 나오고 있다.

버츄얼 인플루언서(Virtual Influencer)의 사례를 [표. 10]을 통해 살펴보면 ① 로지는 싸이더스 스튜디오엑스가 제작했고 최근 인스타 팔로워수는 147K를 기록하고 있다. 22살 여성으로 설정되어 있으며 MZ세대(밀레니얼 Z세대)가 선호하는 얼굴형으로 제작되었다고 한다. ② 이마(imma)는 일본 Aww사에서 개발하였고 최근 인스타 팔로워수가 33만을 기록하고 있고 SNS 패션모델로 설정되어 있다. 그녀의 한해 수입은 7억 내외라고 한다. ③ '김래아'(Reah Keem)는 가수겸 DJ로 활동하고 있으며 LG전자가 'CES 2021'에서 공개한 가상인간이다. 관련기술로는 모션 캡처 작업, 딥러닝 기술, 자연어 학습 등을 통해 목소리를 입히고 움직임을 구현하였고 최근에는 미스틱스토리와 협업하여 가수 데뷔를 준비하고 있다. ④ 릴 미쿠엘라(Lil Miquela)도 버츄얼 인플루언서(Virtual Influencer)이며 Brud사가 개발하였고 19세의 나이로 로스엔젤레스에 거주하는 것으로 설정되어 있다. 뮤직아티스트이면서 인플루언서(Influencer)로써 사회적인 문제에도 자신의 의견을 통해 영향력을 행사하고 있다.

일반적으로 버츄얼 인플루언서(Virtual Influencer)는 현실세계에는 존재하지 않는다는 의미로 사용된다. 즉 버츄얼 인플루언서(Virtual Influencer)는 실제 사람이 아닌, 만들어진 캐릭터에 성격, 출신 배경, 직업 등 스토리텔링을 기반으로 한 페르소나를 설정하고 소통하는 가상의 인플루언서를 말한다. 하지만 ⑤ 루시는 현실에 존재하는 사람이다. 즉 실제 존재하는 인물의 촬영영상에 가상의 얼굴을 합성하는 3D 모델링 합성 기술로 탄생 한 인물이다. 즉 얼굴만 가상의 존재인 것이다.

[표. 10] 버츄얼 인플루언서(Virtual Influencer)의 사례

① 로지(rozy)	② 이마(imma)	③ '김래아'(Reah Keem)

④ 릴 미쿠엘라 (Lil Miquela)	⑤ 루시(LUCY)	⑥ 루이(Rui)

루시는 SNS로 활동하며 인스타 팔로워 8.5만명 이상을 보유하고 있다. 산업디자인 전공의 29세 디자인 연구원이고 가상세계에서의 부캐는 패션모델로 활동한다. 최근에는 인공지능 기반 음성표현 기술을 적용하고자 시도하고 있다. ⑥ 루이도 같은 경우이다. 실제 현존하는 인물의 활동 모습을 촬영 영상에서 가상의 얼굴로 합성하는 기술을 적용한 것이다. 버츄얼 유튜브로 활동하고 있는 그녀는 가수의 꿈을 가상현실 기술을 통해 이뤄보고자 노력중이라고 한다.

두 번째는 버츄얼 어시스턴트(Virtual Assistant)는 모든 종류의 음성명령을 이해해서 응답 작업을 완료하는 디지털 휴먼 버전으로 이해할 수 있다. Alexa, Siri, Google Assistant, Cortana 및 Bixby와 같은 버츄얼 어시스턴트는 답변, 질문, 농담, 음악 재생 그리고 조명, 온도 조절 장치, 도어락 및 스마트 홈 장치와 같은 가정용 항목을 제어할 수 있다. SAM(샘)은 대한민국 삼성전자의 버추얼 어시스턴트 캐릭터로 직원 교육 목적으로 기획 및 제작된 트레이너 캐릭터이다.

[그림. 146] 버추얼 어시스턴트 SAM(캐릭터)
출처: https://v.daum.net/v/20210607101301819?f=p

세 번째 개념으로 인텔리전트 어시스턴트(Intelligent Assistant)는 좀 더 고도화된 맞춤형으로 사람과 대화하듯이 문제를 논의하고 다양한 활동 속에서 자동차 운전이나 요가, 언어교육 등에 대해서 코치를 해줄 수도 있는 디지털 휴먼이다. 예를 들어 [그림. 147] BMW의 '인텔리전트 퍼스널 어시스턴트'는 BMW의 운영체제인 'iDrive 7.0'을 기반으로 차량의 문제해결을 도와주는 일종의 자동차 AI 비서라고 할 수 있다. 운전자 개인 맞춤형으로 운전 중에도 내비게이션을 안전하고 편리하게 이용할 수 있는 24시간 전문 상담원 서비스라고 보면 된다.

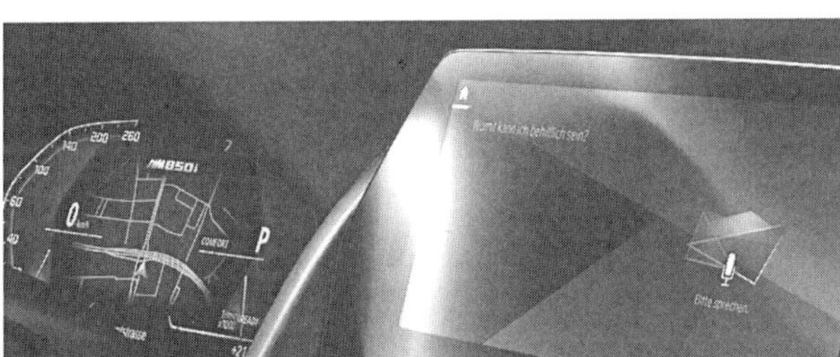

[그림. 147] BMW 인텔리전트 퍼스널 어시스턴트

마지막으로 컴패니언(Companion)은 인간과 구분가지 않을 정도인 AI친구로 마지막 단계의 디지털 휴먼이라고 할 수 있다.

컴패니언(Companion)의 사례로는 진짜 친구와 대화하는 것 같은 느낌을 받을 수 있을 만큼 자연스러운 수준으로 스캐터랩의 '이루다'가 있다. 인공지능 개발 스타트기업인 대한민국의 ㈜스캐터랩(ScatterLab)의 [그림. 148] '당신의 첫 인공지능(AI) 친구'라는 AI 챗봇 '이루다'가 10~20대 사이에서 빠르게 유행했다.

[그림. 148] 인공지능 챗봇 '이루다'

그러나 사회적 논란을 유발한 '이루다'는 현재는 서비스가 종료되었다. '이루다'는 스캐터랩 소속 핑퐁(Pingpong) 팀에서 2020년 12월 23일에 개발 출시한 페이스북 메신저 채팅 기반 열린 주제 대화형 인공지능 챗봇이다.

3.3. 디지털 휴먼 기술

메타버스(Metaverse) 시장이 확장됨에 따라 국내 게임사들은 '디지털 휴먼' 사업인 가상인간의 연구에 활기를 띠고 있다. 디지털 트윈(Digital Twin)은 컴퓨터를 통해 가상의 세계 속에 쌍둥이 사물이나 도시를 만들고 실제로 일어날 수 있는 상황들을 시뮬레이션을 통해 미래를 예측하는 기술이다. '디지털 휴먼' 사업도 이러한 맥락에서 보면 인간과 똑같은 가상의 존재를 만들고 여러 가지 활동을 시키거나 혹은 나와 똑같이 생긴 쌍둥이를 가상세계에 만들어 활동하게 한다면 우리는 이를 '디지털 트윈 휴먼(Digital Twin Human)'이라고 볼 수 있다.

[그림. 149] 대한민국 크래프톤(Krafton)사의 버추얼 휴먼 애나는 언리얼 엔진을 기반으로 제작한 하이퍼리얼리즘 제작 기술이다. 기본적인 피부의 솜털과 잔머리까지도 극 사실적으로 처리되어 기존의 버추얼 휴먼 기술보다 더 뛰어난 결과물로 표현돼 있다. 디지털 휴먼의 최적화 기술로는 2차원 화상에 광원, 위치, 색상 등의 정보를 더하여 고품질의 3차원 화상으로 제작하여야 한다. 따라서 Rigging 및 Skin Texture가 포함된 3D 캐릭터 제작기술과 상호작용 구현 기술이 확보되어야 한다.

[그림. 149] 대한민국 크래프톤(Krafton)사의 버추얼 휴먼 애나(ANA).
출처 : 전자신문(https://www.etnews.com/20220613000106)

대한민국 크래프톤(Krafton)사의 버추얼 휴먼 애나는 최고 수준의 페이스 리깅(Face Rigging) 기술이 적용되어 동공의 움직임, 미세한 얼굴 근육 및 주름까지 섬세하게 표현되었다고 한다. 또한, 신체 전반에적용된 Rigging기술을 통해 자연스러운 관절의 움직임을 볼 수 있다. 특히 고도화된 음성 합성(Voice Synthesis) 등의 딥러닝 기술이 더해지면서 실제 사람처럼 자연스럽게 연기할 수 있다. 또한 노래를 할 수 있도록 고유의 목소리(AI Voice)도 탑재하였다고 한다.

영화 '더 헤러틱'의 주인공 가웨인

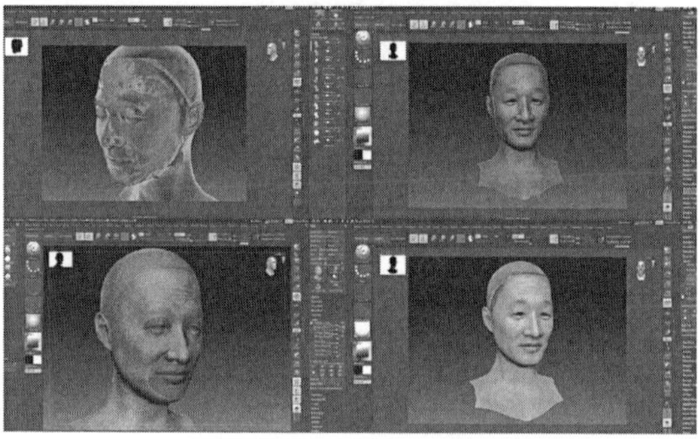

FACTORY 디지털 휴먼기술

[그림. 150] 디지털 휴먼 기술사례

디지털 휴먼 제작에 필요한 기술사례로는 딥페이크, 3D모델링, 스캔 데이터를 활용 등 다양한 기술이 제작과정에 활용된다. 그 중에서도 크게 외형을 만드는 CG 그래픽 기술과 지능을 만드는 인공지능(AI) 기술, 그리고 움직임을 구현하는 모셥캡처 기술로 나눠볼 수 있다.

최근에는 CG, AI, 모션캡처 등 디지털 휴먼 제작을 위한 기술의 발전과 클라우드 기반의 디지털 제작 플랫폼 서비스로 디지털 휴먼 제작의 효율성과 접근성이 크게 개선되었다. 따라서 디지털 휴먼을 만드는 핵심기술들을 알아보고자 한다.

① 볼류메트릭(Volumetric) 캡처 기술 - 사람의 형상을 실제 공간에서 차지하는 3차원 픽셀의 집합으로 만들어내는 기술이다. 볼류메트릭 캡처는 다수의 카메라를 이용해야 하며 최대한 보이는 대상의 형태를 있는 그대로의 형상으로 구현한다. 즉 공간상에서 3차원 픽셀 단위로 물체가 공간을 차지하는 것처럼 공간에 있는 형태와 색상을 촬영하는 방식이다. [그림. 151]는 일본 캐논(Canon)사의 볼류메트릭 스튜디오(Volumetric Studio)이다. 볼류메트릭(Volumetric) 4D 영상 기술에서 가장 중요한 부분이자 시작은 캡쳐 스튜디오라고 할 수 있다.

[그림. 151] 볼류메트릭 스튜디오(캐논사)

② 3D 휴먼 모델링(3D Human Modeling)- 이 기술은 게임 속의 3D 캐릭터처럼 애니메이션이 가능하도록 메시와 텍스처로 만드는 기술이다. 오래전부터 2차원의 얼굴 사진을 이용해 3차원 얼굴 모델을 만들고 애니메이션 기술을 이용해 3D 모델링 데이터를 움직이거나 변형시키는 기술을 활용해 왔다. 이러한 움직임을 시간대별로 기록해서 데이터를 만들어 편집하는 기술이다. 최근 실재감을 위해 후면의 형상과 텍스처까지 딥러닝 기법을 사용해서 만들고 영상을 이용하여 3D 휴먼 모델을 생성하는 방식들이 활용된다.

대부분이 입력 영상으로부터 사람의 자세를 도출하고 표준화된 3차원 휴먼 모델로 해당 자세를 만들고 변형한다. 다시 2차원 영상으로 투영한 다음 텍스처를 만들어 내고, 만들어진 3차원 모델을 렌더링하여 다시 입력 영상과 비교하는 재귀적인 방식을 활용한다고 한다.

2022년 6월 에픽게임즈는 [그림. 152] '메타휴먼' 출시를 발표하였다. "나만의 디지털 휴먼 제작을 더욱 손쉽게"하도록 제공되는 메타휴먼은 사실적인 휴먼 캐릭터 제작을 위한 완벽한 프레임워크를 제공한다고 밝혔다.

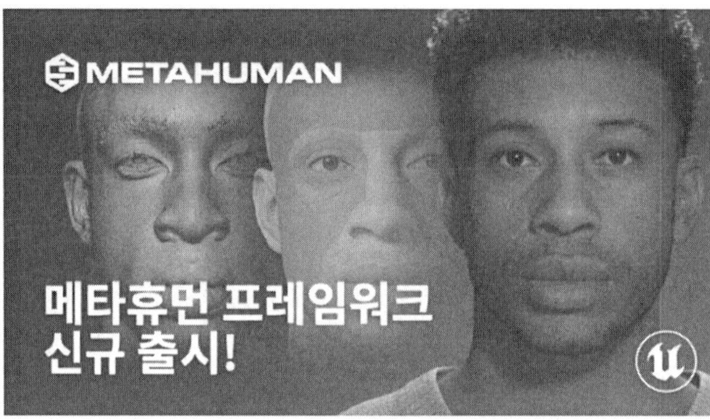

[그림. 152] 에픽게임즈의 '메타휴먼' 프레임워크
출처: https://mgame.dailyesports.com/view.php?ud=20220624192002572 6da2c546b3a_26

③ 뉴럴 휴먼 렌더링 기술 - 고품질의 디지털 휴먼을 만들기 위해 그래픽 기술과 딥러닝 기술을 이용하며 임의시점 또는 새로운 표정과 자세의 사람 영상을 만들어내는 기술이다. 휴먼 렌더링 기술은 2020년 소비자 가전 전시회(CES)에서 삼성전자㈜가 세계 최초로 선보인 [그림. 153] 인공인간 네온(Neon)과 [그림. 154] 페이스북의 코덱 아바타(Codec Avatar)가 3D 캡처 기술과 AI 시스템을 접목하여 실시간으로 사람의 형상을 합성하는 기술이다. 네온(Neon)은 8명의 아바타 중 1명만 실제 인간이고 나머지는 그래픽이다. 또한 코덱 아바타(Codec Avatar)는 자신과

똑같은 아바타를 만들 수 있는 기술이다. 따라서 다른 사람을 속일 목적으로 특정 인물과 같은 외모와 목소리를 만드는 영상 편집 기술인 '딥페이크(Deepfakes)'로의 악용 가능성도 우려되고 있다.

[그림. 153] 삼성전자-인공인간(Artificial Human)아바타 배우
출처: https://www.chosun.com/site/data/html_dir/2020/01/07/2020010703018.html

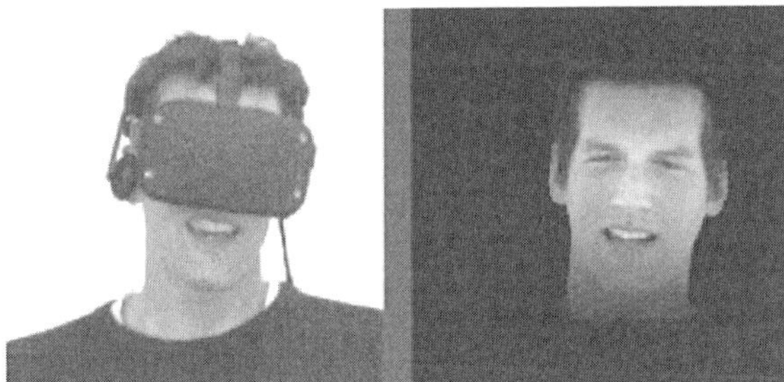

[그림. 154] 페이스북 – '코덱 아바타 프로젝트'
출처: https://m.inven.co.kr/webzine/wznews.php?idx=216836&iskin=tos

4. 디지털 트윈(Digital Twin)

디지털 트윈(Digital Twin)이라는 용어가 처음 사용된 시기를 살펴보면 2010년 미국 항공우주국(NASA)의 모델링, 시뮬레이션, 정보 기술 및 처리 기술 로드맵의 최종안 초안에서 디지털 트윈(Digital Twin) 단어가 17번이나 언급되면서 시작되었다고 한다(KISTI). 기본적인 개념은 현실세계(특히 물리적인 환경)에 존재하는 사물, 시스템, 환경등을 S/W 시스템의 디지털 공간에 쌍둥이처럼 똑같이 구현하고 발생 가능한 상황들을 미리 시뮬레이션(Simulation) 경험을 통해 결과를 예측할 수 있도록 체계를 구현하는 기술이다. 따라서 디지털 트윈(Digital Twin)의 구조는 [그림. 155]와 같이 실제 현실의 온도, 습도, 기압은 물론 어떠한 물체의 무게와 특징을 디지털 공간에 그대로 반영하는 것이 굉장히 중요하다. 이처럼 디지털 공간에 현실에서 존재하는 다양한 사물들을 대상으로 쌍둥이(Twin)를 만든다는 의미에서 디지털 트윈(Digital Twin)이라고 정의한다.

[그림. 155] 디지털 트윈의 구조
출처: 대한민국 국토부

한편, 본 사례는 미국 로키드 마틴(Lockheed Martin: The Future of Work)사가 2019년 유튜브 공식 계정에서 공개한 홀로그램과 디지털트윈 기술이 응용된 시나리오(솔루션)이다.

로키드 마틴(Lockheed Martin: The Future of Work)사의 전투기인 B-2 다음 버전으로 예상되는 B-21 Raider(B-3 또는 LRS-B: Long-Range Strike-B) 협업과 관련된 미래의 전투에 대한 시나리오가 나온다.

[그림. 156]과 같이 먼저 무인기와 함께 홀로그램으로 군무원(혹은 기술지원팀)과의 교신을 한다.

[그림. 156] 군인과 홀로그램 군무원

[그림. 157]은 홀로그램 군무원이 미국 로키드 마틴(Lockheed Martin: The Future of Work)사의 디지털 트윈 솔루션에 로그인 하는 모습이다.

[그림. 157] 홀로그램 군무원이 디지털 트윈 솔루션에 로그인 하는 모습

[그림. 158]은 홀로그램 군무원(혹은 기술지원 팀) B-21 Raider의 재료를 선택하여 마치 게임을 하는 것처럼 B-21 Raider 기체의 재료를 선택 할 수 있다.

[그림. 158] 홀로그램 군무원이 B-21 Raider의 재료를 선택하는 모습

이는 B-2가 맡았던 핵 장착 및 폭격 가능한 기능 뿐만 아니라 전투 지휘가 가능한 조기경보기, 정보 수집기의 역활, 요격기의 각 시나리오에 맞는 다양한 기능과 무게를 위한 재료를 디지털 트윈 기술로 설계 변경이 가능한 것을 보여준다. 한편, [그림 159]은 홀로그램 군무원이 디지털 트윈기술로 B-21 Raider를 설계 완료한 모습이다.

[그림. 159] 디지털 트윈기술로 설계 완료한 모습

B-21는 지금까지 집약된 모든 군사기술을 응용하여 사용할 수 있어야 한다는 요구사항을 기반으로 설계 되었으며, B-2와 다르게 미 본토에서 떠서 전 세계가 작전 가능한 차세대 전투기이다 따라서 그 작년 수행 반경에 따라 무게를 변경 가능하게 할 것으로 추청된다. 한편, [그림. 160]는 홀로그램 군무원이 디지털 트윈기술로 시뮬레이션하는 모습이다.

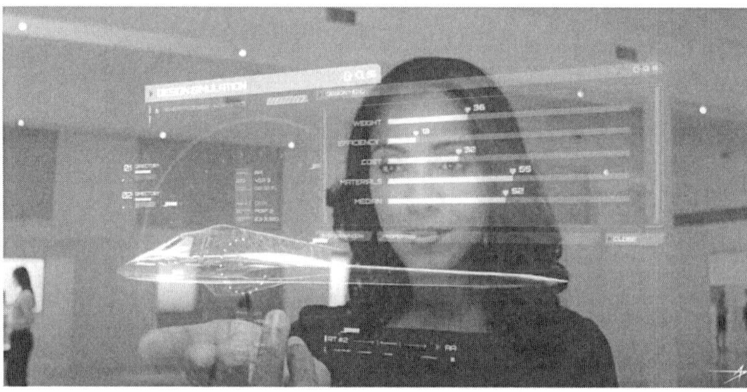

[그림. 160] 디지털 트윈기술로 시뮬레이션하는 모습

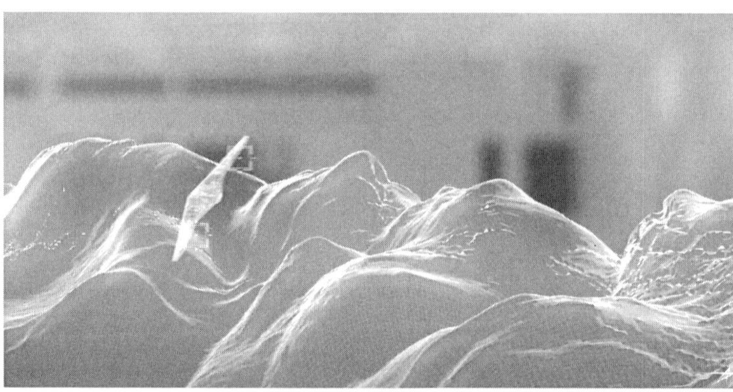

[그림. 161] B-21 Raider 비행중 피로파괴 시뮬레이션

[그림. 161]처럼 압력과 비행중 피로파괴(Fatigue Failure) 시뮬레이션 해주는 것과 [그림. 162]처럼 비행 중 대기압을 계산하여 날개의 이동을 최적화

해주고 새나 벌처럼 비행중 날개를 흔들어주면서 이를 제어하고, 날개의 한계 스트레스 지수를 보여줌으로써 새로운 비행 기술과 새로운 날개를 개발할 수 있다.

[그림. 162] 비행 중 대기압을 계산하여 날개의 이동을 최적화 함

[그림. 163] 로키드 마틴사 디자인 메트리얼 팀

한편, [그림. 163]과 같이 로키드 마틴사 디자인 메트리얼 팀에서는 비행에 필요한 재료를 선택 해주고, [그림. 164]와 같이 재료공학자들이 이를 선택 해줄 수 있고, 솔루션이 가능한지 여부와 최적화 해준다.

[그림. 164] 재료 최적화

[그림. 165] 디지털트윈을 이용하여 화상회의 하는 모습

[그림. 165]처럼 공간을 떠나서 전투 현장과 통신을 할 수가 있고 지시 사항과 전투시나리오를 실시간으로 공유할 수 있다. 그리고 [그림 166]처럼 작전 시나리오, 폭격 시나리오, 매뉴얼 등을 디지털 트윈으로 사전 브리핑함으로써 군인들이 이해하기 쉽게 할 수 있게 함으로써 전투력을 향상 시킬 수 있다.

[그림. 166] 홀로그램과 디지털 트윈을 이용한 브리핑 모습

[그림. 167] 드론이 인공지능으로 스텔스 도료의 도장 상태 품질을 평가하는 모습

한편, [그림. 167]과 같이 제조공정에서도 인공지능과 드론은 이용하여 완벽한 스텔스에 완벽한 기체를 완성 [그림. 168]하고 유지보수 할 수 있다. 스텔스 기능뿐만 가진 것이 아니라, 기체의 대부분 부분이 생물의 피부의 세포처럼 움직일 수 있도록 설계 및 구현 되어 있는데, 이렇게 되면 제조공정상 스텔스 도료를 덮고, 유지 보수를 하는데 어려움을 격을 수 있기 때문에 생각하는 아이디어로 추론된다.

[그림. 168] 시뮬레이션이 완료된 모습

[그림. 169] 디지털 트윈으로 B-21 Raider 운용현황 공유

한편, [그림. 169]는 디지털 트윈으로 B-21 Raider(유인기 혹은 무인기)의 운용현황 및 교신장면을 실시간으로 군인이 홀로그램 디바이스 혹은 디바이스로 공유 할 수도 있으며, [그림. 170]처럼 지상군/요원의 폭격 요청을 실시간으로 응답 후 폭격 할 수 있다. 자세한 것은 다음 페이지의 URL을 참고 하기 바란다.

[그림 170] 지상군이 홀로그램 디바이스로 폭격 요청하는 모습
출처: https://www.youtube.com/watch?v=v-Kgl-I0MOc

4.1. 디지털 트윈기술의 변화

대한민국 과학기술정보통신부 산하 한국지능정보사회진흥원(NIA) 및 정보통신산업진흥원(NIPA)과 함께 2022년 5.31(화)「디지털 트윈 22년 실증 사업」을 본격 착수한다고 밝혔다. 대한민국 과학기술정보통신부는 총 259.5억원을 투입하여 3개 실증 사업과 15개 세부 과제를 지원할 예정이라고 한다. 2021년 새롭게 출시된 디지털 트윈 기술을 살펴보면 미국의 마이크로소프트(Microsoft)사는 건설과 건물 관리를 위한 디지털 트윈 온톨로지를 공개했으며 구글은 물류와 제조를 위한 디지털 트윈 서비스를 출시했다.

또한 AWS는 공장, 장비, 생산 설비 등의 디지털 트윈을 단순화하기 위한 [그림. 171] IoT TwinMaker와 FleetWise를 출시했으며 [그림. 172] 엔비디아(NVIDIA)사는 협력업체 네트워크에 포함된 엔지니어를 위한 메타버스(Metaverse)구독 서비스를 출시했다.

디지털 트윈은 기업에서 일어나는 현실 문제를 디지털 가상공간에 투영할 수 있다. 가상공간에서 현실의 문제점을 실험하고, 가상공간에서 도출한 실험 결과를 통해 다시 현실의 사물에 적용해 문제를 개선할 수 있다. 반면 시뮬레이션과 비교해보면 일반적으로 어떤 제품의 수명주기를 위한 설계 단계에서 향후 제품의 동작을 예측하기 위해 시뮬레이션이 사용된다. 이것은 실제 물리적인 대상과 일대일로 연결된 것은 아니다. 이에 반해 디지털 트윈은 실제 사용되는 장비의 IoT 센서의 입력으로 구축된다. 그리고 활용중인 시스템의 현재 동작에 대한 결과를 비즈니스 곳곳에 걸쳐 제공한다. 이것은 물리적이고 시각적인 실험뿐만이 아니라 데이터 분석을 통해 현상을 해석하고 대안을 도출하기도 한다.

[그림. 171] AWS – IoT TwinMaker

출처: https://metrology.news/iot-twinmaker-creates-digital-twins-of-factories-equipment-and-production-lines/

[그림. 172] 엔비디아 옴니버스 – 벤틀리 시스템의 디지털 트윈 모형

출처: https://www.newswire.co.kr/newsRead.php?no=877826

디지털 트윈(Digital Twin)은 2000년대 초 우주 산업에서 처음 등장했다. 초기 연구는 인간이 한번도 경험해보지 못한 우주의 환경을 그대로 구현해 실험을 해야 하는데 우주를 직접 갈 수 없으니 우주와 똑같은 환경을 가상으로 구현하고 우주선을 실험했다. 당시에는 디지털 트윈을 구현하기 위해 많은 기술력이 필요했다고 한다.

현실과 가상이 실시간으로 동기화돼 순환하는 과정이 기업에서 활용할 수 있는 디지털 트윈이다. 디지털 트윈 역시 과거 사이버 물리 시스템(Cyber Physical System: CPS)로 불리던 기술과 의미상으로는 크게 다르지 않다. 최근 빅데이터, 인공지능(AI), 사물인터넷(IoT), 증강현실(AR), 가상현실(VR) 등 기술 발전과 결합해 과거와 다른 혁신적인 성장을 보일 것이라는 기대감이 응축되고 있다. 또한, 5G 통신으로 인터넷도 많이 빨라졌고 IoT나 인공지능, AR&VR 기술도 많이 발달해 상대적으로 디지털 트윈을 쉽게 구현할 수 있게 되었다.

[그림. 173]처럼 미래의 디지털 트윈(Digital Twin) 사회의 핵심은 사실상 현실을 복제하고 현실과 똑같은 환경을 구현한다는 것에 있다. 따라서 디지털 트윈에서는 가상현실을 단순히 구현해서 보여주는 것보다, 더욱 사실적으로 현실을 반영하였는가가 중요한 문제이다. 이를 위해서는 먼저 현실 사물들에 관한 데이터를 대량 확보해야 한다. 여기에서 사물인터넷(IoT)이 활용된다. 이후 통신 기술을 활용해 지속적으로 대량의 데이터를 전송하고, 이 데이터들로 디지털 트윈을 개발하게 되는 것이다.

현실과 쌍둥이처럼 구현된 디지털 트윈(Digital Twin)은 AR이나 VR의 실감형 디바이스로 감상할 수도 있고, 인공지능을 이용해 여러가지 변수를 적용해서 실험할 수도 있다. 실제 산업에서는 이렇게 디지털트윈(Digital Twin) 기술을 이용한 다양한 실험에 사용되기도 한다. 제대로 현실을 복제한 디지털 트윈을 개발하려면 기본적으로 IoT 기술, 인공지능 기술, AR 기술과 VR 기술, 그리고 6G, 7G의 통신 기술 등을 골고루 갖춰야한다.

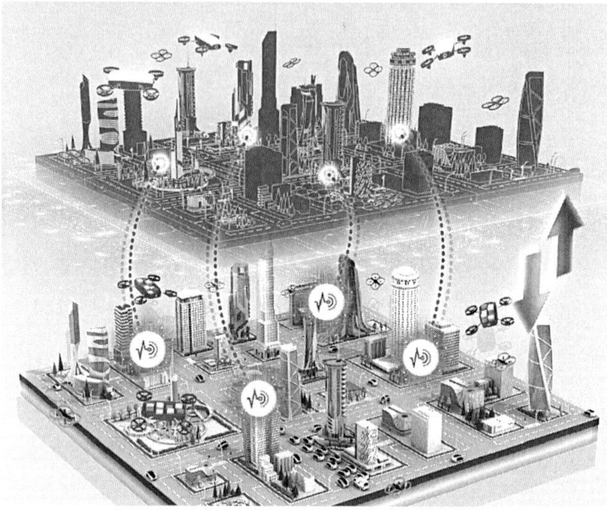

[그림. 173] 미래의 디지털 트윈 사회
출처: https://www.daliworks.net/blog/digital-twin/

이러한 의미들을 볼 때 디지털 트윈은 거대한 메타버스(Metaverse) 개념들 가운데에서 가장 현실적인 측면을 부각하는 분야라 할 수 있다. 디지털 트윈의 세상은 현실의 물리적 세계와 현실과 똑같은 가상의 디지털 세계를 데이터 중심으로 연결한다. 데이터로 연결된 현실과 가상은 마치 쌍둥이(Twin)처럼 함께 작동하며 서로 간에 상호작용한다. 여기에서 중요한 사실은 가상 환경에서의 실험 결과가 현실세계에 그대로 적용된다는 점이다. 즉 '현실적 활용'에 대한 매력도가 높다는 부분이 디지털 트윈의 강점이다.

4.2. 디지털 트윈기술과 적용사례

디지털 트윈(Digital Twin)은 사물인터넷·인공지능·빅데이터·가상현실·증강현실 등 차세대 융합 기술을 이용한 "디지털 실험실" 역할로써 생산성 향상과 운용비용 절감을 목적으로 가상의 실험이 필요한 여러 분야의 산업에 활용되고 있다. 자동차, 제조, 터미널, 도시 건축 등 다양한 분야에서 적용되고 활용될 수 있는 디지털 트윈의 5가지 기술사례들을 살펴보고자 한다.

① 현대자동차 그룹이 현대모빌리티글로벌혁신센터(HMGICS)에 디지털 트윈(Digital Twin)을 도입한다. 또한 현대차는[그림. 174]에서 처럼 '디지털 트윈(Digital Twin)'기술을 한국마이크로소프트(Microsoft)의 협업을 통해 자동차 생산과정에서 배터리 수명 예측에 활용하겠다고 밝혔다. 기본적인 원리는 가상 공간에 현실과 동일한 '쌍둥이'자동차 모델을 만들어 시뮬레이션한 뒤, 이를 통해 얻은 다양한 정보 데이터를 자동차에 연동해 제품과 생산공정을 동시에 혁신하는 기술이다. 현대차는 신차가 출시되기 전 과정에서 아이오닉 5 전기차의 주행 정보를 수집하고 디지털 트윈 기술을 적용한다. 이 기술을 통해 시제품 제작 없이 차량별 배터리 수명을 예측할 수 있는 동력 흐름이나 부품 간 연동 관계 등을 파악할 수 있을 것으로 보인다. 또한 실물처럼 복제한 가상의 제품모델로 성능 테스트가 가능하여 수많은 양의 시제품을 제조하지 않고도 제품을 개발할 수 있게 된다.

[그림. 174] 현대자동차의 '디지털 트윈(Digital Twin)'
출처: https://www.hankyung.com/it/article/2021070581031

② 마세라티는 지멘스 PLM 소프트웨어로 구현할 수 있는 '디지털 트윈(Digital Twin)'방식의 디지털 시스템을 통해 실제 자동차를 개발하는 동시에 원본과 100% 동일한 가상의 사본을 생성할 수 있었다. 마세라티의 '기블리(Maserati Ghibli)'는 [그림. 175]에서처럼 디지털 트윈이 낳은 슈퍼카라고 정의할 수 있다. 마세라티는 독일 4차 산업혁명을 이끄는 지멘스와 손잡고 슈퍼카 '기블리'를 개발하는데 '디지털 트윈' 공법을 공정에 적용하였다. '디지털 트윈'은 마세라티 기블리 개발에 중요한 역할을 했다. 실제 개발기간이 절반으로 단축되어 비용이 대폭 절감되는 효과를 보았다.

마세라티는 디지털 시스템을 통해 실제 자동차를 개발하는 동시에 원본과 100% 동일한 가상의 사본을 생성할 수 있었다. 시제품을 실제 도로 또는 시험장으로 보내 자료를 수집한 뒤 데이터를 가싱공간에서 활용해 제품을 개선했다. 주행 테스트에서는 조건을 여러 번 수정하는 과정과 필요한 만큼의 가상공간에서 시험주행을 반복하도록 했다. 그리고 공기 저항 감소를 위한 풍동 실험과 음향 테스트 등도 디지털 트윈을 통한 가상공간에서 진행했다. 실질적으로 마세라티는 개발 단계에서부터 이미 실제 모델과 가상의 모델에 관해 제작에 필요한 모든 데이터를 동시에 사용하였다. 그리고 그러한 공정을 최적화하면서 그 결과에 따른 개발 비용과 소비시간을 크게 줄일 수 있었다.

[그림. 175] 마세라티의 '디지털 트윈(Digital Twin)'
출처: http://newslabit.hankyung.com/article/2017060780111

대한민국 기업이 주도한 [그림. 176] '버추얼 터미널(Virtual terminal)'은 물류 분야 디지털 트윈 적용 사례이다. 2016년 대한민국 과학기술정보통신부가 주최하는 신SW상품대상을 수상한 녹원정보기술의 '버추얼 터미널(Virtual terminal)'은 컨테이너 차량 위치와 크레인 위치, 상태 정보 등을 실시간으로 처리해 3D GIS 맵 기반 위에 데이터를 가시화하는 항만관제 모니터링 시스템이다. 본 항만관제 모니터링 시스템은 이동체 실시간 위치 기반 데이터와 사물인터넷(IoT) 기반 실시간 이동체 작업 상황정보를 연계 활용하는 기술을 적용한다. 작업 시간과 안전사고 위험을 감소시키고 시시각각 변화하는 항만 터미널 현장 상황에 수동적 개입을 최소화하여 능동적으로 대응해 사람 개입 없는 자동화 항만 터미널로 운영하고자 한다. 최근 `컨테이너 터미널 3차원 가상화 관제 시스템 개발` 시범 사업에도 적용 되었는데 대한민국 인천시 창조경제혁신센터에서 추진하였고 국내 최초 3D 기반 실시간 항만 터미널 관제 시스템이다.

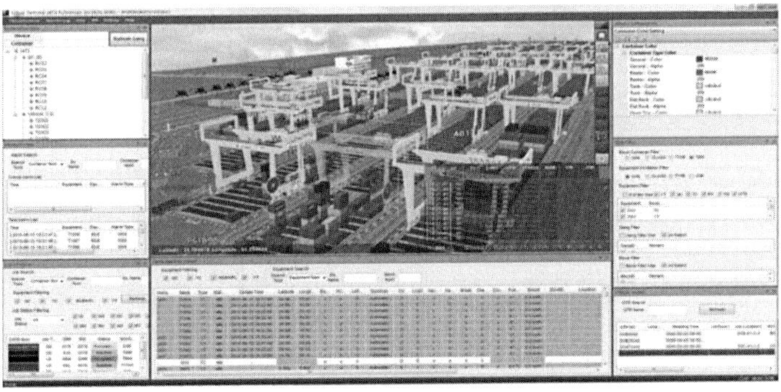

[그림. 176] '버추얼 터미널(Virtual terminal)
출처: https://www.etnews.com/20160930000392

④ 미국의 제너럴 일렉트릭(General Electric: GE)사는 미국 고 토머스 에디슨(Thomas Alva Edison)이 1878년 설립한 전기조명 회사를 모체로 전력(발전소 전분야), 항공 전분야, 최근에는 헬스케어 등의 사업을 하는 글로벌 회사이며

산업형 디지털 트윈(Digital Twin)을 선도하는 기업이다. 제너럴 일렉트릭(General Electric: GE)사는 디지털 트윈(Digital Twin)의 산업 분야 적용에 있어서 약 10억 달러(대한민국 1조 3천억원)의 연구비를 투자하여 2016년 세계 최초의 산업용 클라우드 기반 오픈 플랫폼인 [그림. 177] '프레딕스(Predix)'를 공개했다.

[그림. 177] 산업용 클라우드 기반 오픈 플랫폼-프레딕스(Predix)
출처: https://www.gereports.kr/ge-opens-industrial-internet-platform-predix-to-everyone/

프레딕스(Predix) GE Digital의 산업용 IoT 소프트웨어 플랫폼이다. 에지-클라우드 데이터 연결, 처리, 분석 및 서비스를 제공하여 산업용 애플리케이션을 지원합니다. 플랫폼에는 에지 및 클라우드 구성 요소가 모두 포함되어 있다.

한편, GE Aviation는 사물인터넷(IoT)와 디지털 트윈(Digital Twin) 기술을 통해 디지털 트랜스포메이션(Digital Transformation)을 이룬 대표적인 사례이다. 디지털 트랜스포메이션(Digital Transformation)은 조직이 디지털 기술을 모든 비즈니스 영역에 통합시켜 고객 서비스 방식을 근본적으로 바꾸기 위해 적용하는 프로세스이다.

제너럴일렉트릭(GE)이 만든 프레딕스는 클라우드 기반의 사물인터넷 플랫폼으로 산업인터넷을 위한 운영체제며 우리가 알고 있는 스마트폰과 노트북의 OS 그리고 스마트폰의 iOS, 안드로이드, 노트북의 윈도우라고 생각하면 된다. 가장 큰 특징이라면 다양한 장소에서 전송되는 엄청난 양의 데이터인 하이퍼스케일(Hyperscale)을 한번에 처리하고 그 데이터를 안전하게 저장할 수 있다는 장점이다. 또한 사용자가 직접 산업인터넷에 최적화된 어플리케이션을 개발할 수 있으며 운영할 수도 있다는 장점이 있다.

GE의 대표적인 산업용 디지털 트윈(Digital Twin)의 사례로는 미국 제너럴일렉트릭(General Electric) 계열사인 GE항공의 [그림. 178] '항공 엔진 관리 시스템'이다. 엔진 장애로 발생하는 항공기 결항과 관련 사고들은 항공사에 엄청난 비용의 경제적, 사회적 손실을 유발한다. 따라서 이러한 문제와 관련하여 각종 데이터를 수집하고 시각화된 형태로 실시간 제공하여 엔지니어로 하여금 엔진 고장 여부와 교체 시기 등을 예측하도록 한다. 그 결과로써 정비불량으로 인한 결항 건수는 1,000건 이상 감소하는 효과를 얻었고 엔진 고장에 관해서는 검출 정확도가 10% 개선된 것으로 나타났다.

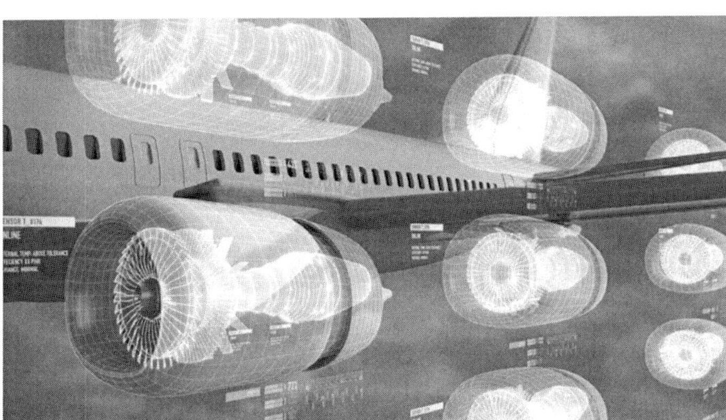

[그림. 178] GE항공의 '항공기 엔진 관리 시스템'
출처: https://www.epnc.co.kr/news/articleView.html?idxno=90787

⑤ 2018년 싱가포르는 디지털 트윈(Digital Twin) 기술로 도시 전체의 건물, 인프라, 녹지를 비롯해 싱가포르의 거의 모든 삶의 측면을 가상화하고 상호 작용이 가능한 3D 모형 시스템으로 구현하는 [그림. 179] "버추얼 싱가포르" 프로젝트를 완성했습니다.

디지털 싱가포르는 전 국토의 가상화를 위해 다쏘시스템과 협업하여 3D 지도보다 훨씬 정교하게 완성된 주차 공간부터 가로수 간격, 크기까지 데이터화한다. 여기에 기후 데이터, 인구 데이터 등을 결합하면 결과 값이 필요한 시뮬레이션을 진행할 수 있다. 그리고 프로젝트를 통해 얻어지는 데이터들을 활용하면 태양광 발전기를 설치하는데 적합한 최적의 위치나 재난 상황을 대비할 수 있는 시뮬레이션 등 도시 개발에 중요한 정보를 얻게 된다. 현실에서 얻은 데이터로 가상의 디지털 트윈 도시를 구현하면 이후 다양한 시뮬레이션 실험을 통해 디지털 트윈에서 얻는 데이터가 다시 현실에 반영되는 원리이다. 즉 데이터로 가득 찬 도시, 바로 스마트시티인 것이다.

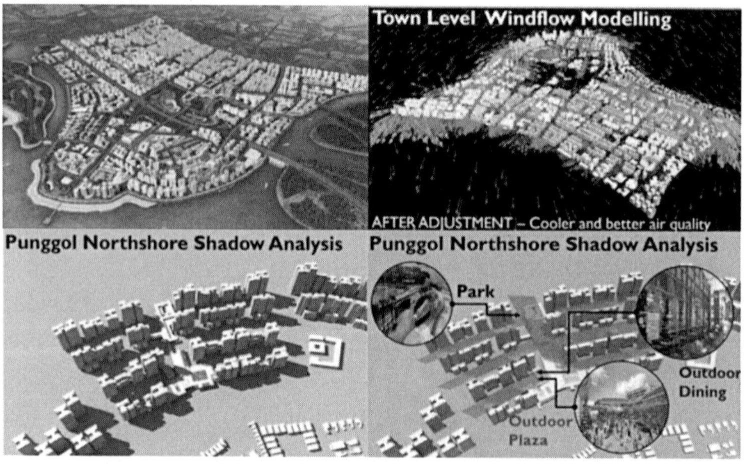

[그림. 179] 버추얼 싱가포르 프로젝트
–바람의 방향과 건물의 그림자 분석을 통한 미니 신도시 설계–
출처: How we design and build a smart city and nation, TEDx Talks

디지털 트윈은 현실세계와 가상세계가 연결된다는 점과 디지털 세상이라는 점에서 보면 메타버스(Metaverse) 세계와 공통점이라고 할 수 있다. 하지만 메타버스(Metaverse)는 현실과는 다른 새로운 행성으로써의 디지털 가상현실을 만드는 것이고, 디지털트윈은 메타버스(Metaverse)와 다르게 컴퓨터에 현실과 똑같은 물리적 환경을 가상 디지털 세계에 구현하고 현실에서 발생하는 사건을 디지털 세계에서 시뮬레이션을 하면 현실에 직접적인 영향을 준다는 점에서 차이가 있다.

4.3. 디지털 트윈기술의 기대 효과와 한계점

기본적으로 디지털 전환(Digital Transformation)이 가시화 되면서 우리의 일상은 실시간 데이터를 통해 가상에 구현된다. 데이터의 적용은 실시간 모니터링을 통해 가상의 환경에서 현실과 연결된 개체의 제어가 가능해진다. 이러한 현상은 기존의 사고체계에서 사용자들의 의식 변화와 전환이 발생하는데 디지털 트윈(Digital Twin) 형태로 가시화된 제품과 서비스는 사용상의 편리함과 친숙함으로 다가오게 한다. [그림. 180]는 디지털 트윈기술 원리를 보여주는 그림이다.

[그림. 180] 디지털 트윈기술
출처: https://www.lgcns.com/blog/cns-tech/28930/

따라서 사업과 업무영역은 물론 정보화와 지능화 그리고 자율동작 등 모든 것이 변화하게 된다. 이러한 사회적 변화는 데이터 처리, 사물인터넷, 통신, 인공지능, 가상 시뮬레이션, 대규모 컴퓨팅, 시각화 등의 기술을 공공정책 분야에서 쉽고 빠르게 활용할 수 있도록 하는 효과가 있다. 시뮬레이션 과정을 통해 미래 예측이 가능하고 그 결과를 활용해 최적의 의사결정이 가능하다. 따라서 생산성, 경제성, 안전성, 경쟁력 향상에 효과가 있다. 결과적으로 디지털 트윈기술의 가장 큰 효과는 비용절감이다. 초기 기술 구현에 따른 소비 비용이 높지만 일단 한번 구축하고 나면 제품의 품질 향상, 개발 비용 절감과 단축, 운영 비용 절감, 매출 증대과 같은 다양한 이익을 얻게 된다.

반면 초기 구축 비용이 높은데 기존 시스템에 수많은 센서를 적용해야한다. 네트워크가 추가됨에 따라 관리에 있어서 기존 시스템 보다 높은 난이도가 적용되며 오작동의 우려가 증가될 수 있다. 초기 기술이기에 무분별한 데이터 수집이 발생 시킬 수 있는 문제점으로 필요 이상의 복잡성과 개인정보의 유출, 대량의 정보 보안, 데이터의 악용으로 지나친 사회 통제나 감시 효과 등 부정적 문제가 발생할 수 있다. 또한 비효율적인 데이터 수집이 오히려 시스템의 스토리지나 연산 능력을 낭비시키거나 소규모의 산업체나 지역은 상대적으로 디지털 트윈에 대한 투자 대비 효과가 한계가 있을 수 있다.

연습문제

1. 디지털 휴먼에 대하여 설명하시오.

2. 디지털 휴먼의 사례에 대하여 설명하시오.

3. 디지털 트윈에 대하여 설명하시오.

4. 디지털 트윈기술의 변화에 대하여 논하시오.

5. 디지털 트윈기술의 적용사례에 관하여 한가지 예를 들어 설명하시오.

참고문헌

1. 김성규, 허준호, “블록체인의 세계 그 마법의 원리를 말하다.” 교우사, 2021.
2. 박상일, 허준호, “해양 빅데이터의 세계 그 마법의 원리를 말하다.” 교우사, 2022.
3. https://www.aladin.co.kr/shop/wproduct.aspx?ItemId=273079433
4. https://www.aboutamazon.in/amazon-is-bringing-its-version-of-the-metaverse-to-5-cities-here-are-all-the-details
5. https://pokemongolive.com/ko/
6. https://lovelinchpin.com/%EC%A0%80%EC%9E%A5%EC%86%8C/1912
7. https://www.dispatch.co.kr/1051939
8. https://www.sedaily.com/NewsView/22MDTKG9PK
9. https://store.steampowered.com/app/438100/VRChat/
10. https://www.youtube.com/watch?v=1A559Hcr90g
11. https://worldofwarcraft.com/ko-kr/
12. https://wqwq.tistory.com/346
13. https://www.jobplanet.co.kr/contents/news-976
14. https://store.epicgames.com/ko/p/grand-theft-auto-v
15. http://www.joongboo.com/news/articleView.html?idxno=1353828
16. https://oldpcgames.tistory.com/1710
17. https://signalfire.com/blog/creator-economy/
18. https://wacomkoreablog.com/1452
19. https://www.google.co.kr/
20. https://kr.freepik.com/premium-vector/creative-youtube-channel-banner_21742948.htm
21. https://www.youtube.com/watch?v=TxC5sNHOh3g&t=174s
22. http://www.koreaittimes.com/news/articleView.html?idxno=111322
23. https://www.epnc.co.kr/news/articleView.html?idxno=215196
24. http://www.aitimes.com/news/articleView.html?idxno=143491
25. https://www.digitaltoday.co.kr/news/articleView.html?idxno=405565
26. https://www.samsungsemiconstory.com/kr/시사-it-용어-가상화폐의-주역-블록체인-기술이란/

27. https://www.coindeskkorea.com/news/articleView.html?idxno=79973

28. https://www.hankyung.com/finance/article/201807123095g

29. https://www.newspim.com/news/view/20210526000177

30. https://news.mt.co.kr/mtview.php?no=2020091515141333671

31. https://www.ceopartners.co.kr/news/articleView.html?idxno=12698

32. https://www.ajunews.com/view/20220107142030839

33. https://www.techm.kr/news/articleView.html?idxno=93052

34.https://ko.bitcoinethereumnews.com/bitcoin/cryptovoxels-is-rebranding-to-voxels-press-release-bitcoin-news/

35. https://www.blockmedia.co.kr/archives/218117

36.https://news.g-enews.com/article/Global-Biz/2022/06/20220619090647965e8b8a793f7_1?md=20220619205541_U

37. https://www.blockmedia.co.kr/archives/192261

38. https://www.donga.com/news/Economy/article/all/20220620/114006781/

39. https://aliceon.tistory.com/2379 [앨리스온::국내 최초 미디어아트 채널:티스토리]

40. https://arte365.kr/?p=60335

41. https://130.pe.kr/671

42. 블랙핑크 공식 트위터

43. https://news.nate.com/view/20220527n29345

44.https://www.cctvnews.co.kr/news/articleView.html?idxno=231349

45.https://enlear.academy/web-1-0-vs-web-2-0-vs-web-3-0-e428cfe09dde

46.https://velog.io/@sui3422/WEB-%EC%9D%98-%EC%97%AD%EC%82%AC

47. https://www.mobiinside.co.kr/2022/05/30/web-3-0/

48. https://www.kyongbuk.co.kr/news/userArticlePhoto.html

49. https://m.post.naver.com/viewer/postView.naver?volumeNo=33159800&memberNo=11193038

50. https://blog.naver.com/etripr/222572985768

51. https://www.hdec.kr/kr/newsroom/news_view.aspx?NewsSeq=35&NewsType=BRAND&NewsListType=news_clist#.Y-2jhXZBxPY

52. https://ddol2freedom.tistory.com/363

53. https://news.samsungdisplay.com/21060

54. http://www.newshyu.com/news/articleView.html?idxno=1003755

55.https://ko.gadgetarq.com/application/what-is-5g-a-brief-dive-into-5g-and-the-historical-backdrop-o f-the-cellular-network/

56. 헬 포스트, p, 30.

57. 도판 응시도판1 Lacan, Jacques, [세미나11], 자크라깡, 맹정현, 이수련 옮김, 새물결, 2008, p,144

58. https://1boonsisa.tistory.com/358

59. https://cepojyze.tistory.com/1

60. 자크라깡, 맹정현, 이수련 옮김, 도판 응시도판 1 Lacan, Jacques, [세미나11], 새물결, 2008, p,144

61. Norbert Bolz, 『구텐베르크-은하계끝에서(Am Ende der Gutenberg-Galaxis)』, 윤종석 옮김, 문학과 지성사, 2000, pp. 136~137

62. https://www.econovill.com/news/articleView.html?idxno=363189

63. Oliver Grau, Virtual Art: From Illusion to Immersion, London, MIT Press, 2003, p. 13.

64. https://m.health.chosun.com/svc/news_view.html?contid=2021040901689

65. 하리토라X(HaritoraX) https://www.inven.co.kr/webzine/news/?news=266809&iskin=lor

66. 비햅틱스의 '택트슈트 X40과 택트슈트 X16'https://techg.kr/29077/

67. 미국 HaptX사의 'HaptX Gloves' https://stonebc.com/archives/16508

68. VAQSO개발 후각VR장치 'VAQSO VR'

69. https://zdnet.co.kr/view/?no=20170122035617

70. https://it.chosun.com/site/data/html_dir/2017/06/30/2017063085010.html

71. 4D 마스크 '필리얼(FeelReal)

72. https://kbench.com/?q=node/198283

73. https://m.blog.naver.com/PostView.naver?isHttpsRedirect=true&blogId=sunggyu1028&logNo=221428803609

74. 뮤토크(Mutalk) https://www.inven.co.kr/webzine/news/?news=266809&iskin=lor

75. '언리미티드 핸드라이트' https://www.gamemeca.com/view.php?gid=1414435

76. 싱가포르 국립대학 인공미각 시뮬레이터 기기 'Taste+' https://www.gamemeca.com/view.php?gid=1414435

77. https://m.blog.naver.com/pxp4444/221322625409

78. Jacques Aumont, 『L'image』, 오정민 옮김, 동문선, 2006. p.194

79. David bordwell, 주진숙 역,[영화예술], 이론과 실천, 1993. p.167

80. 김찬수, 시각적 메시지 전달에 있어서의 프레임의 가치 연구, 한국일러스트레이션학술지, vol.25, 2010, p.41.

81. Whitake. The language of film. Englewood Cliffs : Prentice-Hall, 1970. p,32

82. 이소일, "외화면과 영화공간의 확장" 연세대학교 석사학위 논문, 2008, p.17.

83. Jacques aumont , 이용주 역, [영화미학], 동문선, 2003, p.27

84. 이윤정, 화면 구성에 따른 시지각 반응 연구, 경성대학교 디지털 영상학 박사논문, 2010,

85. https://letterboxd.com

86. https://www.financialexpress.com/industry/metaverse-the-future-of-virtual-reality/2483228/

87.https://stock.adobe.com/kr/images/augmented-reality-technology-and-engineering-marketing-concept-hand-holding-tablet-with-ar-service-application-to-rotate-3d-rendering-of-energy-block-360-degrees-with-blur-car-engine-room-background/158386799

88. https://jmagazine.joins.com/forbes/view/330160

89. 2014.1.16 << KT 제공 >

90. http://englischlehrer.de/texts/hendrix.php

91. https://www.barques.co.uk/peppers-ghost-and-the-hunt-for-the-hologram/

92.https://m.blog.naver.com/PostView.naver?isHttpsRedirect=true&blogId=panoptics&logNo=221020283461

93.https://www.ibs.re.kr/cop/bbs/BBSMSTR_000000000511/selectBoardArticle.do?nttId=17485&kind=&mno=sitemap_02&pageIndex=5&searchCnd=&searchWrd=

94. https://www.the-stock.kr/news/articleView.html?idxno=17104

95. https://www.youtube.com/watch?v=7VB7C3JlYRM

96. https://www.youtube.com/watch?v=Jm0s0CEEd3Q

97. https://www.youtube.com/watch?v=aBpstYAPOWY

98. 김익재, "가상현실 기술 동향", 이 달의 신기술, 2015년.

99. https://www.yna.co.kr/view/IPT20220302000004365

100. https://www.wedesignx.com/knowledge/metaverse-vr-ar-mr-ux-ui-ixd-design

101. https://www.youtube.com/watch?v=HOwQ4Dp8Deg

102. https://www.youtube.com/watch?v=6Viyt2aIOG8

103. https://oriyong.tistory.com/56

104. "Emerging display technologies for organic user interfaces." Communications of the ACM

105. Organic user interfaces: designing computers in any way, shape, or form." Communications of the ACM

106. https://dorudoru.tistory.com/1958

107. https://m.blog.naver.com/businessinsight/221099714195

108. http://vrscout.com/news/six-flags-virtual-reality-roller-coaster/

109. https://kofice.or.kr/b20industry/b20_industry_03_view.asp?seq=8066

110. https://v.daum.net/v/20210607101301819?f=p
111. 전자신문(https://www.etnews.com/20220613000106)
112. https://www.youtube.com/watch?v=PAHenmKkasc&t=3s
113. http://www.virtuix.com/
114. http://cyberith.com/product/
115. https://www.facebook.com/Infinadeck/
116. https://www.youtube.com/watch?v=R-bWKF6ySTo
117. https://www.youtube.com/watch?v=WcuxCdP7jS0
118. https://www.youtube.com/watch?v=5PFM9KESnH8
119. https://www.youtube.com/watch?v=f1puqO2Q6rQ
120. https://www.youtube.com/watch?v=k9WiMcg_aGY
121. https://blog.lgcns.com/2802
122. 전기신문, https://www.electimes.com
123.https://mgame.dailyesports.com/view.php?ud=2022062419200025726da2c546b3a_26
124. https://www.chosun.com/site/data/html_dir/2020/01/07/2020010703018.html86
125. https://m.inven.co.kr/webzine/wznews.php?idx=216836&iskin=tos
126. https://www.youtube.com/watch?v=v-Kgl-I0MOc
127.https://metrology.news/iot-twinmaker-creates-digital-twins-of-factories-equipment-and-productio n-lines/
128.https://iottechnews.com/news/2021/apr/13/bentley-systems-nvidia-omniverse-create-real-time-dig ital-twins/
129.https://www.newswire.co.kr/newsRead.php?no=877826
130. https://www.daliworks.net/blog/digital-twin/
131. https://www.hankyung.com/it/article/2021070581031
132. http://newslabit.hankyung.com/article/2017060780111
133. https://www.etnews.com/20160930000392
134.https://www.gereports.kr/ge-opens-industrial-internet-platform-predix-to-everyone/
135. https://www.epnc.co.kr/news/articleView.html?idxno=90787
136. How we design and build a smart city and nation, TEDx Talks
137. https://www.lgcns.com/blog/cns-tech/28930/
138. http://wooriwebzine.com/page/vol296/sub/view.php?idx=50

139. 빅데이터 혁신 공유 대학

140 https://bigdatahub.ac.kr/?page_id=112&mod=document&pageid=1&category1=%EC%95%8C%EC%93%B8%EB%B9%85%EC%9E%A1&uid=194

141. 대한민국 중소벤처기업부 메타버스 창업의 세계

142. https://www.youtube.com/watch?v=B1_C_Rdmvmo

143. http://www.msdkr.com/news/articleView.html?idxno=10534

144. 99.https://www.bloomberg.com/news/photo-essays/2012-04-19/holographic-history

145.http://www.epetimes.com/news/quickViewArticleView.html?idxno=15444

146. https://dealsite.co.kr/articles/87303

147. https://auto.danawa.com/news/?Tab=N1&Work=detail&no=4936589

148. 삼성전자 주총: 불확실성의 시대, 삼성전자가 '메타버스·로봇'을 택한 이유 <출처: 시사워크>

149. http://www.sisaweek.com/news/articleView.html?idxno=151852

150.https://corporate-awards.ieee.org/recipients/ieee-medal-of-honor-recipients/

151. https://www.aitimes.com/news/articleView.html?idxno=145049

152. https://www.techm.kr/news/articleView.html?idxno=98164

153. https://www.joongang.co.kr/article/25119971#home

154. Lockheed Martin We're Engineering a Better Tomorrow, 미국 Lockheed Martin사 홍보 자료, 유튜브.

155. https://www.britannica.com/technology/Arithmometer

156. 전승일의 과학융합예술, 과학과 미술의 만남 '카메라 옵스큐라'

157. https://www.sciencetimes.co.kr/news/과학과-미술의-만남-카메라-옵스큐라

158.https://www.aboutamazon.in/amazon-is-bringing-its-version-of-the-metaverse-to-5-cities-here-are-all-the-details

159.http://www.mir.com.my/rb/photography/companies/Kodak/index.htm

160. https://kr.alibabanews.com/alibaba-rolls-out-deeper-immersive-luxury-shopping-experience-in-the-metaverse/

161. AWS, 디지털 트랜스포메이션이란 무엇인가요?

162. https://aws.amazon.com/ko/what-is/digital-transformation/

163. [blog.naver.com] '혼합현실', 인공지능을 AR·VR에 융합하다

164. [blog.naver.com] 웨어러블컴퓨터, 증강현실, 헤드마운티드디스플레이(HMD)

165. https://sorrow16.tistory.com/209

166. [v.daum.net] 전자신문 [www.etnews.com] [ET시론]메타버스 첫 걸음 '디지털 트윈'

167. [blog.naver.com] 감각의 미래 - 최신 인지과학으로 보는 몸의 감각과 뇌의 인식

168. [blog.naver.com] 마산대학교 디지털인재양성프로젝트 특강

169. [blog.naver.com] [teachingsaem.cmass21.co.kr] 4차 산업혁명의 이해 -1

170. [m.blog.daum.net] 첨단기술-'2NE1' 을 내세워 '2NE1'보다 더 유명해진 증강현실

171. 최용환, 메타버스를 활용한 청소년정책 혁신모델 구축방안 연구, 2022.

172. [blog.naver.com] 메타버스의 4가지 유형

173. CEO, [www.ceopartners.co.kr] 크립토펑크는 현대판 모나리자인가, 튤립버블인가?

174. 서울신문, [www.seoul.co.kr] 영국 콜린스사전이 선정한 올해의 단어는 'NFT'

175. 뽐뿌뉴스, [www.ppomppu.co.kr] 2021년 올해의 단어, 가상자산 투자 열풍 이끈 'NFT'

176. [blog.naver.com] 블록체인 기술로 탈중앙화된 컨소시엄 블록체인의 법적 이슈

177. [blog.naver.com] [시사 IT용어] 가상화폐의 주역, 블록체인 기술이란 무엇일까?

178. [www.samsungsemiconstory.com] [시사 IT용어] 가상화폐의 주역, 블록체인 기술이란?

179. [adsensery.tistory.com] 블록체인이란 (Block Chain) - 앞으로 불러올 혁신은?

180. [blog.naver.com] 블록체인 기술 및 관련 기업

181. IT트렌드 [시사 IT용어 가상화폐의 주역 블록체인 기술이란 무엇일까? 삼성반도체이야기, 2020.

182. [blog.naver.com] 블록체인이란 무엇일까?

183. [letsucceeed.tistory.com] 블록체인

184. [blog.naver.com] [시사 IT용어] 블록체인 기술이란?

185. 국토교통과학기술진흥원 2022년 디지털 국토정보 기술개발사업 시행 공고 (기획보고서) 디지털 국토정보 기술개발사업, 2022.

186. 머니투데이http://news.mt.co.kr/mtview.php?no=2017022414392330358),

187. BLOTER, https://www.bloter

188. 제민일보, [www.jemin.com] 미래 선점하는 부의 연금술 'NFT'는 열려있다

189. cafe.daum.net] 라우타, HSBC, 더 샌드박스와 메타버스 사업 제휴, SAND 급등

190. 동아일보, [n.news.naver.com] "NFT도 죽어간다"… 올들어 거래 76% 급감

191. 서울경제, [n.news.naver.com] "300만원? 유재석도 안 산다"…반년 버티다 사라진 '이것'

192. 로티이, 함투. 함께하는 투자클럽(주식,가상화폐), 2022.

193. 뽐뿌뉴스, [www.ppomppu.co.kr] [금융 블라인드] 현대카드, 금융당국에 '나홀로 호출' 받은 사연, 2022.

194. 양윤정, 제4차 산업혁명에 대응하기 위한 국토교통 플랫폼 구축방안 연구,국외 장기훈련 결과 보고서, 2020.

195. [blog.naver.com] 위메이드 - 컴투스, 美 AR메타버스 기업 자두에 투자

196. [s-core.co.kr] 에스코어 | 인터넷, 웹 3.0으로의 진화

197. [blog.naver.com] [IT트렌드용어사전 #1] 웹3.0이란 무엇인가? ver 1.0, 2022.

198. [www.samsungsds.com] 인터넷, 웹 3.0으로의 진화

199. [minchanmi.blog.me] 클라우드 컴퓨팅 서비스의 종류

200. [blog.naver.com] 클라우드(Cloud)의 가상화 서비스 정도에 따른 구분/SaaS, PaaS, IaaS

201. [blog.daum.net] 클라우드 컴퓨팅 서비스 종류 (SaaS, PaaS, IaaS)

202. Tistory, [securitycode.tistory.com] 웹 취약점 진단 및 모의 해킹을 위한 홈페이지 기본 지식 Part 1

203. [m.blog.daum.net] 앱 APP의 종류 - 네이티브 앱, 모바일 앱, 웹 앱, 하이브리드 앱

204. Tae Hyae-Syn, Global Tendencies and Prospects of the Big Data Convergence Art, 2023.

205. 한정화, 4차 산업혁명 시대를 대비한 미래 수학교육의 방향설정에 대한 연구

206. Tistory, [jiny-blog.tistory.com] [4차산업혁명] 4차산업이란?

207. [teachingsaem.cmass21.co.kr] 4차 산업혁명 시대의 이해

208. [blog.naver.com] 4차산업혁명이란 무엇인가

209. [www.trass.or.kr] 동향분석보고서 4차 산업혁명 대응 현황과 주요 품목 수출입 동향

210. [blog.naver.com] 4차 산업혁명의 이해 -1

211. [blog.naver.com] 산업혁명의 변천사(2)

212. [blog.naver.com] 성남4차산업교육 비전이 있는 곳, 하이미디어 IT 인재융합개발원

213. Hye-Kyeong Seo Jin-A Kim Sun-Hyoung Kim, Development and Application of Makeup Courses Converging the Fourth Industrial Revolution Technology, 2022.

214. [spectrummap.kr] 전파의 이해

215. 조재호, 다중사용자를 위한 Hand in Hand 차량항법시스템 개발, 순천향대학교 대학원, 2017.

216. [contents.premium.naver.com] 금주의 인기테마(5G)기술투자지수 랭킹

217. [blog.naver.com] 구월동휴대폰 5G, 어떤 걸까요?

218. Tstory, [shymandoo.tistory.com] 5G 시대 개막??? 5G란??????

219. [m.blog.daum.net] [시사용어] 5세대 이동통신(5G)

220. [www.juniper.net] 5G의 정의 | 주니퍼 네트웍스

221. [blog.naver.com] 일본, 스마트폰 안테나 기술

222. Tistory, [medilamp.tistory.com] R8000 넷기어 나이트호크™ AC3200 ×6 트라이밴드 프리미엄 공유기

223. 임상국, 21세기 시각성(visuality)변화의 특징과 디지털 프레임(Frame) 확장에 관한 연구 : 디지털 미디어 아트 작품을 중심으로, 홍익대학교 대학원, 2017.

224. 김한수, HCI 기반 모바일 컴포넌트 구조의 사용성 향상을 위한 콘셉트 디자인 제안 : 네이버와 다

음 포털사이트를 중심으로.

225. 이희영, 동물 타자 이미지를 차용한 회화 연구 : 연구자의 작품을 중심으로, 국민대학교 대학원, 2018.

226. 정선영, 초현실주의 회화에 나타난 왜곡된 심상과 표현에 관한 연구 : 본인의 작품을 중심으로, 숙명여자대학교 대학원, 2003.

227. 카라 플라토니, [www.kyobobook.co.kr] 감각의 미래, 2017

228. LIU KUN, 뉴미디어 아트에 나타난 시각주체의 탈원근법적 해체성 연구

229. 이은주, 가상현실(Virtual Reality)에서 제기되는 시각체계와 수용에 관한 연구: 뉴미디어아트에서의 재매개화(remediation)를 중심으로, 홍익대학교 대학원, 2007.

230. [blog.naver.com] 옵스큐라의 원리

231. [blog.naver.com] 카메라옵스큐라와 루시다

232. [sports.news.naver.com] 스팀VR 게임, 250g 안경형 헤드셋으로 더 가볍게

233. [cafe.naver.com] 시프톨, 가벼운 VR 기기 + 다양한 VR 연동 제품 공개

234. 보고서: 확장현실XR 체험형 상품마케팅을 위한 가상감각 자극 가상증강 기기 개발 및 상용화 기술개발, 2021.

235. 중소벤처기업부, 중소기업기술정보진흥원, 2020-2022 중소기업 전략기술로드맵: 실감형 콘텐츠

236. [blog.daum.net] Hebrew Slaves Chorus(히브리 노예들의 합창) : Je Chante Avec Toi Liberte (당신의 자유와 노래) ★

237. [m.blog.daum.net] 피그말리오니즘(pygmalionism)

238. [m.blog.daum.net] 로젠탈효과(Rosenthal Effect)피그말리온 효과(Pygmalion Effect)위약 효과(placebo effect)

239. [m.blog.daum.net] [스크랩] 피그말리온 이펙트

240. [blog.naver.com] [공지] 피그말리온 영화관

241. [blog.naver.com] 케이프 또는 현대미포조선 주가 예측 상한가 하한가 매매일지

242. [cafe.daum.net] 문자(文字, Writing System)

243. [blog.naver.com] 서아시아의 역사적 지역 메소포타미아 [어원, 문자, 역법]

244. [chedulife.com.au] 독일의 철학자이자 수학자, 고트프리트 빌헬름 라이프니츠

245. [blog.naver.com] 철학자 . 근대 철학[Modern philosophy]. 합리주의.라이프니츠(1646~1716):객관적 관념론, 변신론

246. [cafe.daum.net] 사진의 역사-최초의 사진과 다게로타이프

247. [blog.naver.com] 한줄번역: 도스토옙스키, 지하실 수기(지하생활자의 수기)

248. [blog.naver.com]「죄와벌」도스토예프스키 - 줄거리/리뷰

249. Taejung Park, JihyeI Kang, A meta-analysis on the educational effectiveness of hologram, 2021.

250. [blog.naver.com] XR, 일상생활 위한 기술로 자리 잡나?

251. 중소벤처기업부, 중소기업기술정보진흥원, (2021-2023) 중소기업 전략기술로드맵: 스마트제조

252. [blog.naver.com] 씨에치오 얼라이언스, '5G로 부상하는 메타버스 비즈니스와 XR기술, 시장전망' 보고서 발간

253. XIANG, KEXIN, A Observation on the Design Trend and Factors of HMD-Focusing on case analysis, 2023.

254. [blog.naver.com] SF영화 단골소재인 홀로그램 기술, 어디까지 왔나

255. [Copykiller] 디스플레이를 뚫고 나온 3D 홀로그램 체험 자료 개발

256. [blog.naver.com] 홀로그램

257. [blog.naver.com] Hologram 홀로그램의 원리와 이해

258. [dia900.tistory.com] 홀로그램 원리와 아날로그, 디지털 홀로그램 종류 - 미디어융합의 미래

259. [blog.naver.com] 홀로그램 기본 원리,홀로그램 종류,홀로그래피,홀로그램 기록 재생,뮤션,musion,아날로그 홀로그램,미래방송연구회,완전한 3D영상

260. [parkslab.blog.me] 홀로그램,YTN사이언스,소녀시대 홀로그램 공연,싸이 K-POP공연,광운대 이승현 교수,홀로그래피 작가 이주용,플로팅 홀로그램,강남스타일 홀로그램 공연,슈도 홀로그램,미디어융합연구소

261. 디스플레이를 뚫고 나온 3D 홀로그램 체험 자료 개발, 2016.

262. [blog.naver.com] [과학/기술]_홀로그램과_홀로그래피

263. [blog.naver.com] 홀로그램 기술의 발전과 융합적 활용 방향

264. 윤두석, 홀로그램과 투명스크린을 사용한 다중 레이어 구현, 인천대학교 정보기술대학원: 컴퓨터전공, 2018.

265. [blog.naver.com] [과학/기술]_홀로그램과_홀로그래피

265. [blog.naver.com] 홀로그램 기본 원리,홀로그램 종류,홀로그래피,홀로그램 기록 재생,뮤션,musion,아날로그 홀로그램,미래방송연구회,완전한 3D영상

266. [blog.naver.com] 홀로그램 기술의 발전과 융합적 활용 방향

267. [blog.naver.com] 영화 '아이언맨'에서도 봤었다! 홀로그램 기술의 의미와 원리 및종류에 대해 알아보자!

268. [blog.naver.com] [과학/기술]_홀로그램과_홀로그래피

269. [blog.naver.com] SF영화 단골소재인 홀로그램 기술, 어디까지 왔나

270. [www.ibs.re.kr] 과학지식백과 - IBS Science Culture Center

271. [blog.naver.com] 신경망까지 꿰뚫어보는 초고속 홀로그램 현미경- 초당 100배 많은 광학정보 획득 … 형광 표지 없이 살아있는 생명체 신경망 관찰

272. 고심도 생체역학 광학 이미징 기술 개발, 2019

273. [blog.naver.com] 홀로그램 기술의 발전과 융합적 활용 방향

274. [www.the-stock.kr] 식지 않은 '실감형 콘텐츠' 투자열기…2023년 3641억弗 시장 전망

275. [blog.naver.com] 실감형콘텐츠 소프트웨어 기업 동향

276. [blog.naver.com] 영화 '아이언맨'에서도 봤었다! 홀로그램 기술의 의미와 원리 및 종류에 대해 알아보자!

277. [blog.naver.com] 포켓몬고 수양체질의 환호?

278. [blog.naver.com] [다시한번/풀버전] ♬새로운 시작 by 거북이 (터틀맨, 금비, 지이)#다시한번 | One More Time EP.1

279. 전자신문, [박정호의 미리 가 본 미래]2023년 주목해야 할 신규 시장 'O2O', 2023.

280. 김익재, 가상 현실 기술 동향, 방송과 미디어, 21권, 2호, pp. 51-60, 2016.

281. 김지수, 사이버 멀미 저감을 위한 VR 애니메이션의 시각적 연출 연구

282. [blog.naver.com] 가상현실 기술

283. [crpc.kist.re.kr]-융합연구정책센터-한국과학기술연구원

284. 김덕수, VR 음악 콘텐츠와 일반 음악 콘텐츠의 시청효과 비교에 관한 연구, 중앙대학교 신문방송대학원, 2017.

285. [blog.naver.com] [VR+AR] 가상현실(VR)이란 무엇일까요?

286. [legendoroi.tistory.com] UX/UI 기획

287. 김나영, AR기능을 활용한 스마트 글래스 UI/UX 디자인 연구 : 중소 제조 스마트공장을 중심으로

288. [blog.naver.com] UI 사용자 인터페이스

289. [m.blog.daum.net] 컴퓨터의 사용자 인터페이스

290. [blog.naver.com] 사용자 인터페이스(User Interface, UI) , 컴퓨터의 사용자 인터페이스(GUI/WUI/CLI)

291. [blog.naver.com] 정보처리기사- 4회- 화면설계1

292. [cy.cyworld.com] UI & UX

293. 김지수, 사이버 멀미 저감을 위한 VR 애니메이션의 시각적 연출 연구

294. 김정조, BLE를 이용한 실내위치인식 기반의 모바일 가상 3D전시관 설계 및 구현, 제주대학교 대학원 컴퓨터공학과, 2017.

295. [blog.naver.com] 5. 한국 콘텐츠제작산업의 특징은 무엇인가?

296. [blog.naver.com] 사람보다 더 사람 같은 '디지털 휴먼'

297. [wiki.hash.kr] 디지털 휴먼 - 해시넷 위키

298. 소프트웨어정책연구소, 메타버스 신(新)인류, 디지털 휴먼 PDF (메타버스 신(新)인류, 디지털 휴먼), 2022.

299. [blog.naver.com] 쓰리디팩토리, 장외주식

300. Junseong Bang, Pangun Park, Metaverse R&D Promotion Strategy Reflecting Digital Ethics and U

X, 2022.

301. KISTI Issue Brief, 시대 상황과 디지털 트윈의 반영 한계 PDF (시대 상황과 디지털 트윈의 반영 한계), 2021.

302. [v.daum.net] [ET시론] 메타버스 첫 걸음 '디지털 트윈', 전자신문

303. [blog.naver.com] 오전장 코스닥 특징주(7월 6일 화요일)

304. [media.daum.net] [신SW상품대상 추천작]녹원정보기술 '버추얼 터미널'

305. 조용성, [보고서] 미래교통 통합운영관리 기술개발 기획, 2022.

306. Hyae-Syn Tae, Global Tendencies and Prospects of the Big Data Convergence Art, 2023

307. 김나영, AR기능을 활용한 스마트 글래스 UI/UX 디자인 연구 : 중소 제조 스마트공장을 중심으로 = Smart Glass UI/UX design study using AR function

308. [blog.naver.com] 싱가포르, 3D 가상 현실로 건설하는 스마트 국가

309. 정영준외, 디지털트윈 기술의 도시 정책 활용 사례 (세종시 도시행정 디지털트윈 프로젝트를 중심으로, 전자통신동향분석, 36권, 2호, pp.43-55, 2021.

310. [illustkorea.or.kr] 질 들뢰즈의 영토화 이론에 의한 프레임의 재해석 - 한국일러스트레이션...

311. 자유대한 [cafe.naver.com] 불소로 그래핀 3배 더 빠르게 만든다

312. 닥터프로틴 [bbs.ruliweb.com] 잡담 양자 속도가 줄어들면 양자의 고유 시간하고 질량이 변하나

313. 임상국, 김치용, 라깡의 시선도해를 통해서 본 21세기 디지털 시각성 변화 연구 - 디지털 프레임 확장의 관점에서, 한국멀티미디어학회 논문지 21권, 5호, 2018.

314. Sang-Guk Lim, Se-Hoon Jung, Jun-Ho Huh, "Visual algorithm of VR e-sports for online health car e," Healthcare, Vol. 9, No. 7, 2021.

315 David Holman, Roel Vertegaal. "Organic user interfaces: designing computers in any way, shape, o r form." Communications of the ACM, ACM, Vol. 51, No. 6, 2008, 48-55.

316. Elise Co, Nikita Pashenkov. "Emerging display technologies for organic user interfaces." Commu nications of the ACM, ACM, Vol. 51, No. 6, 2008, 45-47.

317. Jonathan Steuer (from Wired 1.1), 1995. (미디어 기술의 생생함과 상호작용성과 관련한 워드클라우드 이미지)

찾아보기

ㅌ

ㅍ

ㅎ

기타

메타버스의 세계

초판발행 2023년 2월 20일

지은이 임상국 · 허준호
펴낸이 오판근
펴낸곳 (주) 교우
주 소 서울시 동대문구 약령시로 8 교우빌딩 2층 (주)교우
전 화 02-925-2861 / **팩 스** 02-925-2860, **편집부** 02-925-2825
홈페이지&북스토어 www.kyowoo.co.kr / **이메일** kyowoo@kyowoo.co.kr

등 록 1994년 3월 24일 제1994-000013호
ISBN 979-11-251-0365-3 (93560)

(주) 교우는 보다 혁신적이고 참신한 도서를 다양하게 기획하고 있습니다.
책으로 펴내고자 하는 아이디어나 원고는 메일로 보내주세요.
(주) 교우는 전과정을 책임지고 최선을 다하겠습니다.

값 20,000원

교우미디어는 (주) 교우의 Imprint 사입니다.
수학정원·과학정원은 (주) 교우의 새로운 브랜드명입니다.

잘못된 책은 구입하신 서점에서 교환해 드립니다.